다양성과 세계시민교육

Diversity and Global Citizenship Education

허영식

박영 story

머리말

오늘날 다양성의 증가 및 세계화의 진행과 더불어 최근 세계시민 및 세계시민교육에 대한 관심이 다시 증가하고 있다. 세계시민의 개념은 세계사회의 특징을 제대로 이해하고 세계사회의 변동에 능동적으로 대처하고 적응할 수 있는 시민의식을 함축하고 있다. 여기서는 세계시민의 개념이 세계시민교육을 위해 함축하고 있는 의미를 개괄적으로 기술하고, 이어서 세계시민교육의 가능성과 한계에 대하여 언급하고자 한다.

세계화시대에도 여전히 세계적인 규모에서의 중앙집권국가 혹은 세계국가에 대한 기대는 실현되기도 힘들 뿐만 아니라 바람직하지도 않다. 그럼에도 불구하고 최근 세계시민에 대한 관심이 새삼스럽게 증가하고 있는 이유는 무엇일까? 그것은 글로벌 수준에서 진행되고 있는 상호연결과 상호의존으로 인하여 여러 국가와 민족이 매우 밀접한 관계를 맺게 되었다는 사실에서 찾을 수 있으며, 이와 더불어 지구촌문제의 해결과 취급을 위해서는 전통적인 민족이나 국민국가 중심의 사고와 행위를 가지고는 더 이상 안 된다는 요청에서 찾을 수 있다. 이러한 세계화의 도전과 지구촌문제에 대처하기 위해서는 세계시민의식이 요청된다. 세계시민의식을 형성하기 위해서는, 우선 글로벌 수준의 상호의존과 세계위험사회의 도전(지구촌문제)을 고려할 때, 지구상의 모든 사람이 서로 연결되어 있다는 점을 분명히 하고, 또한 정의와 연대의 정신을 가지고 세계사회를 구성할 수 있는 기회가 있다는 점을 분명히 해야 한다. 여기서 특히 정치와 교육 및 학문 관련 기관, 그리고 시민사회의 단체와 개인들에게 기대를 걸어야 한다.

세계시민으로서의 글로벌 행위를 위한 전제조건을 고려할 때, 우선 공동의 학습과정을 시작해야 한다. 이와 더불어 사람들의 존엄성을 훼손하지 않도록 주의해야 하고, 능력과 자질에 대하여 올바른 평가를 해야 하며, 미디어를 활용하되 지나친 의존은 가급적 지양해야 하며, 지방적 행위와 글로벌 사고를 연결하거나 아니면 거꾸로 지방적 사고와 글로벌 행위를 연결시킬 수 있어야 한다. 여기서 민족과 세계의 관계에 대해서 언급하자면, 민족주의냐 아니면 세계시민주의냐 하는 양자택일로 해결할 것이 아니라, 오히려 세계시민주의와 민족주의의 조화를 어떻게 추구할 것인가의 문제제기가 더 바람직하다. 세계시민에 대해서 살펴보면, 홍익인간(弘益人間)의 이념이 이미 세계시민의 준거를 포함하고 있으며, 헌법 전문(前文)에 있는 용어를 빌어 좀 더 구체적으로 표현하자면, '항구적인 세계평화와 인류공영에 이바지'하는 것을 함축하고 있다.

세계화·정보화·다원화라고 하는 거시적인 사회변동의 관점에서 세계시민과 세계시민교육의 과제를 살펴보면, 우선 희망의 원리와 책임의 원리에 입각해야 한다. 공간 축에서는 글로벌 수준에서 생각하면서 지방적 수준에서 행동하거나 아니면 거꾸로 지방적 수준에서 생각하면서 글로벌 수준에서 행동할 수 있어야 하며, 시간 축에서는 미래를 생각하면서 현재를 구성할 수 있어야 한다. 세계시민의식의 구성요소로는 글로벌 세계관, 인권과 다양성 존중, 배려와 평화적 갈등해결을 들 수 있다. 글로벌 세계관은 국경을 넘어서는 사고, 초국가적 사고, 상호의존적이고 구조적인 사고, 그리고 지속가능성(지속가능한 개발)에 입각하여 조망할 수 있는 사고의 네 가지 수준에서 관찰할 수 있다. 인권과 다양성 존중에 관해서는 권리와 의무, 권리와 책임의 연관성을 강조할 필요가 있으며, 인권과 관용의 관계도 명료화해야 한다. 배려와 평화적 갈등해결의 관점에서는 타인에 대한 배려의 기능과 친사회적 기능, 그리고 간문화적 공감능력이 요청된다.

하지만 다른 한편으로 세계시민교육의 가능성과 한계에도 주의를 기울일 필요가 있다. 의도적인 행위와 세계사회적 전개과정의 진행 사이에는 질적인 차이와 간격이 존재한다. 세계의 복잡한 사회적 과정에 대한 이해는 개인적 생활세계의 직접적인 경험에서 충분히 나올 수가 없다.

점점 더 복합적인 세계사회에서 판단·행위능력을 함양하기 위해서는 일상생활의 경험을 넘어서서 나아갈 방향을 제시해 주는 이론적인 지식이 필요하며, 일상의 시간적·공간적 지평을 훨씬 넘어서서 추상화할 수 있는 능력이 요구된다. 물론 한편으로 미시세계(생활세계)의 경험과 다른 한편으로 거시세계(세계사회)에서 필요한 지식 사이의 격차를 어떻게 줄일 것인가가 세계시민교육의 주된 과제이긴 하지만, 지방수준과 세계수준의 연결이 안고 있는 복합성에 비추어 볼 때, 자기 자신의 행위를 세계적인 맥락에서 파악한다는 것이 그렇게 쉬운 일은 아니다. 따라서 가까운 곳의 대인관계에서 통하는 윤리를 세계사회에 투사시킨 것, 즉 세계에 대한 책임의식은 그 대상이 상당히 애매모호할 수 있다는 점에 유의할 필요가 있다.

또한 교육이 세계문제를 해결하는 데 기여할 수 있을 것이라는 기대가 지나치면 안 된다. 예를 들어, 계몽주의자의 한 사람인 칸트(Kant)가 설계한 바와 같이, 인류의 교육을 통하여 세계시민의 평화왕국을 건설할 수 있다는 신념을 가지고 세계시민교육의 프로그램을 구안하고 이행하려 한다면 그것은 실현하기에 상당히 어려운 기대, 따라서 무리한 기대가 될 것이라는 점에 유의해야 한다. 왜냐하면 도대체 어떻게 지구촌 문제 혹은 지구적 위험요인을 교육적인 소통으로 옮길 수 있을 것인가 하는 답하기 어려운 문제가 남아 있기 때문이다. 어쨌든 세계시민교육은 이제까지 오류에 빠졌던 것, 즉 이상적인 세계공동체나 완성된 인간을 꿈꾸는 미래주의적 전망과는 거리를 유지해야 한다. 그 대신 오히려 인류의 생존문제를 교육적으로 어떻게 잘 다룰 것인가에 초점을 맞춘 최소교육전략에 국한하는 것이 현실적합성이 더 많은 접근방안이라고 해석하고 판단할 수 있다.

이런 맥락에서 특히 우리의 일상적인 행위가 우리의 직접적인 경험 지평을 벗어난 곳에서 살고 있는 사람들에게 어떤 영향을 미치고 어떤 결과를 가져올 것인가를 관찰하고 성찰할 수 있도록 한다면 그것 자체가 상당한 의미가 있을 것이다. 개개인의 생활과 사회체제에 대한 개입의 여지가 많지 않다는 점을 인정하면서도, 우리 자신의 생활이 국제적 혹은 세계적 관점에서 얼마나 적합한 것이고 그럴 만한 타당성이 있는가를 성찰하도록 하는 데 중점을 두면서, 기본적인 학습과정(사고·판단·행위)에 해당하는 기회와 상황을 마련하는 일이 교육적으로 정당하고 또한 필요한 과제가 될 것이다(허영식, 2015b: 4-6).

그리고 위에서 언급한 미시세계와 거시세계의 연결문제 혹은 구체적 학습수준과 추상적 학습수준의 연결문제를 해결하기 위한 방법적 접근 방안을 고려할 때, 예를 들면, 사례(case)·상황(situation)·영상텍스트(iconic text)·내러티브(narrative)·유추(analogy) 등을 적절하게 활용할 필요가 있다(강현석, 2016: 312-313). 또한 관점취득(perspective-taking)과 다중관점(multiple perspective)에 지향을 둔 수업 혹은 학습에 초점을 맞추어 볼 때, 정반합(正反合)에 입각한 변증법적 사고과정을 적극적으로 활용할 필요가 있다. 여기서 변증법지향수업(DOL: dialectics-oriented lesson) 혹은 변증법지향학습(dialectics-oriented learning)의 절차를 예시하면 다음과 같다.

첫째, 출발점 확인 차원에서 학습자의 선입견·편견 혹은 선(先)이해·선지식·선이론을 알아볼 수 있도록 도입단계를 구상한다. 둘째, 전개단계, 즉 관점취득 혹은 다중관점의 적용단계에서는 공감능력을 발휘하여 타자의 마음(사고와 감정) 속으로 들어간 다음, 그 타자의 입장·관점에서 사물이나 인간관계를 바라볼 수 있는 기회를 제공한다. 이때 일차적으로 내부의 관점(당사자·참여자의 관점, 너와 나의 관점, 이믹(emic)의 관점)에서 바라보는 데 중점을 둔 관점취득을 넘어서서, 가능하면 보다 더 객관적 수준에서 외부의 관점(관찰자의 관점, 제3자의 관점, 에틱(etic)의 관점)을 고려할 수 있는 학습기회도 마련해 주어야 한다. 그리고 한 걸음 더 나아가서, 수업상황이나 여건이 허락할 경우, 내부·외부의 관점과 더불어 여러 가지 다양한 관점을 동시에 고려할 수 있는 다중관점의 함양·신장에도 주의를 기울여야 한다. 셋째, 정리단계에서는 한편으로 도입단계에서 확인한 출발점,

즉 학습자 자신의 생각이나 견해·입장(정)과 다른 한편으로 전개단계에서 살펴본 타자의 내부적 관점, 보다 더 객관적인 외부의 관점, 다중관점 따위(반)를 서로 대조·대비하면서 학습자가 자신의 관점을 변경했는지의 여부, 그리고 변경한 경우 무엇을 어떻게 어느 정도로 변경했는지를 확인할 수 있다(합). 즉, 정리단계에서는 관점변경(perspective-changing)의 여부를 확인하는 것이 중요하다. 하지만 이때 관점변경을 억지로 이끌어 내지 않도록 유의해야 한다. 왜냐하면 만약 그럴 경우 (세계)시민교육의 중요한 원칙(주입·교화의 금지)에 어긋날 수 있기 때문이다.

이러한 배경과 문제의식에서 출발하여, 이 책에서는 다양성과 세계시민교육이라는 키워드를 중심으로 하여, 차이·다양성이 점점 더 증가하는 사회변동과정을 고려하고, 특히 세계시민교육의 관점에서 바람직하고 적절한 접근방안을 탐색하는 차원에서 관련된 이론적 기초를 살펴보고, 실천적 과제와 방안을 모색하는 데 주된 목적을 두고 있다. 그리고 이러한 목적에 다가가기 위하여 우선 문화적 차이·다양성에 관한 담론과 함의, 다양성과 정체성에 대한 연구동향과 함의에 주의를 기울인다(제1장~제3장). 이어서 다양성과 정체성의 관계를 염두에 두면서 다문화 사회에서 편견·차별의 문제와 해결방안에 대해 살펴본다(제4장). 그 다음 다중관점에 지향을 둔 세계시민교육의 도전과 과제, 세계화시대의 세계시민교육, 그리고 사회통합과 세계시민교육의 관계에 대해 논의한다(제5장~제7장). 마지막으로 다문화와 사회통합의 문제를 어떻게 다루어야 할 것인가의 질문에 답하기 위한 차원에서 페기다(Pegida)의 사례를 살펴보고, 그 연장선상에서 추가적인 시사자료를 소개한다(제8장~제9장). 각 장의 내용에 해당하는 요약문은 각 장의 말미에 첨부되어 있다.

이 책의 발간을 맡아주신 박영스토리 대표님과 편집 및 교정을 담당해주신 편집진에게 진심으로 감사의 말씀을 드린다.

2017년 3월

허영식

차 례

Chapter **04**

Chapter **05**

Chapter **06**

Chapter. 01

문화적 차이·다양성에 관한 담론과 함의

1. 문화적 차이·다양성에 관한 담론과 쟁점
2. 문화적 차이·다양성과 문화공간의 개념
3. 문화적 차이·다양성의 경험과 관련된 학습과정

Chapter. 01

문화적 차이 · 다양성에 관한 담론과 함의*

문화적 차이와 다양성은 한편으로 엄연한 사회적 사실로서 우리 주변에서 작용하고 있지만, 다른 한편으로 그것은 원래 과정과 해석적 행위의 결과인 것, 따라서 언제나 새롭게 규정되는 것을 사실로서 취급한다고 볼 수 있다. 문화적 다양성은 분화의 결과 혹은 차이를 두려는 행위의 결과이다. 그러므로 다양성의 문제에 관해 논의하는 데 있어서는 우선 차이에 대해 말하지 않을 수 없다(Fuchs, 2007: 17-18). 그리고 문화의 개념은 대개 기술(技術)·인공물·일상실천·가치·세계관과 같은 일련의 여러 가지 측면을 지칭하며, 인간집단의 특수성을 특징짓고 차이를 표시하기 위한 용어로 흔히 사용되곤 한다. 그런데 이와 같은 문화와 더불어 문화적 차이는 현실을 그대로 나타내는 모사(模寫)가 아니라, 그때그때의 맥락 혹은 담론과의 연관성 속에서 바라보아야 할 구성개념이다. 소통을 통하여 서로 연결되어 있는 행위자의 산물로서 문화를 이해할 경우, 네트워크 형성은 제한되어 있으므로, 문화도 역시 일정한 사회적 장(場)에 국한되어 있거나 제한되어 있다고 볼 수 있다.

예를 들면, 가정·운동클럽·직장 등에서 서로 친숙하게 된 사람들 사이에서 이루어지는 소통적 네트워킹에서 문화가 발생한다. 거미가 치

---

* 제1장의 내용은 『한독사회과학논총』 제25권 제3호(2015.9.)에 게재한 필자의 글을 부분적으로 수정·보완한 것임.

는 거미줄에 비유하자면, 문화는 소통적 네트워킹 속에서 사람들이 스스로 친 의미의 망이라고 볼 수 있다. 상기한 보기에서와 같이, 소통은 직접적인 대면관계에서 이루어질 수도 있지만, 다른 한편으로는 물론 다른 여러 가지 도구나 매체를 통하여 간접적으로 이루어질 수도 있다. 직접적 소통이 되었든 아니면 간접적 소통이 되었든 관계없이, 어쨌든 소통에서 나온 명시적·암묵적 규칙, 사회적 관계의 형상구조, 의미의 구성개념은 사회적 공존을 가능하게 만들며 어느 정도의 구속력을 마련해 준다.

국가·국민과 같은 정치적 단위에서 확인할 수 있는 사항이지만, 교육기관·대중매체·법률 따위와 같은 제도의 매개수단을 통하여 소통을 통한 네트워킹이 이루어질 수 있다. 하지만 이 경우에도 역시 소통적 네트워킹이 어느 정도 구속력을 가진 문화를 발생시킨다고 말할 수 있다. 이 경우 어느 한 국가의 국민·시민들은, 공동의 제도를 통해 연결되어 있지 않은 다른 국가의 국민·시민들과 비교해 볼 때, 적어도 자기들끼리 서로 더 많이 소통할 것으로 예상할 수 있다. 이렇게 살펴보면, 국가 수준의 문화 혹은 국민문화의 차이를 염두에 두면서 서로 구분하는 것이 가능하다(Broszinsky-Schwabe, 2011: 67-69; Fuchs, 2007: 17-18).

어떤 네트워크나 집단에서 이루어지는 소통의 방식인 문화는 개개인보다 선행하며 따라서 개개인이 자유롭게 선택하거나 구성할 수 없다. 개개인이 어느 정도 임의로 문화적 가치와 행위형태를 선택할 수 있다는 가정은 현실과 거리가 멀다고 볼 수 있다. 왜냐하면 어느 집단에 대한 개개인의 소속감은 종종 실존적인 필요·욕구, 예를 들면 사회적 인정을 향한 필요·욕구와 결부되어 있기 때문이다. 다시 말하면, 개인은 네트워크나 집단의 규칙을 따르거나 취득하려는 자세를 상당히 강하게 갖출 수 있다. 개인 스스로 어느 집단을 만들어내고 처음부터 문화의 구성과정에서 참여하는 것이 아니라면, 개인은 이미 현존하는 문화(사고·행위방식, 자세와 태도, 스타일, 일상적인 일 등)를 습득할 것으로 기대된다. 그리고 개개인이 동일한 문화적 맥락에서 활동하고 있는 한, 자신의 인지·감정·사고·행위가 얼마나 많이 문화적으로 형성되고 각인되어 있는 것인지 거의 의식하지 못하고 살아갈 것이다(Fuchs, 2007: 19-21; Kumbier and Schulz von Thun, 2011: 9-11; Moosmueller, 2009: 13-15).

이런 전제에서 출발할 경우, 여기서 문화적 차이에 대해 말할 때, 그것은 막연하게 서로 다른 문화들이 구별된다는 점에 주의를 기울이는 것이 아니라, 오히려 서로 다른 문화들이 직접 접촉할 때 등장하는 문화적 구분, 즉 일차적으로 간문화적 맥락과 상황에서 등장하는 문화적 구분을 지칭한다. 또한 서로 다른 문화를 습득하거나 서로 다른 문화에 속한다고 간주되는 행위자(개인이나 집단)가 서로 소통을 할 때 발생하는 문화적 차이에 주된 관심을 두고 있다. 다시 말하면, 문화적 차이의 개념은 구체적인 행위자의 경험수준에 속하며, 이때 문화적 다름의 경험은 언제나 당황·불안·혼란을 수반하는 계기를 포함하고 있다(Broszinsky-Schwabe, 2011: 35-41; Moosmueller, 2009: 16).

이러한 배경과 문제의식에 출발하여, 이 장에서는 문화적 차이·다양성에 관한 담론을 살펴보고, 여기에 기초하여 우리 사회에서의 담론과 실천을 위한 함의를 도출하는 데 주된 목적을 두고 있다. 이러한 목적에 도달하기 위하여, 우선 문화적 차이와 다양성에 관한 담론과 쟁점을 다룬다. 여기서는 담론의 맥락으로서 특히 북미와 독일·유럽의 동향을 비교분석하고, 문화적 차이에 대한 탈식민주의의 비판에 주의를 기울인다. 이어서 문화적 차이·다양성의 측면에서 문화공간의 개념에 관하여 좀 더 자세하게 논의한다. 이 부분에서는 문화공간 개념의 취약점과 그것에 대한 대안적 개념을 언급하고, 이 맥락에서 전통적인 문화개념에서 선택적 문화개념으로 전환할 필요성을 언급한다. 그 다음 문화적 차이·다양성의 경험과 관련된 학습과정과 더불어 간문화교육의 접근방안에 중점을 두고 문화적 차이·다양성에 관한 교육적 접근방안에 대해 기술한다.

1. 문화적 차이·다양성에 관한 담론과 쟁점

(1) 담론의 맥락

문화적 차이·다양성을 어떻게 개념화할 것인가의 문제는 일차적으로 문화적 차이·다양성에 관한 담론이 이루어지고 있는 사회적 맥락에 달려 있다. 예를 들면, 미국이나 캐나다와 같은 고전적인 이주국가에서 문화적 차이는 독일과 같은 민족적 국민국가와 비교해 볼 때 다른 의미와 중요성을 지니고 있다. 독일과 같은 민족적 국민국가에서는 이주 및 이것과 연결된 문화적 이질성의 증가에 대해 보다 더 회의적인 입장을 취하는 경향이 강하다. 독일에서는 2000년에 국적법의 개정과 더불어 혈통주의(ius sanguinis) 대신에 출생지주의(ius soli)의 요소가 도입된 이후에도 역시 독일인이 도대체 무엇을 의미하는지의 질문과 관련하여 여전히 상당한 어려움이 존재하고 있다(허영식·정창화, 2012: 165-168).

독일로 귀화한 여러 이주자들은 독일국적을 획득했음에도 불구하고, 여전히 독일국민으로 인지되지 못하거나 인정받지 못하고 있다는 사실에 대하여 불만을 늘어놓는다. 신국적법과 물론 양립할 수 없는 사실이긴 하지만, '독일인'을 거론할 때, 국적에 따른 소속보다는 오히려 주로 민족적 소속감을 연상하려는 경향이 강하게 남아 있다. 게다가 독일인의 도식(schema)에 들어맞지 않는 독일시민은 외국인으로 지칭되고 있으며, 도처에서 사람들이 '당신은 도대체 어디 출신이냐?'라는 질문을 제기하고 있으며, 이와 더불어 우리와 너희는 다르다고 하는 감정을 표출하곤 한다. 그리고 이때 주로 인상학적인 특징이나 인종적 특징에 의존하여 그러한 구분을 하려는 경향이 있다.

이와는 대조적으로 처음부터 여러 민족의 혼합 형태를 띠고 스스로 근대문명의 출발점으로 간주했던 미국은 상당히 다른 양상을 보이고 있다. 이러한 태도를 상징적으로 표현하는 것이 다름 아니라 용광로(melting pot)의 비유이다. '용광로'라는 제목의 연극으로 1908년 워싱턴에서 처음 공연된 영국작가 Zangwill의 희곡에서는 계급적 사고, 증오와 적대감, 부자유로 특징지어졌던 유럽의 낡은 정신이 자유와 평등, 관용과 온건의 새로운 정신으로 변모되어 나타난다. 용광로에서 나온 혼성(hybrid) 미국인의 탄생과 더불어 새로운 시대가 열리기 시작하고, 민족적·종교적 분열, 구세계의 토대, 낡은 사상의 기초에 대한 새로운 인간의 승리가 개시된다(Moosmueller, 2009: 16-17).

하지만 1960년대에 와서 용광로 신화에 대한 비판과 더불어 그러한 신화의 해체가 시작되었다. 당시 전개된 시민권운동은 유색인종이 그러한 신화에서 배제된 상태로 남아 있었다는 점을 분명하게 드러냈고, 용광로의 비유는 소위 WASP(앵글로색슨 출신의 신교도 백인)에 의한 사실상의 헤게모니를 위장한 것으로 바라보았다. 이 맥락에서 적극적 진흥조치(affirmative action)를 통하여 인종적·민족적·문화적 분화가 도입되었으며, 혼성 미국인은 하이픈 미국인(보기: 아프리카계 미국인, 남미계 미국인, 아시아계 미국인)으로 대체되고, 용광로 비유는 샐러드 보울(salad bowl)이나 모자이크 비유로 대체되기 시작하였다. 문화적 다양성이 미국사회에서 근본적으로 중요한 가치로 자리매김을 하는 데 있어서는 특히 일련의 다문화주의 이론가들(Taylor, Carens, Kymlicka, Spinner)이 기초와 단서를 제공하였다(Kirloskar-Steinbach, 2009: 149-159; Vedder, 2006: 2-4; 허영식, 2010: 17-18).

그런데 다문화주의에서 집단적 정체성에 대한 인정의 정책과 더불어 차이의 개념을 지나치게 강조할 경우 나타날 수 있는 부작용으로 인하여, 다른 한편에서는 최근에 다문화주의에 대한 비판이 제기되기 시작하였다. 특히 네덜란드에서 2004년 11월 van Gogh가 살해된 이후, 그리고 영국 런던 지하철에서 2005년 7월 테러에 의한 폭발사고가 발생한 이후 그러한 비판이 거세게 일어났다. 집단정체성에 대한 인정의 정책에 주안점을 둔 기존의 다문화정책을 옹호한 사람들은 여러 나라에서 수세에 몰리게 되었으며, 여기서 순진함, 가치상대주의, 부족한 현실감각의 측면에서 비판을 받게 되었다. 이와 더불어 다시금 자유주의적 보편주의가 공론장과 지식인 사이에서 우세하게 되었다. 즉, 보편적이고 초문화적인 가치(인권과 민주주의) 및 생활형식에 일차적인 지향을 둔 관점과 입장이 다시 설득력을 얻게 되었다(Krell and Sieben, 2007: 237–238; Wulf, 2007: 69–70; 허영식·정창화, 2012: 43–44).

하지만 2009년 미국에서 Obama가 대통령으로 당선되면서 담론의 축이 다른 방향으로 바뀌는 모습도 관찰할 수 있었다. 예를 들면, 공화주의적 보편주의(초문화주의)를 특별히 일관되게 추진하고 있던 프랑스에서 2009년 초에 'Obama가 우리나라(프랑스)에서도 역시 그렇게 해낼 수 있었을까?'와 같은 질문과 쟁점을 둘러싸고 열띤 토론이 이루어졌으며, 적극적 진흥조치(affirmative action) 혹은 긍정적 차별(positive discrimination) 정책의 옹호자들과 이에 반대하는 사람들 사이에서 격렬한 논쟁이 불붙었다. 프랑스헌법은 모든 형태의 차별을 철저하게 금지하고 있으며, 이 맥락에서 심지어 자국 내에서 민족적 혹은 종교적 소속에 대한 통계자료 수집도 금지하고 있다.

프랑스 사회학자 Castel(2009)은 파리 근교에서 발생한 젊은이들의 폭동을 분석한 연구에서 소수민족집단이 당하고 있는 불이익을 긍정적인 차별조치를 통해 개선하고, 더 나아가 다문화국가와 다민족국가를 위한 전제조건을 마련할 것을 촉구했다. 자유민주국가에서 문화적 차이를 인정할 것인지의 여부, 그리고 어느 정도 인정할 것인지의 문제는 결국 이러저러한 방식으로 언제든지 제기될 수 있는 논쟁적 주제이며, 이상적인 하나의 통일된 해결책은 존재하지 않는 것으로 보인다(Moosmueller, 2009: 18–21).

이와 같은 배경을 고려할 때, 문화적 차이·다양성의 주제를 보다 더 창의적이고 건설적으로 다루기 위해서는 다음과 같은 두 가지 담론 수준을 적절하게 결합하거나 연결시키는 일이 요청된다. 즉, 한편으로 다문화사회에서 문화적 경계설정이 중요한 문제로 등장하거나 거론될 경우, 가능하면 문화적 차이를 본질주의적인 해석으로 끌고 가지 않도록 유의해야 한다. 이때 물론 문화는 언제나 구성개념이라는 점을 계속

그림 1-1 트럼프(Trump) 효과를 보여주는 사진자료

출처: "Der Beginn...", 2016: 1

그림 1-2 우익포퓰리즘의 세력 확장과 관련하여 '독일을 위한 대안(AfD)' 정당을 지지하는 사람들의 시위 장면

출처: "Studie: Angst...", 2016: 1

해서 상기할 필요가 있다. 다른 한편으로 문화적 차이를 사회적 사실로서 일단 인정하고 가능하면 소수집단의 시각과 관점에서 개념화할 필요가 있다. 다시 말하면, 한편으로 경제적·사회적·정치적 불평등에 대한 문화주의화(주로 문화적 요소나 측면에서 해석하려는 경향)를 해체적 관점에서 명료화하고, 다른 한편으로 문화적 차이의 영향과 효과를 기술·분석하고 정치적 수준에서 문화적 다양성을 위한 공간과 여지를 마련하는 일이 중요하다(Fuchs, 2007: 19–21; Moosmueller, 2009: 25).

(2) 문화적 차이·다양성에 대한 탈식민주의의 비판

식민주의 담론에서 문화적 다름은 일탈적인 것이거나 열등한 것을 뜻하였다. 차이를 거론하는 일은 억압과 착취를 정당화하는 수단으로 작용하였다. 이러한 담론에서 문화기술연구에 종사한 사람들은 문화적 다양성을 발견하고 학문적으로 근거를 제공하는 증인으로 기능을 수행하였다. 문화적 다름과 차이에 관한 그들의 기록을 통하여 많은 사람들이 타문화의 이국적 모습에 대하여 흥미와 관심을 갖게 되었다. 그런데 1980년대에 등장한 탈식민주의적 비판은 문화의 개념화 혹은 문화적 다름의 구성이 결코 중립적이고 과학적인 활동일 수 없으며, 오히려 언제나 권력담론에 깃들어 있으며, 그러한 권력담론에서 기능을 수행할 수 있다는 점을 명료화하였다.

다시 말하면, 문화기술연구에 종사한 사람들의 순수성과 중립성에 대한 회의가 발생하였으며, 이 맥락에서 문화적 다름에 대한 기술(記述)이 타자화(othering: 문화적 차이를 본질주의의 관점에서 지나치게 강조하고, 타자의 배제를 위해 악용할 수 있는 위험성을 안고 있는 경향)로 변모한다는 주장이 제기되었으며, 따라서 문화기술연구에 기반을 둔 지식이 잠재적인 위험성을 안고 있다는 이해와 해석이 널리 알려지기 시작했다. 문화의 개념에 대해서 새롭게 해석하지 않으면 안 되었으며, 그동안 통용되던 전체론적 문화개념과 동질화하려는 문화개념에 대한 비판적 성찰이 요청되었으며, 문화적 차이를 강조한 문화상대주의에 대한 비판이 강화되었다(Fuchs, 2007: 24-26; Moosmueller, 2009: 32-33).

이 부분에서 특히 Bhabha의 저서 『문화의 소재(*The Location of Culture*)』(1994)에 주의를 기울일 필요가 있다. 차이로서의 문화와 문화적 혼성에 대한 그의 견해는 문화에 대한 기존의 컨테이너 개념을 수정하고 이와 더불어 우리와 너희의 양극 혹은 제1세계와 제3세계의 양극을 수정하는 데 기여하였다. 문화적 차이는 전통이나 문화적 가치 사이의 적대적 대립을 의미하지 않고, 오히려 차이를 영속적으로 산출하는 판단과 해석의 과정을 지칭한다. 문화적 차이는 의미의 지평을 산출하는 방식이며, 여기서 개개인은 서로 다른 소재를 갖게 된다.

이러한 상황에서 서로 소외될 수밖에 없는 개인은 타자의 영역에서 자신을 표현해야 하며, 이를 통해 계속해서 차이를 산출해야 한다. 서로 영속적으로 문제제기를 함으로써 상호작용을 하는 사람들은 의미를 상실할 위험에 처해 있지만, 그러나 바로 이 지점에서 어떤 새로운 것, 즉 '문화적 혼성'을 창출할 수 있는 기회가 놓여 있다. 민족학의 고전적인 아이디어, 즉 어떤 문화의 원래상태나 순수성을 재구성하려는 시도는 여기서 한계에 봉착할 수밖에 없다. Bhabha는 문화적 다양성에 대한 기존의 개념에 대해 비판을 하는데, 그 까닭은 그것이 폐쇄적이고 동질적인 문화적 존재(전통, 가치 등)를 전제로 하고, 문화상대주의에 입각한 문화적 정체성을 전제로 하기 때문이다.

이와는 대조적으로 문화적 혼성의 개념은 문화에 대한 기존의 컨테이너 사고방식에서 벗어나게 해줄 뿐만 아니라, 이분법에 따른 사고방식에서도 역시 벗어나게 해준다. 원래 식민지 지배를 받는 사람들과 식민지 통치를 하는 사람들의 만남과 조우에서 발생한 문화적 혼성은 결국 선(피해자)과 악(가해자)의 구분도 지양(止揚)한다. 여기서는 참회나 보복, 또는 과거청산의 형태가 중요한 것이 아니라, '사이에 놓여 있는 자'로서

양면가치를 실현할 수 있는 사람들에게 열려 있는 어떤 새로운 유토피아적 가능성이 더 중요하다. 이런 시각에서 바라볼 때, 편협한 국민적·민족적 사고방식과 한계에서 벗어나 말하자면 '제3의 공간'에서 새롭게 자리매김을 할 수 있는 이주자가 그러한 가능성을 더 잘 활용할 수 있을 것으로 기대된다(Fuchs, 2007: 25-27; Moosmueller, 2009: 33-34).

문화적 다양성에 대한 기존의 개념과 더불어 Bhabha는 기존의 제한된 사고방식을 단순히 연장하고 있는 다문화주의를 비판한다. 다문화주의는 문화와 문화적 소속을 고정시키고 본질주의의 관점에서 이해함으로써, 이주자의 유토피아적 잠재성을 현실화하는 것을 방해하며, 심지어 새로운 형태의 인종차별주의를 조장한다는 것이다. 이와 유사한 맥락에서 인도 출신의 영국 시사평론가인 Malik(2008)은 다문화주의에 대한 그의 비판에서 식민지 시대의 잔재를 지적하고 있다.

맥월드(McWorld) 혹은 맥도널드화(McDonaldization)로 상징되는 미국 주도의 세계화와 세계문화요소(보기: 청바지, 에스프레소, 할리우드 영화)에 저항하는 사람들은 지방문화가 점점 더 많이 사라질 위험에 처해 있다는 진단을 내리고 있다. 하지만 Malik의 견해에 따르면, 상기한 세계문화요소의 사례보다 더 중요한 서구의 수출품은 '지방문화'의 아이디어라는 것이다. 이 아이디어는 계몽주의에 대항하면서 유럽에서 18세기 후반에 등장했으며, 다문화주의 이데올로기의 형태로 오늘날에도 여전히 세계 도처에서 작용한다는 것이다. 그리고 문제의 핵심은 특히 Taylor가 내세운 '인정의 정책'에서 가장 명료하게 정식화된 입장, 즉 개인의 정체성은 그의 문화적 배경에 의해 결정된다는 입장에 놓여 있다는 것이다(Fuchs, 2007: 25; Moosmueller, 2009: 34; Wulf, 2007: 69-70).

민족학이 기술·분석·해석할 때 시도하는 중요한 일이 문화들 사이의 경계를 설정하는 것인데, 이 문화적 경계설정의 문제는 여전히 해결되지 못한 상태로 남아 있다. 탈식민주의적 비판에 따를 경우, 문화들 사이의 구분과 문화적 차이의 명명은, 특히 본질주의의 관점에서 문화적 경계설정을 할 경우, 상당히 무책임한 작업으로 보일 수 있다. 그럼에도 불구하고 문화적 차이의 이론은 여러 가지 측면에서 여전히 유의미한 것이라는 반론에도 주의를 기울일 필요가 있다. Bashkow(2004)의 견해에 따르면, 첫째, 만약 문화적 차이의 이론이 없다면, 민족학적인 기술은 불가능하다는 것이다. 왜냐하면 우리의 사고방식은 일단 이분법에 따라 이루어지기 때문이다. 둘째, 세계화 혹은 세방화(glocalization)는 계속해서 새로운 형태의 경계와 지방화를 산출한다. 셋째, 경계는 문제만을 초래하는 것이 아니라, 경계를 극복할 수 있는 기회도 역시 창출한다. 왜냐하면 구획에 대한 필요와 욕구는 언제나 경계를 넘어서는 소통에 대한 필요와 욕구도 역시 만들어내기 때문이다(Fuchs, 2007: 21-22; Moosmueller, 2009: 36-37).

2. 문화적 차이·다양성과 문화공간의 개념

(1) 문화공간 개념의 취약점과 대안적 개념

오늘날 지구촌시대에 있어서 문화를 새롭게 개념화하는 데 있어서는 한편으로 문화적 담지자의 이동성(이주운동, 여가 및 사업과 관련된 접촉과 교류)뿐만 아니라, 다른 한편으로 특히 인터넷과 미디어의 네트워킹, 소비재의 보급·확산을 통하여 이루어지고 있는 각종 표준화의 역학도 역시 고려해야 한다. 이 맥락에서 집합적인 수준에서는 사회적 혼합·혼성의 여러 가지 다양한 경향이 거론되고 있으며, 개인적인 수준에서는 간문화적 혹은 초문화적인 특성을 지닌 인성이 논의되고 있다.

여기서 문화적 혼합·혼성과 관련된 개념과 더불어 다원화된 집합에의 소속감을 강조하는 개념이 사용되고 있다. 이러한 개념이 문화에 대하여 공유하고 있는 이해에 따르면, 비록 문화적 차이를 부인하는 것은 아니지만, 적어도 영토화하려는 시도는 거부하는 경향이 있다. 그리고 문화적 차이와 구분에 대한 연구에서 어쩔 수 없이 공간적 관점을 허용할 경우, 문화를 가능하면 역동적으로 파악하려는 시도를 보이고 있다. 예를 들면, 문화를 흐름으로서, 이동하는 문화로서, 경계를 변경하거나 바꾸는 구성체로서, 아니면 일종의 네트워크로서 파악하고자 한다(Scheffer, 2009: 113-114).

지리학에서도 역시 비교적 새로운 접근방안은 현실적인 공간과 결합시켜 문화의 속성부여를 하려는 경향이나 문화적 본질주의(특수한 집단·민족과 그 문화를 근본적이고 변하지 않는 특징으로 기술하려는 입장. 이 입장에 따르면, 정체성 형성의 관계적·유동적 측면이 무시되고, 집단 그 자체가 내부적·외부적 분화와 변화의 맥락 및 과정에 대하여 둔감한 것으로 간주된다.)에 가까이 다가가려는 경향과 가능하면 거리를 유지하고자 한다. 컨테이너의 비유에 해당하는 문화개념 대신에 이제 공간과 문화를 인간행위의 조건·실행·결과로서 주제화하는 문화이해가 들어서고 있다. 이러한 이해에 따르면, 문화공간은 이미 주어진 것으로서가 아니라 오히려 구성개념으로서 관찰해야 하며, 그것의 발생 조건과 영향·효과를 분석하는 일에 더 많은 주의를 기울여야 한다.

이렇게 볼 때, 여러 가지 접근방안은 문화현상을 다시 새롭게 해독하고, 고정관념을 인식하며, 인위적인 조작의 위험성에 대하여 문제를 제기하고, 현대의 문화적 복합성을 표현하는 데 있어서 중요한 단서와 자극을 제공한 것으로 보인다. 하지만 다른 한편에서 바라볼 때, 이러한 재해석의 움직임과 시도는 어쩔 수 없이 문화의 가능성과 잠재성(기술·지향·설명)에 대한 포기를 전제로 한다. 즉, 공간적인 기술의 원칙으로서 그리고 질서를 부여하는 범주로서 문화를 활용할 수 없는 것이다. 또한 간문화적 비교를 위하여 공간적인 문화정보를 끌어들일 수도 없으며, 특정한 문화적 사태나 상태를 설명하기 위한 도구로서 끌어들일 수도 없다.

사회학 분야에서는 그동안 공간적 컨테이너 개념이 불충분한 것으로 비판을 받아 왔으며, 오래 전부터 공간을 사회적 행위의 결과로서 이해하려는 입장에 의해 대체되거나 아니면 보완되어 왔다. 그러나 과거의 개념과 현재의 개념 모두 언제나 다시금 컨테이너로 비유되는 공간의 개념에 의존하고 있다. 일단 구별할 수 있기 위하여, 그리고 사회적 혹은 문화적 현실을 기술할 수 있기 위하여 컨테이너 공간을 필요로 하는 것이다. 문화적 차이에 대한 일상적인 경험과 학문적인 경험이 언제나 다시금 구분하기 위한 수단을 요청하고 있으며, 우리가 경험하는 현실의 다른 측면과 마찬가지로 거기에 부응하는 기술(記述)의 범주와 개념을 필요로 한다. 결국 문화공간에 대한 포기를 일관되게 유지할 경우, 문화공간의 해체는 일단 간문화소통을 위한 어휘를 더 이상 이용하지 못하게 할 우려가 있다(Fuchs, 2007: 25-27; Scheffer, 2009: 114-115).

(2) 전통적 문화공간에서 선택적 문화공간으로의 전환

위에서 언급한 두 가지 입장, 즉 한편으로 문화공간의 개념에 입각한 전통적인 입장과 다른 한편으로 이에 대하여 문화공간의 해체와 탈영토화를 함축하고 있는 대안적 개념을 내세우는 입장은 문화와 공간을 다루는 데 있어서 일견 양립 불가능한 것으로 보인다. 한편으로 문화공간의 구분에서 출발하여 국가적 혹은 지역적 관점에서 도출할 수 있는 기술·지향의 잠재성과 다른 한편으로 특정 국가·지역에 고착되지 않은 생활조건에 대한 일관된 고려 사이의 긴장관계 속에서 문화의 측면 혹은 특징(집합성, 안정성·지속성, 행위에 대한 영향·효과)이 두드러지게 강조되거나 아니면 거꾸로 비판의 대상이 된다. 이러한 긴장관계를 고려하면서 간문화소통을 위한 적절한 대안으로는 선택적 문화공간의 개념을 제시할 수 있으며, 이 맥락에서 핵심적인 과제로서는 다음과 같이 두 가지 요청사항을 들 수 있다.

첫째, 공간적 관점에서 문화적 세계화의 서로 다른 효과를 인정할 필요가 있다. 모든 표준화의 총체로서 문화는 세계화시대에 와서 더 이상 영토에 결부되어 있지 않은 모습을 보여주고 있다. 하지만 이와 동시에 개별적인 표준화의 지역적 집중이 존속하고 있다는 점을 부인할 수 없다. 따라서 문화에 대한 이해의 목표는 이와 같은 지배적인 문화적 특징을 고려하는 데 놓여 있다. 총체로서 문화를 파악하려는 시도를 일단 포기하고, 오히려 개별적으로 집중화된 표준화의 공간을 통하여 그 총제로서의 문화개념을 대체하는 일이 더 적절한 것으로 보인다. 문명이나 국민문화(민족문화)와 같은 전통적인 문화의 지역화에서 벗어나고, 또한 공간적·시간적 관점에서 문화적 소여성(所與性)을 절대화하려는 시도에서 벗어날 경우, 이제 더 중요한 일은 개별적인 문화적 특징의 현황을 파악하는 것이다.

이 개별적인 문화적 특징은 그때그때의 특정한 보급·확산과정에서 완전히 새로운 공간적 단위를 보여줄 수 있다. 이러한 선택적 문화공간은 관찰된 특징에 따라 그때그때 서로 다른 척도의 수준에서 그리고 여러 가지 다른 공간적 맥락에서 다양하게 확인할 수 있다. 선택적 문화공간은 원칙적으로 정치적·행정적 경계설정이나 자연지리의 경계설정과 무관하며, 지역과 나라를 넘어서서 혹은 여러 지역과 나라를 포괄하면서 나타날 수 있으며, 아니면 특정한 문화특징이 지구적 수준에서 보급·확산되어 있는 상태와 현황을 기술할 수도 있다. 보다 더 정확하게 말하자면, 그러한 선택적 문화공간에서는 언제나 일정한 특성을 지니고 있는 사람들의 공간적 배분을 파악하는 일이 중요하다. 일정한 특성을 갖고 있는 사람들은 공간에 고착되거나 결부되어 있는 것이 아니라, 오히려 중개과정을 통해서 비로소 공간과 관련되어 있는 것으로 바라보는 관점이 더 적절한 것으로 보인다(Fuchs, 2007: 19-21, 26-27; Scheffer, 2009: 115-116).

둘째, 상기한 문화적 지역화는 일차적으로 연구자의 주관적 기준을 척도로 삼아서는 안 되고, 오히려 결정적으로 더 중요한 것은 경우에 따라 해당하는 수신자들이다. 어떤 표준화가 어느 정도로 존재하고, 어느 정도의 밀도 혹은 어느 정도의 동질성을 갖고 현존하는지를 이 수신자들이 결정하는 것이다. 예를 들면, 특정한 지역에 지향을 둔 영업전문가가 개별적인 사회에서 색상에 대하여 사람들이 갖고 있는 선호도에 주된 관심을 갖고 있을 경우, 그는 방언의 차이를 더 중요한 요인으로 간주하는 수신자들과는 다른 연구기준을 설정할 것이다. 다시 말하면, 간문화적 문제제기와 수신자의 범위에 따라 서로 다른 지역화의 기준이 특정한 적실성을 갖추게 된다. 이런 방식으로 바라볼 때, 개별적인 표준화가 특정한 공간과 합동의 관계에 놓여 있다는 것을 전제로 삼을 필요가 없으며, 또한 주어진 경계와 완전히 일치한다는 것을 전제로 삼을 필요도 없다(Scheffer, 2009: 116).

이러한 기초에서 출발할 때, 문화적 차이를 다루는 데 있어서 새로운 선택사항을 설정할 수 있다. 문화의 일체를 포괄하는 묘사를 포기함으로써 비로소 문화적 소여성에 대한 적절한 기술이 가능한 것으로 보인다. 물론 선택적인 문화지역화도 역시 어쩔 수 없이 동질화의 양상을 보일 수는 있지만, 여기서는 적어도 그때그때의 지역화 특징을 보다 더 개방적인 상태에 놓여 있는 것으로 간주할 수 있으며, 그러한 방식으로 이해하고 또한 목표의식을 갖고 논의의 대상으로 삼을 수 있다. 이와 동시에 선택적 문화공간의 개념을 통해 문화를 해체하고 분석할 경우 고정관념과 편견에서 벗어날 가능성이 더 많을 것이라고 기대할 수 있다. 왜냐하면 문화에 대한 진술이 개별적인 측면에 국한되어 있기 때문이다. 특정한 관심의 틀 속에서 문화에 대한 기술의 타당성은 그때그때의 연구맥락에 비추어보면서 상대화된다.

이러한 전제에서 출발할 때, 방향을 정해주는 범주로서 문화를 더 적절하게 활용할 수 있다. 즉, 이제까지 지배적으로 작용한 기술방식에 대하여 보다 더 다양한 구조와 계통적 분류를 제공할 수 있으며, 그렇게 함으로써 문화와 문화적 차이에 대한 과거의 전통적인 세계관을 보다 더 다양하게 해석할 수 있다. 세계화에 의해 야기된 문화의 역학을 근본적인 수준에서 의문시하지 않으면서도 문화의 지역화 특징이 지닌 부분적인 안정성을 선택적으로 보여줄 수 있다.

이제 연구의 관심을 경제적·정치적·사회적 맥락에서 역할을 수행하는 문화특성에 돌릴 경우, 문화를 분석을 위한 범주로 끌어들일 수 있다. 예를 들면, 특정한 전통이나 종교, 시간관념, 사회적 거리유지의 관행, 세계화의 영향에 대한 특정한 저항 따위의 지역적 분포를, 이제 간문화적 문제제기에 대하여 적절하게 답변하는 데 있어서, 유용한 정보를 제공해주는 표준화의 보기로 거론할 수 있다. 어쨌든 이 맥락에서는 언제나 선택된 표준화의 공간적 분포유형을 이해하는 것이 필수적으로 요청된다. 이러한 이해를 전제로 하여, 집합적 수준에서 내면화된 개개의 사고방식과 행동방식을 주어진 문화공간단위와 결부시켰던 전통에서 벗어나고, 더 나아가서 분석적 관점에서 여러 가지 다른 연구의 관심사에 더 적절하게 전이시킬 수 있다(Scheffer, 2009: 116-117).

이상에서 다룬 내용의 논지를 전체적으로 정리하는 차원에서 논의의 전개과정과 구조를 변증법적 사고방식을 적용하여 해석할 수 있으며, 그 결과는 다음과 같이 간단히 도식화할 수 있다.

그림 1-3 문화공간의 개념과 관련된 변증법(한 단계 모형)

상기한 바와 같이 한 단계 모형으로 제시한 변증법적 관계를 좀 더 자세하게 살펴보기 위하여, 이제 두 단계로 더 분화시켜 본다면 다음과 같이 도식화할 수 있다.

그림 1-4 문화공간의 개념과 관련된 변증법(두 단계 모형)

(1) 1단계

(정1)
문화공간에 따른 구분의 잠재성

- 기술 · 지향 · 설명 측면의 잠재성
- 문화적 차이에 대한 연구실천
- 공간(특히 국가)이 문화적 차이를 명료화
- 간문화소통에서 문화와 문화적 차이에 대한 복합성 감소

↔

(반1)
문화공간에 따른 구분의 취약점

- 고정관념, 동질화, 배제
- 문화적 세계화에 대한 이론적 관점
- 국가와 문화의 동일시에 대한 비판 제기

↓

(합1)
대안적 개념

- 문화공간의 해체
- 문화적 경계철폐
- 문화적 탈영토화
- 문화적 혼합 · 혼성 현상 발생
- 문화 대신에 생활세계 개념으로 대체
- 문화에 대한 새로운 이해(흐름, 이동하는 문화, 경계를 변경하거나 바꾸는 구성체, 일종의 네트워크)

(2) 2단계

(정2)
대안적 개념

(=1단계의 합1)

↔

(반2)
대안적 개념의 취약점

- 문화공간 개념의 포기와 관련된 어려움 · 난처함

↓

(합2)
선택적 문화공간

- 전통적 문화공간 개념에서 선택적 문화공간 개념으로의 전환

3. 문화적 차이·다양성의 경험과 관련된 학습과정

간문화소통상황에서 상호작용하는 사람들의 주관적인 경험에 초점을 맞추어 문화적 차이의 개념을 사용할 경우, 특정한 맥락 및 담론과 무관하게, 일반적인 의미에서 문화적 차이에 대해 논의하기는 매우 어려운 일이다. 그럼에도 불구하고 여기서는 문화적 차이에 대한 주관적인 경험의 일반적인 측면, 즉 차이의 경험으로 인하여 발생한 학습과정에 대해 살펴보고자 한다.

그때그때의 상황 및 개개인의 인성과 관련된 여건에 따라 문화적 차이는 서로 다른 효과를 수반할 수 있다. 예를 들면, 사람들이 문화적 차이를 무시하거나 위협적인 요인으로 체험하거나 아니면 서로를 풍부하게 하는 요인으로 간주할 수 있다. 어쨌든 문화적 차이는 당황·불안·혼란을 초래하거나 인지적·정서적 평형을 교란시키는 요인으로 작용할 수 있다. 여기서 당황·불안(irritation)은, 체제이론과 구성주의이론에 입각할 때, 혼란·교란·동요(perturbation)로 이해해야 하며, 이것은 어떤 체제로 하여금 보상이나 조정의 과정을 작동시키게 한다. 당황·불안을 유발하는 경험을 통하여 어떤 개인의 내면적인 평형이 혼란에 빠지거나 동요하게 될 경우, 일종의 복구기제가 작동하게 되며, 이를 통해 그 개인은 가능하면 신속하게 평형의 상태를 회복하고자 한다(Kumbier and Schulz von Thun, 2011: 11–12; Moosmueller, 2009: 37–38).

Piaget에 따르면, 이 내면적 균형, 즉 평형(equilibrium)의 수립은 동화(assimilation: 외부세계를 어떤 개인의 도식과 인지모형의 내면세계로 적응시키는 현상)와 조절(accommodation: 개인의 도식과 인지모형을 외부세계로 적응시키는 현상)의 변증법으로 묘사할 수 있다(Moosmueller, 2009: 13, 38; Nunner-Winkler, 1995: 262–265). 이 맥락에서 혼란·교란·동요는 일단 긍정적인 내포나 아니면 부정적인 내포와 결부시킬 필요는 없으며, 단지 어떤 상태가 균형을 상실하고 따라서 이제 그 균형을 다시 회복하려는 힘이 작동한다는 것을 의미한다. 여기서 당황·불안이나 혼란·교란에 대해 말할 때, 반드시 어떤 부정적인 문제점과 동일시할 필요는 없다. 왜냐하면 내면적인 균형은 즐거운 사건을 통해서도 역시 동요하거나 혼란에 빠질 수 있기 때문이다.

문화적 차이에 의해 발생한 당황이나 불안은, 예를 들면, 기대하지 않은 행동방식이나 익숙하지 않은 기대수준의 형태를 통해, 불안정과 속수무책 아니면 거꾸로 흥분과 열광을 초래할 수 있으며, 불안과 방어기제 아니면 거꾸로 열린 마음과 자연발생적인 호의를 유발할 수 있다. 하지만 여기서 우리가 일차적으로 주의를 기울여야 할 사항은 고통을 주는 자극이나 계기를 통하여 내면적인 균형을 회복하고자 하는 조정의 과정을 의식적으로 인지하고 기억해야 한다는 점이다.

인지적인 수준에서 이 조정과정은 다음과 같이 두 가지 측면에서 내면적인 균형을 회복하게 해준다. 한편으로 내면적인 모형과 기대에 부응하지 않기 때문에 적어도 주관적인 관점에서 바라볼 때 정상적인 상태에서 벗어났던 외부세계가 이제 적절한 설명모형과 지식요소를 통하여, 즉 사회적으로 구성된 설명모형에 의존함으로써 다시 정돈된다. 다른 한편으로 주관적인 도식과 인지모형을 변화시키고 외부의 현실에 적응함으로써 조정과정이 이루어진다(Moosmueller, 2009: 38).

조정과정의 첫 번째 부분(즉, 동화)에 대해 부연설명하면 다음과 같다. 여기서 설명을 하는 데 필요한 개념의 선택을 위해 가장 중요한 기준은 객관적인 현실에의 근접성에 놓여 있는 것이 아니라, 주관적인 도식과 인지모형에의 근접성에 놓여 있다. 이때 어떤 집단이나 사회에서 활용할 수 있는 '문화적 타자에 대한 지식'이 결정적으로 중요한 역할을 수행한다. 이 지식은 타자의 다름에 대해 개개인에게 설명을 해준다. 그리고 기대하지 못한 행동방식이나 익숙하지 않은 기대수준의 원인을 이해하고, 당황·불안·혼란을 해소하고, 내면적인 균형을 다시 회복할 수 있는 가능성을 제공해 준다.

예를 들면, 전통적인 사회에서 이주해 들어온 사람이 서구사회의 자유분방한 복장으로 인하여 당황하거나 불안을 느낄 경우, 그는 아마도 혼란·교란시키는 행동방식을 특정한 이주자집단에서 통용되는 지식(보기: 서구사회는 정숙하지 못하고 타락했다는 신념)에 의존하여 설명함으로써 해소할지 모른다. 또는 몇 년 동안 멕시코에 파견된 독일회사 직원이 지사의 일상적인 업무와 관련하여 체험한 당황·불안을 이해하기 쉬운 설명을 통하여 해소하는 경우도 이와 유사한 사례라고 볼 수 있다.

독일회사 직원이 특정한 작업을 지시한 멕시코 직원에게 언제나 모든 것을 자세하게 가르쳐 주어야 하고, 멕시코 직원이 자주적으로 일을 생각하고 처리하리라고 기대할 수 없을 경우 그 독일회사 직원은 상당한 혼란에 빠질 수 있다. 이때 그는 멕시코 도시에 거주하고 있는 독일인의 디아스포라 공동체에서 통용되는 지식에 의존하여 전문성이 결여된 것으로 간주되는 멕시코 직원의 행위에 대한 설명을 마련함으로써 당황·불안을 해소할 수 있다. 이 설명에 따르면, 멕시코의 학교와 대학에서는 거의 대부분 주입식 교육을 실시하고, 주제를 비판적으로 검토할 수 있는 기회를 제공하지 않음으로써 결국 자주적인 사고를 체계적으로 쫓아냈기 때문에, 멕시코인은 자주적으로 그리고 자기책임을 지고 행위를 할 수 있는 능력이 부족하다는 것이다. 이와 같은 설명모형은 파견된 독일회사 직원의 경험과 지식 혹은 인지모형에 근접해 있다(Moosmueller, 2009: 39-40).

하지만 멕시코 간부는 이 사안에 관하여 다른 설명을 제공할 수 있다. 이 해석에 따르면, 멕시코 직원은 능력을 갖추고 있으며 자주적으로 일을 할 수 있지만, 상사(윗사람)와 가까이 하면서 조율하고자 하는 필요를 느끼고 있으며, 따라서 상사가 이를 위해 더 많은 시간을 내주었으면 하는 기대를 갖고 있다는 것이다. 그런데 독일 간부는 종종 이러한 기대를 무시하는 경향이 있기 때문에, 불가피하게 문제가 발생하게 되며, 이 문제에 대한 책임은 멕시코 직원이 아니라 오히려 파견된 독일회사 직원에 놓여 있다는 것이다.

독일회사 직원이 멕시코에서 경험한 것, 즉 문화적 차이로 인하여 당황스럽게 만드는 경험은, 특히 독일인의 디아스포라 공동체에서 떠돌아다니는 지식이 이것을 확증해 주기 때문에, 물론 한편으로 멕시코의 정신상태에 대한 고정관념과 편견을 강화시키는 결과를 수반할 수 있다. 그러나 당황스럽게 만드는 경험은 상기한 조절의 의미에서 이와는 다른 결과를 수반할 수도 있다. 즉, 설명에 대한 탐색에 있어서 멕시코 간부의 지식에 의존함으로써, 멕시코 직원에 대한 평가가 변화되고 새로운 행위의 가능성이 발생할 수도 있는 것이다. 문화적 차이의 경험이 학습의 중요한 계기를 마련함으로써, 개인에게 자신의 도식과 인지모형을 변화시키고 더욱 발전시킬 수 있는 기회를 제공할 수 있다(Barrios, 2011: 249-254; Porschke, 2011: 105-106).

하지만 이 맥락에서 독일인 디아스포라 공동체의 지식에 의존하는 것을 학습장애로 간주한다면, 그것은 일단 쉽게 이해할 수 있는 일이지만, 그러나 성급한 판단이 될 수 있다. 왜냐하면, Piaget에 따르면, 외부세계에 대한 주관적 도식과 인지모형의 적응과정(즉, 조절)은 그 반대의 과정, 즉 동화의 과정(외부세계를 내면세계 안으로 적응시키기 위한 외부세계의 변화)과 변증법적으로 결합되어 있기 때문이다. 이와 같이 변증법의 의미에서 간문화학습을 이해한다면, 간문화학습은 폭넓은 시간의 지평에서 이루어진다는 가정에서 출발해야 할 것이다(Moosmueller, 2009: 40). 문화적 차이에 대한 논의와 취급은 많은 질문을 제기하고 있지만, 거기에 대한 확실한 답변은 아직 준비되어 있지 못한 상태에 있다. 다시 말하면, 다문화사회의 다양한 도전에 대하여 실행 가능한 해결방안은 아직 상당 부분 마련되어 있지 않은 상태에 놓여 있다. 그리고 바로 그렇기 때문에, 상기한 바와 같이, 문화적 차이에 대한 주관적 경험에서 나오는 학습의 가능성에 더 많은 의미와 중요성을 부여해야 할 것으로 보인다(Moosmueller, 2009: 42).

본 연구의 논지와 관련하여 첨언하자면, 문화적 차이·다양성을 어떻게 개념화할 것인가의 질문은 우선적으로 문화적 차이·다양성에 관한 담론이 이루어지고 있는 사회적 맥락에 달려 있다. 이러한 전제에서 출발하여, 특히 민족적 국민국가와 고전적 이주국가라는 사회적 맥락의 대조를 통해 접근하는 방안이 적절한 것으로 판단되며, 따라서 일단 먼저 역사적 경험이 더 많은 북미와 독일·유럽의 동향을 비교분석하였다. 그리고 본고에서 다룬 세 가지 담론차원의 논리적 연계성에 대해서 지적하자면, 상기한 사회적 맥락(민족적 국민국가와 고전적 이주국가)과 연관된 담론과 쟁점, 그리고 문화적 차이에 대한 탈식민주의 비판(문화에 대한 기존의 컨테이너 사고방식과 이분법에 따른 사고방식에서 벗어날 필요성 강조)을 고려할 때, 문화와 공간의 매우 밀접한 연관성을 전제로 한 전통적인 문화공간의 개념에 대한 최근의 비평적 담론에 대해서도 역시 주의를 기울여 어느 정도 자세하게 기술하였다. 상기한 두 가지 담론차원은 상대적으로 더 거시적이고 객관적인 인식대상에 초점을 맞추었다고 볼 수 있으며, 이를 보완하는 차원에서 문화적 차이·다양성의 경험과 관련된 학습과정에서는 상대적으로 더 미시적이고 주관적인 인식주체에 초점을 맞추어 논의하였다. 본고의 논지와 핵심내용을 전체적으로 요약하는 차원에서, 이상에서 논의된 사항을 주제어를 중심으로 간단히 도식화하여 제시하면 다음과 같다.

그림 1-5 문화적 차이·다양성에 관한 담론과 함의

- 연구목적: 문화적 차이·다양성에 관한 담론을 살펴보고, 여기에 기초하여 우리 사회에서의 담론과 실천을 위한 함의를 도출하고자 함
- 문화적 차이·다양성을 어떻게 개념화할 것인가의 질문은 문화적 차이·다양성에 관한 담론이 이루어지고 있는 사회적 맥락에 달려 있음. 이와 관련하여 민족적 국민국가와 고전적 이주국가라는 사회적 맥락의 대조를 통해 접근하는 방안이 적절한 것으로 판단되며, 북미와 독일·유럽의 동향을 비교분석할 필요가 있음
- 세 가지 담론차원의 논리적 연계성: 사회적 맥락과 연관된 담론과 쟁점, 문화적 차이에 대한 탈식민주의 비판을 고려할 때, 문화와 공간의 밀접한 연관성을 전제로 한 전통적 문화공간의 개념에 대한 비평적 담론에 대해서도 역시 주의를 기울일 필요가 있음
- 상기한 두 가지 담론차원은 거시적이고 객관적인 인식대상에 초점을 맞추었다고 볼 수 있으며, 이를 보완하는 차원에서 문화적 차이·다양성의 경험과 관련된 학습과정에서는 미시적이고 주관적인 인식주체에 초점을 맞추어 논의하고자 하였음

문화적 차이·다양성에 관한 담론과 쟁점	문화공간의 개념	문화적 차이·다양성의 경험과 관련된 학습과정
- 민족적 국민국가와 고전적인 이주국가에서 비교할 수 있는 문화적 차이의 함축의미 - 용광로 신화와 이에 대한 다문화주의 이론가들의 비판 - 문화적 차이에 대한 탈식민주의자의 비판에서 변증법적인 연관성을 확인할 수 있음	- 컨테이너로 상징되는 전통적인 문화공간 개념과 이 문화공간 개념을 해체하려는 시도와 움직임 - 문화공간의 해체와 탈영토화를 제안하는 대안적 개념에 대해서 다시금 선택적 문화공간 개념을 상정하려는 시도 사이에서 전형적인 변증법적 관계를 확인할 수 있음	- 문화적 차이·다양성의 경험과 관련된 간문화소통의 과정에서 조절의 과정과 동화의 과정 사이에 존재하는 변증법적 관계에 유의할 필요가 있음

- 인식대상의 수준과 인식주체의 수준에서 기본적인 구조와 과정으로서 변증법적인 관계를 확인할 수 있음
- 세 가지 담론차원에서 도출할 수 있는 함의: ① 문화주의, 문화적 본질주의, 전통적 문화공간 개념에 대한 경계 ② 구조적 평등과 차별의 문제, 또는 권력관계의 문제에 대한 주의와 관심이 요청됨 ③ 여러 수준과 차원에서 관찰할 수 있는 변증법을 둘러싼 논의와 쟁점을 동시에 고려하면서 우리 사회의 통합과 정체성 확립을 위해 적절한 정책적·실천적 방안을 모색할 필요가 있음

이상의 논의를 바탕으로 할 때, 이 장에서 요약 및 결론 차원에서 강조하고자 하는 사항은 다음과 같이 몇 가지 명제로 정식화할 수 있다.

첫째, 전체적으로 살펴볼 때, 문화적 차이·다양성과 관련된 인식대상의 수준에서뿐만 아니라 인식주체의 수준에서도 역시 기본적인 구조와 과정으로서 변증법적인 관계를 확인할 수 있다. 우선 북미와 독일·유럽의 담론맥락에서 기술한 바와 같이, 민족적 국민국가와 고전적인 이주국가에서 비교할 수 있는 문화적 차이의 함축의미, 미국에서 관찰할 수 있는 용광로 신화와 이에 대한 일련의 다문화주의 이론가들의 비판, 그리고 문화적 차이에 대한 탈식민주의자의 비판에서 변증법적인 연관성을 확인할 수 있다.

둘째, 컨테이너로 상징되는 전통적인 문화공간 개념과 이 문화공간 개념을 해체하려는 시도와 움직임, 그리고 다시금 선택적 문화공간 개념을 상정하려는 시도 사이에는 전형적인 변증법적 관계가 놓여 있다고 해석할 수 있다. 좀 더 분화시켜 표현하자면, 문화공간에 따른 구분의 잠재성에서 출발할 때, 이러한 구분의 취약점을 지적할 수 있으며, 그 대안적 개념으로서 문화공간의 해체와 문화적 탈영토화 따위를 제안할 수 있다. 하지만 이 대안적 개념과 관련하여, 다시금 문화공간의 개념을 완전히 포기할 수 없다는 어려움과 난처함을 고려할 때, 선택적 문화공간 개념으로의 전환이 요청된다는 점을 지적할 수 있다.

셋째, 문화적 차이·다양성의 경험과 관련된 학습과정에서 언급한 바와 같이, 특히 간문화소통의 과정에서 한편으로 외부세계에 대한 주관적 도식과 인지모형의 적응과정(조절의 과정)과 다른 한편으로 그 반대의 과정, 즉 외부세계를 내면세계 안으로 적응시키기 위한 외부세계의 변화(동화의 과정) 사이에 존재하는 변증법적 연결관계에 유의할 필요가 있다.

넷째, 이 장에서 주의를 기울인 세 가지 담론차원(문화적 차이·다양성에 관한 담론과 쟁점, 문화공간의 개념, 문화적 차이·다양성의 경험과 관련된 학습과정) 모두에서 도출할 수 있는 함의로서는 특히 ① 문화주의, 문화적 본질주의,

전통적 문화공간 개념에 대한 경계, ② 구조적 불평등과 차별의 문제, 또는 권력관계의 문제에 대한 주의와 관심을 다시 강조할 필요가 있다. 그리고 ③ 여러 수준과 차원에서 관찰할 수 있는 변증법을 둘러싼 논의와 쟁점을 동시에 고려하면서 우리 사회의 통합과 정체성 확립을 위해 적절한 정책적·실천적 과제와 방안을 모색할 필요가 있다.

요 약
abstract

이 장의 목적은 문화적 차이·다양성에 관한 담론을 살펴보고, 여기에 기초하여 우리 사회에서의 담론과 실천을 위한 함의를 도출하는 데 놓여 있다. 이 장에서 강조할 사항은 다음과 같다. 첫째, 전체적으로 살펴볼 때, 문화적 차이·다양성과 관련된 인식대상의 수준에서뿐만 아니라 인식주체의 수준에서도 역시 기본적인 구조와 과정으로서 변증법적인 관계를 확인할 수 있다. 둘째, 컨테이너로 상징되는 전통적인 문화공간 개념과 이 문화공간 개념을 해체하려는 시도와 움직임, 그리고 다시금 선택적 문화공간 개념을 상정하려는 시도 사이에는 전형적인 변증법적 관계가 놓여 있다고 해석할 수 있다. 셋째, 간문화소통의 과정에서 외부세계에 대한 주관적 도식과 인지모형의 적응과정(조절)과 외부세계를 내면세계 안으로 적응시키기 위한 외부세계의 변화(동화) 사이에 존재하는 변증법적 관계에 유의할 필요가 있다. 넷째, 문화적 차이·다양성에 관한 담론과 쟁점, 문화공간의 개념, 문화적 차이·다양성의 경험과 관련된 학습과정에서 도출할 수 있는 함의로서는 문화주의, 문화적 본질주의, 전통적 문화공간 개념에 대하여 경계해야 한다는 점을 강조할 필요가 있다. 이와 더불어 상기한 변증법을 둘러싼 논의와 쟁점을 동시에 고려하면서 우리 사회의 통합과 정체성 확립을 위해 적절한 정책적·실천적 과제와 방안을 모색할 필요가 있다.

Chapter. 02

다문화사회에서 다양성과 정체성에 대한 연구동향과 함의

1. 문화와 다문화사회에 대한 이론적 기초
2. 다문화사회에서 다양성과 정체성의 관계
3. 다양성의 차원인 민족성·종교의 관점에서 바라본 정체성의 변화

Chapter. 02

다문화사회에서 다양성과 정체성에 대한 연구동향과 함의*

오늘날 세계화와 이주운동의 결과로 사회적·문화적 다원화가 증가하면서 다양성이라는 개념이 여러 학문영역과 담론에서 키워드로 거론되고 있다. 예를 들면, 경영학에서 다양성은 인적자원개발의 구체적인 개념으로서 혹은 다양성관리로서 이미 많이 알려진 상태에 놓여 있으며(정창화, 2015: 133–156; 허영식, 2015a: 77–86; 허영식 외, 2014: 279–312, 319–345), 교육학에서는 다양성교육을 위한 접근방안의 틀 속에서 소개되고 있다(Prengel, 2007: 49–64; 허영식, 2010: 326–334). 문화학·사회학에서 다양성은 차이나 다문화성의 개념과 연결되어 사용되거나 타자화(othering)에 해당하는 사회적 실천이나 타자성(alterity, otherness)의 구성과 관련되어 사용되고 있으며, 문화적 다양성과 사회적 불평등의 관계에 대하여 비평적 성찰이 이루어지고 있다(Fuchs, 2007: 17–32; Luig, 2007: 87–105; 김경미, 2015: 75–100; 김태원, 2015: 73–102; 최영미, 2015: 133–168).

정치학에서 다양성은 세계화와 이주, 인구통계학적 변동과 가족의 변동, 인구와 취업인력의 구성 변화 등과 같은 사회적 도전에 대한 반작용으로서 다양성이 연구의 준거점으로 작용하고 있다. 하지만 정치학을 위해 적실성을 갖춘 개념으로서 다양성이 보다 더 확고한 역할을 수행

* 제2장의 내용은 『한독사회과학논총』 제26권 제1호(2016.3.)에 게재한 필자의 글을 부분적으로 수정·보완한 것임.

하기 위해서는 다양성관리에 국한된 시각을 극복할 필요가 있다. 따라서 다양성에 대한 국제적·간학문적·간문화적 토론을 정치학의 관점에서 거론하고, 국가 수준의 조정이나 거버넌스(governance) 수준의 조정에 대한 질문과 결합시켜 검토할 필요가 있다(Riedmueller and Vinz, 2007: 143).

어쨌든 다양성을 다루기 위해서는 우선 다양성개념의 이론적 기반으로서 간주되고 있는 차이와 타자의 구성에 대한 접근방안을 고려해야 한다. 다양성과 차이의 개념은 서로 겹치고 서로 보완관계에 놓여 있다는 점에 주의를 기울일 필요가 있다. 한편으로 차이에 대한 담론이 다양성을 왜곡된 형태로 무시하거나, 아니면 다른 한편으로 다양성에 관한 논의가 차이의 개념이 부각시키는 권력관계와 인식론적 관심사를 모호하게 할 수 있다는 점이 때때로 거론되고 있다. 하지만 일상적인 언어사용에 입각할 때, 비평적인 용어로서의 차이와 규범적 정책으로서의 다양성 사이에서 관찰할 수 있는 긴장관계와 더불어 상호 겹치는 부분을 강조할 필요가 있다(Riedmueller and Vinz, 2007: 144).

이와 같이 차이와의 관계 속에서 다양성을 고려해야 할 뿐만 아니라, 더 나아가서 정체성개념과의 연관성에도 역시 주의를 기울여야 한다. 다양성과 정체성 사이의 긴장관계에 주의를 기울여야 할 필요성은 예를 들면 편견의 문제에 대한 담론을 통하여 분명하게 예시할 수 있다. 편견은 변화에 대한 적대감이나 두려움의 증후군을 함축하고 있다. 현대사회에서 사회변동을 위협적인 요인으로 간주하려는 세계관의 일부분으로서 외국인이나 다른 소수집단에 대한 부정적인 태도가 기능을 수행할 수 있다.

여기서 발생하는 갈등상태는 다음과 같은 일반화로 설명할 수 있다. 집단과 사회의 다원적·복합적 구성을 건설적으로 다루기 위한 필요가 증가하고 있는 반면, 다른 한편으로 익숙한 무엇인가에 대한 동경, 자기 자신의 것으로 간주할 수 있는 맥락 속에서 느낄 수 있는 편안함에 대한 향수도 역시 늘어나고 있다. 편견은 다양성에 대한 반응 혹은 반작용으로서 관찰할 수 있고, 정체성을 안정화시키는 기능을 수행한다는 점, 그리고 다양성과 정체성 사이에는 경우에 따라 긴장관계와 갈등이 발생할 수 있다는 점을 고려할 때, 여기서 문제가 되고 있는 개념 사이의 관계는 다음과 같이 도식화할 수 있다(허영식 외, 2014: 325-329).

그림 2-1 편견·다양성·정체성 사이의 관계

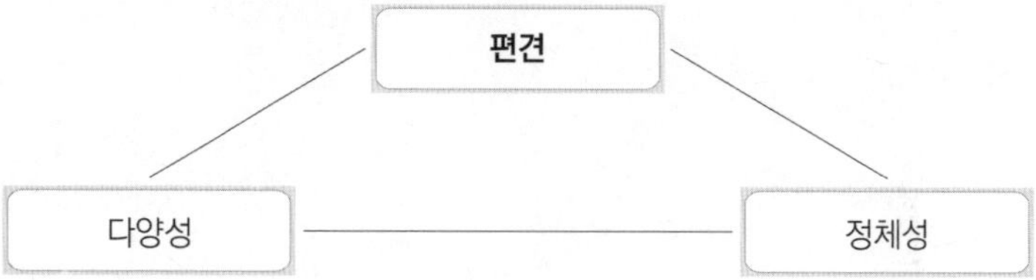

상기한 배경과 문제의식에서 출발하여, 이 장에서는 다문화사회에서 특별히 다양성과 정체성에 대한 연구동향과 함의에 초점을 맞추고자 한다. 즉, 다양성과 정체성에 대한 최근의 연구동향을 소개하고, 다문화사회로의 변동과정에 놓여 있는 우리 사회에서 적절한 정책과 조치를 모색하는 데 있어서 유의미한 함의를 도출하는 데 본 연구의 목적이 있다. 이러한 목적에 도달하기 위하여, 우선 문화와 다문화사회에 대한 이론적 기초를 기술한다. 이어서 다문화사회에서 다양성과 정체성의 관계에 대해 좀 더 자세하게 분석한다. 이러한 이론적 기초와 분석을 바탕으로 하여, 그 다음에는 다양성의 차원인 민족성·종교의 관점에서 바라본 정체성의 변화에 대해 상술한다. 마지막으로 결어 부분에서는 특별히 다양성과 정체성의 관계를 고려하면서 다문화사회의 관리를 위해 유용한 단서와 시사점을 몇 가지 명제로 정리하여 제시하고자 한다.

그림 2-2 부르키니(burkini: burka+bikini)를 둘러싼 논쟁 관련 사진

출처: "Oberstes Gericht...", 2016: 1

그림 2-3 부르키니 금지에 반대하는 여성들이 런던 주재 프랑스 대사관 앞에서 시위하는 모습

출처: "Frankreichs Regierung...", 2016: 2

1. 문화와 다문화사회에 대한 이론적 기초

(1) 사회적 구성개념으로서의 문화

다양성에 관해서는 하나의 통일된 이론을 제시할 수는 없다. 왜냐하면 다양성에 대한 일반이론은 불가능한 일이며, 다양성이라는 주제 그 자체가 일반화를 하는 데 있어서 상당히 어려운 사안이기 때문이다. 여기서 출발점은 역사적·사회적 측면에서 다양성을 어떻게 다루고 있는가를 기술하는 데 놓여 있다. 이 부분에서는 사회과학에서 다양성과 차이에 대한 연구를 수행할 때 고려하고 유의해야 할 사항을 기술하는 데 주안점을 두고자 한다.

우리는 일상생활에서 사회적·문화적 다양성을 사실과 현실로서 늘 경험하고 있다. 사람들이 서로 다른 정체성집단으로 구분되고, 서로 다른 문화적·사회적 범주로 나누어질 수 있다. 그리고 이러한 범주는 경우에 따라서 정도의 차이는 있지만 적대적인 긴장관계나 분열을 수반할 수도 있다. 특히 우리가 현재 살고 있는 후기근대나 포스트모던시대 혹은 탈식민시대에 있어서 그러한 범주적 다양성이 상대적으로 더 부각되고 있다. 하지만 다양성을 단순히 주어진 것으로 간주해서는 안 된다. 다양성·다문화 혹은 젠더의 차이나 세대 간 갈등과 같은 용어는 원래 과정과 행위 혹은 해석의 결과인 것, 그래서 언제나 다시 새롭게 규정되는 것을 사실로서 다루는 경향이 강하다. 적어도 사회학·민족학·인류학의 관점에서 바라볼 때, 사회적·문화적 다양성은 분화의 결과이며, 차이와 관련된 행위의 결과이다. 아래에서 다양성은 차이에 대한 토론을 배경으로 삼아 주제로 삼을 것이며, 차이와 다양성 모두 행위이론의 관점에서 다루어질 것이다.

또한 다양성에서 자동적으로 어떤 사회적 귀결이 뒤따르는 것은 아니다. 오히려 결정적으로 더 중요한 점은 어떻게 사회적·정치적 행위자가, 즉 우리 모두가 어떻게 다양성을 다루고 있으며, 어떻게 사회적 행위자로서의 우리가 분화를 시도하고 차이와 관련을 맺는가이다. 예를 들면, 연령의 차이나 성별의 차이 혹은 정상인과 장애인 사이의 차이는 단순히 주어진 소여성(所與性)이 아니라 서로 다른 시대에 그때그때 서로 다르게 표출되는 경향이 있다(Fuchs, 2007: 17-18; Riedmueller and Vinz, 2007: 144).

다양성의 기본문제에 대해 논의할 때 우리는 우선 먼저 차이에 대해 말을 해야 한다. 사회·문화적 영역에서 차이의 개념은 다양성의 개념보다 더 추상적이라고 볼 수 있다. 차이와 다양성 모두 서로 다른 사회적 사실·사태가 여러 가지 방식과 형태로 나타난다는 것을 함축하고 있다. 예를 들면, 연령과 성별, 계급과 계층, 종교와 언어, 국적과 민족성, 정상인과 장애인 등이 그러한 사실·사태에 해당한다. 게다가 차이는 사회적 사고·행위과정의 근본적인 양식을 주제로 삼는다. 우리는 계속해서 구분을 하며, 언제나 다시 새롭게 구분을 시도한다. 즉, 사물을 언제나 다시 다르게 만들며, 다른 사람들과는 다르게 만든다. 또한 사물을 새롭게 생각하고 다른 사람들과는 다르게 생각한다. 그 결과 나온 산출물은 세계에 대한 서로 다른 심상으로 혹은 다시 변화된 심상으로 나타나며, 다른 사회적 실천이나 생활형식으로 나타난다. 즉, 넓은 의미에서 문화적 차이로 나타난다. 우리는 서로를 다르게 바라보며, 타자가 그 자신을 바라보는 것과는 다른 방식으로 그 타자를 범주화한다. 이 여러 가지 서로 다른 분화과정은 서로 겹치며 뒤섞인다.

그리고 바로 그렇기 때문에 우리가 말하고 행하는 모든 것이 명백하지 않게 되는 경우가 적지 않다. 모든 것이 우리가 생각하고 있는 것만을 의미하지 않고, 다른 측면과 내포를 갖게 된다. 이 다른 측면이나 내포는 아마도 우리 자신은 보지 못하지만 다른 사람들이 볼 수도 있다. 종종 우리는 우리가 진정 생각하고 있는 것이 무엇인지 정확하게 규정하는 데 어려움을 느끼며, 우리가 도대체 누구이고 무엇인지에 대해 말하려고 시도할 때 근본적인 수준에서 한계에 봉착하기도 한다. 다시 말하면, 외관과 본질이 서로 일치하지 않는 경우가 적지 않다. 본질적인 것이 겉으로 드러난 현상과 합치하지 않기도 하며, 거꾸로 이 외관이 원래의 본질적인 것과 합치하지 않기도 한다. 왜냐하면 외적인 현상은 맥락에 따라 서로 다르게 표현·표출되기 때문이다(Fuchs, 2007: 18-19). 이상에서 언급한 사항은 다음과 같이 몇 가지 측면에서 명제형식으로 다시 정식화할 수 있다.

표 2-1 사회적 구성개념으로서 문화의 특징

(1) 대안적 가능성의 잠재성	- 사회·문화적 생활세계는 계속해서 고정된 상태로 남아 있지 않는다. - 왜냐하면 언제나 아직 실현되지 않은 가능성이 존재하기 때문이다. - 무엇이 언제 어떻게 현실이 되는가는 역사적·사회적 우발성과 관련된 질문이며, 사회적 행위와 협상 그리고 투쟁과 관련된 질문이다.
(2) 사회·문화 현상의 다층구조	- 문화적으로 분화된 사회의 경우 사회적 실존과 표현의 대안적인 방식이 현실과 상상의 지평 안으로 들어온다. - 타자의 체험한 생활형식이나 표현한 관점은 대안을 제시해주는 문화적 잠재력을 재현할 수도 있지만, 위협적인 요인으로 다가올 수도 있다. - 따라서 다양성에 대한 개방적 정책의 과제는 타자를 통해 가시화된 잠재력을 자신의 생활세계가 취할 수 있는 선택사항으로 인정하고 받아들이는 데 놓여 있다.
(3) 다양성과 이질성	- 언어적·문화적으로 우리에게 주어져 있는 의미는 고정되어 있지 않다. - 순수한 문화는 존재하지 않으며, 문화적 경계와 문화적 총체성의 아이디어는 결코 원초적인 소여성(所與性)을 나타내는 것이 아니다. - 설명의 대상이 되어야 하는 것은 다양성과 이질성, 여기서 나타나는 혼성화가 아니라, 오히려 문화 및 문화정체성의 폐쇄성과 동질성인 것이다.
(4) 상호작용과 권력관계	- 나의 특정한 문화에 속하지 않은 제3자 혹은 타자가 내가 속한 생활세계나 문화에 부여하는 의미는 나의 자기이해와 문화적 표현을 위해 없어서는 안 될 구성적 요인으로 작용한다. - 문화적 표현과 재현은 불가피하게 사람들 사이의 사회적 상호작용 및 권력관계 속에 들어가 있다. - 편견과 오해의 감소를 위해서는 상호작용관계를 변화시킬 필요가 있으며, 가능하면 양편이 동등하게 참여할 수 있는 과정이 요청된다.

(5) 기획으로서의 정체성	- 정체성은 하나의 기획(프로젝트)이며, 이 기획은 결코 종결되거나 최종적인 실현에 도달하는 것이 아니다. - 정체성과 의미는 과정적인 측면에서 그리고 상호작용적인 측면에서 비로소 제대로 파악할 수 있게 된다. - 결국 문화는 과정과 행위 혹은 해석의 결과이며, 사회적 구성의 결과인 것이다.

출처: Fuchs, 2007: 19-21 재구성

(2) 다문화사회의 특징과 문제점

그동안 국제적인 이주운동이 양적으로 증가한 현상을 관찰할 수 있는데, 이와 관련하여 이주의 원인도 역시 다양하게 나타나고 있다. 빈곤과 저개발, 정치적 억압과 박해 따위가 이주의 원인으로 작용하거나, 아니면 더 좋은 교육을 받으려는 시도에서 확인할 수 있는 바와 같이, 개인적인 생활상태의 개선이 이주의 원인으로 작용하기도 한다. 사회 전체적으로 바라볼 때 이와 같은 이주과정의 결과는 다문화사회의 등장을 가져왔다. 미국·호주·뉴질랜드·동아프리카·남아프리카와 같이 전통적으로 다문화적인 이주자 식민지 이외에 유럽에서도 역시 다양한 다문화적인 공동체가 생겨나게 되었다.

그런데 이것은 유럽에서 이미 존재하던 민족적 다양성과 구별되는 것이었다. 예를 들어 19세기를 살펴볼 때, 유럽으로 이주해 들어온 사람들은 대부분 다른 유럽국가 출신이었던 반면, 유럽의 탈식민사회에서는 주로 과거 식민지에서 들어온 이주자와 남반구의 다른 나라에서 들어온 이주자가 특징적인 역할을 수행하고 있다. 세계적 규모에서 진행되고 있는 이와 같은 이주는 한편으로 세계화의 현상과 밀접한 관계를 맺고 있으며, 다른 한편으로 다문화사회의 발생과 전개를 그 결과로서 수반하고 있다.

여기서 다문화사회의 개념은 일단 다음과 같이 이해할 수 있다.

즉, 그 이전에는 비교적 동질적인 국민국가로서 존재하였지만, 그동안 세계의 여러 지역과 나라에서 이주해 들어온 사람들로 인하여 인구의 구성과 분포가 상당히 많이 변화된 사회로 이해할 수 있다. 많은 이주자의 출신배경을 살펴보면, 그들이 속한 민족적 집단은 서로 매우 다른 근대(혹은 현대)의 형태를 재현하고 있다. 그리고 근대성(혹은 현대성)에 대하여 서로 매우 다른 방식으로 대처함으로써 나름대로 사회적 복합성의 증가에 기여하고 있다(Luig, 2007: 88).

이와 같은 다문화사회는 '동시적인 비동시성'(혹은 '비동시적인 것의 동시성' 아니면 간단히 '비동시성')이라는 의미에서 매우 다양한 세계관과 가치관에 대한 접근방식을 가능하게 만든다(허영식, 2015a: 16-18). 예를 들면, 세계의 여러 거대도시에서는 그러한 비동시적 요소나 측면이 서로 만날 수밖에 없도록 이미 조건이 갖추어져 있다. 하지만 천만이 넘는 인구를 갖고 있는 거대도시 이외에 비교적 작은 대도시도 역시 세계사회의 다양성과 모순성이 반영된 소우주를 재현하고 있다. 이와 같이 다민족적인 성격을 지니고 있는 지방자치단체에서는 기존의 불평등을 구체적으로 경험할 수 있으며, 이와 더불어 우세한 다수집단과 그렇지 못한 소수집단 사이에서 나타나는 갈등을 구체적으로 경험할 수 있다.

따라서 새로운 사회적 조직의 맥락 속에서 정치적으로 조정을 모색하거나 아니면 이러저러한 방식으로 해결방안을 모색하지 않으면 안 된다. 그리고 지방자치단체 내부에서 이미 존재하는 불평등과 이질성은 정치적 조건이나 문화적 조건과 연관되어 있으며, 또한 계층과 교육의 차이에서 원인을 찾을 수 있고, 연령·성별·이주경험과 같은 요인을 통해 더 자세하게 분화시킬 수 있다. 세대의 차이도 역시 중요한 의미를 지니고 있는데, 그 까닭은, 적어도 사회통합을 하려는 의지의 측면에서 바라볼 때, 이주자의 1세대, 2세대, 3세대 사이에서 차이가 점점 더 증가하는 경향을 보이기 때문이다(Luig, 2007: 88-89).

이와 같이 다문화적 초점 혹은 문제구역으로 작용하고 있는 곳은 급격하게 발전하고 있는 정보통신기술을 기반으로 삼아 초국가적인 망으로 연결된 공간을 형성하고 있다. 일반적으로 살펴볼 때, 적지 않은 이주민은 더 이상 체제국과 출신국가 사이에서만 살고 있는 것이 아니라, 사회적·경제적 네트워크로 연결된 초국가적 이주세계 속에서 움직이고 있다. 서로 다른 세계 사이에서 이렇게 오가면서 그들은 경험을 갖춘 세계시민주의자가 된다. 그러면서 다른 한편으로는 출신지역 혹은 고향에 대한 연결고리를 유지하기도 한다.

시간과 공간의 밀집, 경계가 없는 통신의 강도, 상품·아이디어·정보의 지속적인 흐름으로 인하여 기존의 지방적 경계가 실제로 흐트러지고 있으며, 다양한 상상적 세계 혹은 가상적 세계가 생성되고 있다. 여기서 근대성의 양상을 살펴보면, 단순히 다른 근대나 다중(多重)근대가 존재하는 것에 그치지 않고, 더 나아가서 여러 다른 근대의 형태가 서로 얽혀 있는 양상을 보이고 있다. 국민문화와 이주민문화, 하위문화와 상위문화 혹은 초문화(보기: 소비자문화, 대중문화)가 계속해서 서로 뒤섞이거나 상호보완하고 있다. 어제만 해도 이국적인 것으로 보였던 것이 오늘 이미 친숙한 것으로 보일 수 있으며, 이전에 우리 자신에게 속했던 것이 부지불식간에 이미 다른 지역이나 나라에서 일상생활에 속하는 것으로 변모하기도 한다. 여러 분야에서 글로벌한 현상을 얼마든지 지방적 수준에서 경험할 수 있으며, 시간구조의 가속화로 인하여 사회변동의 강도와 범위가 증가하고 있다(Luig, 2007: 89-90).

이러한 전개과정에서 추론할 수 있는 사항이지만, 공동사회와 이익사회, 고향과 타지(他地)에 대한 기존의 생각이 시험대에 오르고 있으며, 이와 더불어 그러한 준거에 대한 사회적 결속도 역시 시험의 대상이 되고 있다. 다문화사회의 구성은 민족 및 이것과 밀접하게 연결되어 있는 정체성의 역할에 대하여 새로운 질문을 제기하고 있다. 하지만 다문화사회에 관한 토론에 있어서 탈식민사회의 특수성을 개념화하는 데 있어서 어려움이 있다는 것을 관찰할 수 있다.

왜냐하면 다문화라는 개념 뒤에는 민족에 대한 상당히 전통주의적인 이해가 숨겨져 있기 때문이다. 고전적인 민족학에서 민족 혹은 민족적 집단은 공통의 언어·문화·영토·역사를 공유하고 있는 사람들의 집단으로 기술되었다. 다시 말하면, 민족을 구성하는 사람들의 원초적 결속(친족관계)과 더불어 우리의식이 특징적인 것으로 간주되었다. 그리고 이 우리의식은 정체성과 정서적 통합을 함축하였다. 하지만 그 뒤에 숨겨져 있는 생각, 즉 민족이 폐쇄적이고 완결된 체제라는 것, 그 자체가 동질적인 문화를 재현한다는 것은 그동안 시의적절하지 못한 것으로 밝혀지게 되었다.

민족 사이의 관계는 민족 간의 차이·격차로 특징지어지거나 아니면 국민국가에 대한 특정한 관계로 특징지어지기 때문에 여러 민족은 위계질서와 종속의 맥락에 놓여 있다. 민족의 개념이 차지하고 있는 위상을 이렇게 설정할 경우, 이제 민족을 사회적 구성개념으로 파악해야 한다는 단서를 확인할 수 있다. 민족적 집단 사이의 경계를 어떻게 설정할 것인가의 질문과 관련하여, 자신에 대한 속성부여와 타자에 대한 속성부여의 변증법적 과정으로 경계설정을 기술할 수 있다. 이러한 방식으로 접근할 경우, 민족성은 관계적 개념이 되며, 이러한 개념은 문화에 대한 전통적인 이해, 즉 문화적 본질주의(문화에 대한 본질주의적 이해)와 대조시킬 수 있다(Luig, 2007: 90-91).

이렇게 볼 때, 민족 혹은 민족성에 대한 통일된 개념정의가 존재하는 것이 아니라, 적어도 두 가지 서로 다른 접근방식을 확인할 수 있다. 민족(성)에 대한 이해는 원초주의와 구성주의로 구분할 수 있다. 그리고 그동안 구성주의적 이해가 보다 더 시의적절한 것으로 간주되고 있다. 이 맥락에서 디아스포라 연구자의 한 사람인 바우만(Baumann)은 지배적 담론과 민중적(통속적) 담론을 구분하고 있다. 지배적 담론은 문화정체성을 기정사실로 선언된 민족적 집단이나 공동체의 물화(物化)된 소유로 간주하는 반면, 민중적(통속적) 담론은 문화와 민족정체성의 동일시를 의문시하며 그러한 동일시를 해체시키려는 경향이 있다(Baumann, 1998: 289; Luig, 2007: 91 재인용).

원초주의와 구성주의 사이의 구별을 확연하게 대조적으로 파악하려는 시도가 적지 않지만, 다른 한편으로 두 가지 접근방식을 모두 적절하게 고려해야 한다는 입장도 확인할 수 있다. 왜냐하면 이주자 자신도 역시 민족의 개념을 다양한 방식으로 또는 서로 모순된 방식으로 사용하려는 경향이 있기 때문이다. 이 이원적 담론능력에는 생활경험으로서의 다양성이 여러 가지 차이와 관련될 수 있다는 점이 반영되고 있다. 적어도 행위를 하는 주체의 시각에서 바라볼 때, 여러 가지 차이는 병렬적으로 존재할 수도 있으며, 상호모순관계 속에서 결합될 수도 있다(Luig, 2007: 91).

2. 다문화사회에서 다양성과 정체성의 관계

(1) 다양성과 관련된 정체성개념

차이와 관련된 행위에 대한 질문이 갖고 있는 적실성은 예를 들면 센(Sen)이 『정체성의 함정』(2007)에서 기술한 내용에서 확인할 수 있다. 여기서 그는 세계 인구를 일련의 서로 다른 문화에 배열하고, 문화에 대한 동질적인 이해에서 출발하여, 사람들을 하나의 소속기준에 따라 범주화하려는 시도를 비판하고 있다. 이분법적 정체성 혹은 타자를 배제하는 정체성에 기대를 걸면서 글로벌 수준의 대결을 선동하는 집단이나 아니면 지방적 수준에서 폭력을 행사하려는 과격종파주의자에서 그러한 시도의 위험성을 관찰할 수 있다. 그리고 이분법적인 정체성에 입각하여 타자에 대한 배제를 지나치게 강조할 경우, 분화적 사고를 통하여 갈등을 약화시키는 대신에 오히려 폭력행사나 갈등의 증폭을 정당화할 수 있다.

이분법적 정체성 혹은 타자를 배제하는 정체성에 입각하여 세계를 구분할 경우, 그것은 현재 다원적이고 다양한 범주에 따라 사람들이 살고 있는 세계를 고려할 때, 평화로운 공동생활을 위해 기여할 수 있는 여지가 그만큼 부족한 것으로 보인다. 현대의 세계에서 화합과 평화적 갈등해결을 위해서는 사람들이 지닌 다양한 정체성, 그리고 서로 겹치는 정체성에 대한 보다 더 분명한 이해에 기대를 걸어야 한다(Sen, 2007: 9-10, 58-59; Riedmueller and Vinz, 2007: 145-146).

다양성과 연관되어 있는 정체성개념으로는 혼성(hybrid, patchwork)정체성, 다중(multiple)정체성, 조망(perspective)정체성, 이동(shifting)정체성, 초국가(transnational)정체성, 블러(blur, 경계가 불분명한)정체성, 하이픈(hyphenated, 하이픈으로 연결한 외국계 시민의)정체성, 이중(dual)정체성, 양문화(bicultural)정체성, 다문화(multicultural)정체성, 간문화(intercultural)정체성, 포용(inclusive)정체성, 역동(dynamic)정체성, 디아스포라(diaspora)정체성, 혼합된 혹은 파편화된 민족정체성(mixed or fragmented ethnic identities), 그리고 심지어 디지털공간에서 작용하는 가상적(virtual) 집단정체성 따위가 거론되고 있다(허영식, 2015a: 78). 여기서 열거한 정체성개념의 보기를 종합적으로 살펴볼 때, 이것들은 대체로 개방적(open) 정체성이나 탄력적(elastic) 정체성 혹은 글로벌(global) 정체성(Sen, 2007: 131)을 함축한다고 해석할 수 있다.

이와 같은 배경을 고려하면서 센은 다문화주의에 대한 이해를 비판하고 있다. 즉, 영국과 같은 사회를 서로 분리된 종교공동체 혹은 민족공동체의 무리로 파악하는 다문화주의를 '다원적 단일문화주의(plural monoculturalism)'라고 비판하고 있다(Sen, 2007: 165-169). 이와 같이 그 자체로 완결되고 서로 분리된 문화적 존재를 상정하는 다문화주의의 한계와 위험성을 고려할 때, 제기되는 질문은 다양성정책이 그러한 경향에 대한 하나의 대안으로서 역할을 수행할 수 있는가의 여부이다. 다시 말하면, 한편으로 증가하고 있는 글로벌 수준의 상호의존과 다른 한편으로 여전히 남아 있는 상이성(서로 다름) 사이에서 나타나는 문화적 역설(cultural paradox), 그리고 한편으로 불분명해지면서 새롭게 뒤섞이는 경계와 다른 한편으로 문화적 본질주의 입장에서 자기 자신의 정체성을 전략적으로 강화시키려는 시도 사이에서 관찰할 수 있는 역설에 대하여 비평적으로 성찰하는 데 있어서 다양성이라는 개념이 단서를 제공할 수 있는가 하는 질문이 제기된다.

하지만 다양성에 대한 접근방식은 다문화성의 개념에 대한 해석과 마찬가지로 논쟁의 대상이 되고 있다. 다양성의 해석과 관련해서는 한편으로 차이의 이론에 입각한 견해, 즉 개인·집단 사이의 차이를 강조하는 견해가 있다. 하지만 이러한 견해에 대해 이의를 제기하는 대조적인 입장도 역시 존재한다. 즉, 사람들을 특정한 한 가지 소속기준으로 분류할 수 없으며, 오히려 그들이 정체성을 수립하는 다양한 집합체에 속한다는 견해가 있다. 이 입장에서는 다양성을 공통점 및 차이점으로 해석하려는 경향이 강하다. 즉, 유사성과 상이성의 특징을 동시에 지니고 있는 혼합형태 혹은 혼성적인 상태를 강조하려는 경향을 관찰할 수 있다. 요컨대, 기존의 다문화주의는 민족적·종교적 소속과 관련시키려는 경향이 상당히 강한 반면, 유사성과 상이성을 동시에 고려하려는 다양성 접근방안은 교차성(intersectionality)의 의미에서 성별·연령·종교·장애·성적 지향과 같은 여러 가지 다양성의 차원을 보다 더 명시적으로 포괄하고자 한다(Riedmueller and Vinz, 2007: 146; 허영식, 2015a: 83, 100–101).

(2) 다양성과 정체성의 긴장관계

민족학의 역사를 살펴보면, 다양성과 정체성의 긴장관계에서 역설적인 사실을 확인할 수 있다. 전체론적인 문화개념에 대하여 근본적인 수준에서 문제를 제기한 시기는 대체로 그 전체론적인 문화개념이 보편적으로 관철되기 시작할 때와 일치한다. 그리고 이 전체론적인 문화개념이 보편화하는 데 있어서 민족학 그 자체가 많은 기여를 하였다. 또한 문화현상을 다루는 데 있어서 이 두 가지 형태가 동시에 작용하고 있다는 점 그 자체가 현대사회의 중요한 특징이다.

타자와의 차이, 자신과의 차이에 대한 통찰, 그리고 사회집단의 비동일성과 개인의 비동일성에 대한 통찰은 한편으로 개방과 교류 혹은 상호침투의 가능성과 중요성에 대한 의식을 강화시킨다. 그러나 다른 한편으로 일상적인 사회적 관계, 특히 사회적·정치적 생활에서 그러한 개방과 교류는 단순히 주어져 있는 것이 아니다. 그 반대로 오히려 경계짓기가 더 우세한 것으로 보인다. 명료성에 대한 요구, 정체성에 대한 바람, 즉 개인적·사회적 수준에서 정체성 찾기와 정체성 확정에 대한 기대가 더 강하게 작용하고 있는 것처럼 보인다. 개방·교류의 가능성에 대하여 명확성, 그리고 차이를 고려한 명확성에 대한 욕구가 대조를 이룬다. 명확한 정체성을 탐색하는 차원에서 구획을 시도하며 경계를 설정한다.

그런데 그 결과는 단순히 차이와 다양성에 국한되는 것이 아니다. 오히려 이미 잘 알려져 있는 이분법 혹은 이원적인 대립관계가 드러난다. 자신과 타자, 친숙한 자와 낯선 자, 젊은이와 노인, 정상인과 장애인, 이성애와 동성애, 합리성과 비합리성 등이 그러한 보기에 속한다. 그리고 단순히 상대적 관점에서 정도의 차이를 보이는 데 그치지 않고, 절대적 관점에서 본질적으로 다른 것으로 간주하는 경우가 적지 않다. 게다가 이와 같은 이분법적 관계가 종종 위계질서에 따라 등급이 매겨지기도 한다.

하지만 아이러니컬하게도 이러한 명확성은 불안정하게 되고 결국 지탱하기 어려운 상태에 처하게 된다. 이분법적인 대립관계에서 타자의 것이 나의 일부분이 되며, 나 자신의 것을 말하자면 함께 구성한다. 이러한 현상은 온갖 종류의 본질주의를 따라다니는 역설(본질주의의 역설:

paradox of essentialism)에 해당한다. 결국 타자에게서 완전히 벗어날 수 없다는 것이다. 차이와 분화, 그리고 다양성과 정체성 모두 순환과정 속에서 움직이고 있는 것이다(Fuchs, 2007: 21-22).

차이를 다루는 두 가지 가능성, 즉 한편으로 다름(혹은 본질적 차이)을 강조하려는 경향과 다른 한편으로 경계 짓기를 극복하려는 시도는 특히 첨예화된 사회적 상호작용의 맥락에서 명시적으로 확연하게 드러난다. 예를 들면, 자원의 통제를 둘러싼 논란이나 종교적·비종교적 의미의 관철을 둘러싼 논쟁에서 언제나 다시 관찰할 수 있는 사항이지만, 여기서는 주로 포함과 제외, 포용과 배제의 논리와 언어가 작용한다. 이때 근본적인 수준에서 벌이지는 사회적 투쟁의 한 가지 차원은 다름 아니라 인정투쟁(struggle for recognition), 특히 사회적 인정을 둘러싼 투쟁이다(Honneth, 1992; Bredella, 2010: 111-112; Broszinsky-Schwabe, 2011: 202-203; 허영식 외, 2014: 107-108). 그러한 투쟁에서 사람들은 종종 차이를 근거로 내세우며, 여기서 서로 대조적인 두 가지 주요형태를 확인할 수 있다. 그 하나는 차이와 다름을 인정해 달라는 투쟁이며, 다른 하나는 차이에 대항하는 투쟁, 차이의 극복을 둘러싼 투쟁이다.

그런데 이 두 가지 모두 하나의 동일한 투쟁에 내재하고 있는 두 가지 측면에 불과한 것일 수 있다는 점에 유의할 필요가 있다. 인정을 위한 투쟁은 문화적 차이를 둘러싼 모든 논의와 대결에서 핵심적인 측면을 형성하며, 문화적 차이·다양성에 관한 모든 담론에서 핵심적인 계기가 된다. 간문화적 관계 속에는 언제나 상당 부분 권력에 관한 질문이 내재되어 있다. 따라서 지배적인 담론, 지배적인 민족적 범주, 혹은 사회적 계급·계층 사이의 관계에 대한 숙고가 요구되며, 한편으로 다수사회와 다른 한편으로 주변에 놓여 있는 사회·문화형태 사이의 관계에 대한 고려가 요청된다(Fuchs, 2007: 22-23; Sen, 2007: 116-117; 허영식·정창화, 2012: 89-94).

문화를 상징과 의미가 작용하는 영역 혹은 질서라고 이해할 경우,

문화는 여러 가지 방식으로 차이를 보여준다. 서로 다른 문화영역 사이에서 차이가 나타나며, 서로 다른 재현과 담론 사이에서 논쟁이 벌어지며, 사고방식과 생활방식에서 각종 미묘한 차이가 발생할 수 있다. 그런데 이해관계의 관철과 정체성 확보의 문제가 개입할 경우 그러한 차이는 단순한 놀이나 게임의 수준을 넘어서서 심각한 사안으로 다가올 수 있다. 정체성을 확립하고 강화시키려는 시도는 문화적 의미와 상징 혹은 담론을 이용한다. 하지만 이러한 요소가 모두 정체성의 형성과 확립을 위해 기여하고 순응하는 것만은 아니다. 사회적 담론과 실천은 경우에 따라서 얼마든지 정체성 확보·강화를 위한 기획에 대해 비판적인 자세를 취할 수 있다. 간단히 말해서, 문화와 (개인·집단의) 정체성 사이에는 이미 원칙적인 수준에서 동일성이 존재하지 않는다는 것이다.

게다가 사회적 행위자는 늘 하나의 상징·의미체제에만 결부되어 있지 않다. 사회적 행위자 혹은 우리집단(we-group)은 여러 가지 재현·담론과 관련을 맺으며, 이것을 준거로 삼는다. 그러나 담론과 재현은 서로 다르게 파악될 수 있으며, 사람들이 그 담론과 재현들 사이에서 왔다 갔다 하거나, 그것들을 조합하거나, 아니면 상호 성찰할 수 있도록 할 수도 있다. 하지만 여기서 중요한 점은 우리가 하나의 편에서만 생각하지 않는다는 것이다. 집단정체성과 상징체제를 같은 것으로 간주하려는 시도에 있어서는 다른 행위자, 다른 집단에 속한 사람들이 행하는 동일시와 속성부여가 상당 부분 작용한다. 해당 문화나 집단에 속하지 않은 제3자 혹은 타자의 편에서 이루어지는 차이와 관련된 행위를 관찰할 필요가 있다. 자신의 정체성은 상당 부분 타자의 기대에 대한 반작용에 불과한 경우가 적지 않다. 결국 타자의 심상을 받아들이거나(취득하거나) 아니면 받아치기함으로써 자신의 정체성을 확립하거나 확보하는 것이다(Fuchs, 2007: 23-24).

차이와 문화적 다양성의 질문을 다루는 이론적 접근방안으로서 이 맥락에서 탈식민주의에 특별한 주의를 기울일 필요가 있다. 탈식민주의 담론에 있어서 핵심적인 근거가 되는 경험은 식민주의 및 탈식민주의의 개입과 파괴, 외부세력에 의한 문화와 정체성의 개방, 그리고 자신의 생활세계에서 지배적인 힘을 행사하는 타자의 현존과 관련되어 있다. 이러한 상황과 상태에 대한 비판은 또한 상당 부분 포스트모던적인 해체주의(postmodern deconstructionism)의 접근방안과 밀접히 연관되어 있다.

어쨌든 상기한 경험에서 도출할 수 있는 사항은 사람들이 서구적인 특징을 지니고 있는 담론에도 참여하고 자신의 생활세계에 기원을 둔 담론에도 참여할 수 있다는 인식이다. 또한 이러한 경험을 긍정적인 것으로 전환시킬 수 있다는 신념이다. 기존에 자기 자신의 담론에 국한되어 있던 틀에서 벗어나 새로운 관점을 모색하는 과정에서 등장한 언어 혹은 용어가 다름 아니라 사이공간과 혼성화이다. 즉, 서로 다른 문화·언어·담론 사이에서 협상·번역·중개할 수 있는 새로운 공간을 탐색하고 모색하려는 시도가 나타난 것이다.

혼성화의 개념과 관련해서는 서로 다른 문화적 세계, 지배를 하던 문화적 세계와 지배를 받던 문화적 세계를 매개할 수 있는 가능성과 매개해야 한다는 필요성에 대한 희망에 강조점이 놓여 있다. 즉, 탈식민주의적 접근방안은 상당 부분 이상주의적인 혹은 낭만주의적인 특징을 갖고 있는 비판이라고 해석할 수 있다. 또한 탈식민적 담론은 그동안 억눌려 살아왔던 모든 사람들을 대변하고 옹호하고자 하는 취지를 갖고 있다. 그런데 탈식민주의적 접근방안을 내세우는 사람들 자신은 대개 세계시민주의적인 지식인으로서 말하자면 특별한 위치에 놓여 있기 때문에, 그들이 대변하고 옹호하고자 하는 사람들과 거리가 있을 수 있다는 점도 역시 지적되고 있다(Fuchs, 2007: 24-26; 허영식·정창화, 2012: 67-68).

혼성화의 개념과 관련해서는 또한 서로 대립·대조적인 경향의 동시성에도 유의할 필요가 있다. 즉, 혼성화와 본질주의의 공존, 문화적 개방과 폐쇄의 병존, 문화의 교류·상호침투와 이분법적 구분의 병존 등의 현상에도 주의를 기울여야 한다. 본질주의는 개방과 혼성화의 경험에서 나온 산물이라고 해석할 수 있다. 과거 식민주의적 입장과 더불어 반(反)식민주의적 반작용은 자신과 타자, 자문화와 타문화를 이분법적으로 대조시키고 비교하려는 경향을 보여주고 있다. 이러한 현상은 민족학에서 많이 거론되었던 타자화(othering)나 문화적 상대주의의 명제와 상당한 유사성을 지니고 있다.

식민주의와 탈식민주의에서는 현대와 전통, 개발과 저개발, 합리성과 종교·미신, 문화와 자연, 동양과 서양 등과 같은 이분법적인 사고방식이 지배적으로 작용하였다. 그런데 혼성화와 본질주의의 공존과 관련하여 과거 식민지 경험을 갖고 있던 여러 나라에서 등장한 이분법적 담론은 상당 부분 상기한 이분법적 사고방식에 대한 반작용이라고 해석할 수 있다. 과거 서구 중심의 식민주의적 개발모형에 대하여 비판을 가한 탈식민주의 이론가들은 이제 혼성화라고 하는 새로운 명제를 통하여 적어도 과거의 이분법적인 사고방식에서 벗어날 수 있는 대안을 제시한 것으로 보인다.

혼성화의 입장에서 출발하여 이제 분석과 담론의 혼성적인 자리매김이 가능해진 것으로 보이며, 이것은 과거 식민지를 경험한 나라에서뿐만 아니라, 다문화성과 디아스포라의 면모를 뚜렷하게 보여주고 있는 여러 대도시에서 발생하고 있는 현상과 과정을 이해하는 데 있어서 유용한 단서를 제공한다고 볼 수 있다. 하지만 혼성화와 본질주의의 공존이라는 명제에서 다시 확인할 수 있는 사항이지만, 세계 여러 곳에서 관찰할 수 있는 문화적 파편화와 간문화적 갈등의 경험은 경우에 따라서 거꾸로 민족의 준거를 다시 강조하려는 민족화의 현상과 더불어 문화적 본질주의화로의 경향을 보여주고 있다. 결국 혼성화와 본질주의는 세계 여러 곳에서 다문화·다언어·다종교사회가 안고 있는 사회적 과정의 두 가지 중요한 측면인 것이다.

이와 같이 문화적 사이공간과 혼성화의 관점을 부각시키는 데 있어서 기여한 접근방안이나 배경적 요인으로는, 상기한 탈식민주의 담론

이외에도, 그동안 수행된 민족학의 연구, 강화된 간문화적 교류, 과거 문화적 일원론에 기초하고 국민국가에 국한되었던 사회의 개방과 다원화, 그리고 포스트모던 담론을 들 수 있다. 물론 사이공간이라고 하는 위상학적인 비유적 개념은 어느 정도 잘못 이해되거나 왜곡될 위험성을 안고 있다. 왜냐하면 탈식민주의적 이론가의 원래 의도와는 다르게, 출발점으로 상정한 문화의 폐쇄성을 부지불식간에 다시 강화시킬 수도 있기 때문이다. 하지만 이러한 난점에도 불구하고 탈식민주의 담론은 차이와 다양성에 대한 분석과 성찰을 하는 데 있어서 적어도 유용한 단서와 이정표를 제시했다고 평가할 수 있다(Fuchs, 2007: 26-27). 탈식민주의 담론의 특징은 다음과 같이 세 가지 명제로 정식화할 수 있다.

표 2-2 탈식민주의 담론의 특징

(1)	오늘날 서로 다른 문화 혹은 근대가 얽혀 있다는 데 대한 인식과 통찰을 제시하고 있다. 즉, 서로 다른 근대의 다원성이 존재한다는 점과 더불어 서로 다른 근대가 상호 구성적인 조건으로 작용한다는 점을 부각시키고 있다.
(2)	다중적인 문화형태, 간문화성과 간문화적 공존에 대한 시야의 개방과 지평의 확대를 강조하고 있다. 즉, 과거의 문화가 늘 폐쇄적이었다는 생각에 반대하며, 관용 및 세계시민주의와 같은 현상이 근대의 산물에 불과하거나 아니면 기껏해야 고대 그리스의 특징에 불과하다고 하는 아이디어에 반대한다.
(3)	차이의 공존방식이 다양하게 실현될 수 있으며, 전이·번역의 과정도 역시 다양하게 실현될 수 있다는 점을 강조하고 있다.

출처: Fuchs, 2007: 27 재구성

3. 다양성의 차원인 민족성·종교의 관점에서 바라본 정체성의 변화

(1) 민족성과 정체성

이주에 대한 연구에서 변화하는 정체성의 문제가 중심에 놓여 있는데, 여기서 이주는 영토의 경계를 넘어서는 것을 함축하고 있을 뿐만 아니라, 상징적인 경계를 넘어서는 것도 역시 함축하고 있다. 새로운 사회적 규칙 및 낯선 문화에 직면하면서 사람들은 종종 불평등이나 인종차별주의를 경험하게 된다. 이것은 '이주의 역설(paradox of migration)'이라고 부를 수 있는 개인적 위기상황을 수반하곤 한다. 유럽이나 미국에 체류하면서 많은 이주민은 고향(출신국가)에서 지위의 평가절상을 경험한다. 그 반면 체재국에서 체류하는 동안 지위의 평가절하와 주변화를 체험한다. 왜냐하면 일자리를 찾지 못하거나 아니면 자신이 원래 갖추고 있는 자격이나 역량에 미치지 못하는 일자리를 찾는 데 그치기 때문이다. 이와 같은 사회적 취약성의 상황에서 자기 자신에 대한 이해 혹은 자신의 정체성이 근본적인 수준에서 문제시된다. 내면적인 자기분열과 소외의 상태(dislocation)가 발생하거나 심지어는 질병이 생기거나 사회적 매장의 현상을 수반할 수 있다.

물론 어떤 다른 이주자는 새로운 도전을 영감의 출처나 지적인 역량강화(empowerment)의 형태로 체험하거나, 자신에게 열린 가능성과 기회를 창의적으로 이용하려고 시도할 수 있다. 하지만 그런 경우에도 역시 자신에 대한 심상과 타자에 대한 심상의 격차나 차이의 문제를 다루지 않으면 안 된다. 모호성의 경험은 새로운 자기설계를 요구하며, 친숙한 행위유형을 새로운 여건이나 상황에 적응시키려는 생존전략을 요구한다. 이런 맥락에서 문화적 자원으로서의 민족성과 종교에 의존하게 된다. 그런데 이 두 가지 자원은 서로 보완해 주거나 아니면 긴장 속에서 서로 대립관계에 놓일 수 있다(Luig, 2007: 93-94).

우선 민족성을 다루는 방식과 관련하여 이 연관성에 대해 기술하면 다음과 같다. 불평등이 일상경험의 일부를 형성하고 있는 다민족공동체에서 민족성은 한편으로 민족정치(ethnopolitics)의 형식으로 나타난다. 왜냐하면 동등한 권리의 인정을 둘러싼 투쟁이나 아니면 불평등의 평등화를 둘러싼 투쟁에서 민족성이 작용하기 때문이다. 이주자는 상황을 개선하기 위하여 국가기관이나 행정당국과 접촉·교류를 하면서 문화적 차이·다양성에 대한 권리를 긍정적으로 대변하는 반면, 국가도 역시 사회·문화적 통합에 대한 협상에 있어서 민족적 정체성의 동원을 이용하는 데 관심을 갖고 있다. 이주자를 거부하는 경향을 보이는 환경에서 민족적 소속은 인간적인 따뜻함과 더불어 보호받고 있다는 느낌을 제공하며, 소속감과 연대의식을 전달해 준다. 따라서 때때로 국민정체성과 동일시되고 있는 민족정체성을 강조한다고 해서 그것이 반드시 고립·폐쇄와 근본주의적 경향으로 나아간다고 우려할 필요는 없다. 오히려 민족성은 문화적 능력(역량)을 제고시키며, 어려운 사회적 여건과 환경에서 자신의 정체성과 존엄성을 유지하는 데 도움을 준다.

하지만 이와 같은 민족성의 긍정적 기능은 다민족공동체의 자기재현 중 하나의 형식에 불과한 것이다. 분화(分化)를 보여주는 다른 특징인 국적·언어·종교·주거지도 역시 중요한 역할을 수행한다. 디아스포라 정체성은 여러 가지 서로 다른 경험, 서로 보완관계에 놓여 있거나 아니면 서로 모순되는 경험으로 구성되며, 이 경험은 그때그때 상황에 따라 부각되거나 아니면 뒤로 물러나게 된다. 이때 정체성의 구성은 주어진 맥락에 따라 분열(fission)과 융합(fusion)으로 특징지어지는 부문별 역학(力學)의 양상을 보여준다. 따라서 정체성은 한번 획득한 것으로 끝나는 것이 아니며, 문화적 생산의 한 양식인 것이다. 정체성 구성은 과정으로 기술할 수 있다. 왜냐하면 정체성은 결코 통일된 것이 아니며, 특히 현대에 와서 점점 더 파편화되고 파격적인 양상을 보이고 있기 때문이다. 결코 단일한 정체성이 아니라, 다중적인 정체성의 모습을 띠며, 이것은 서로 다른 그리고 종종 서로 교차하고 적대적인 담론·실천·위치를 가로지르면서 구성되는 경향이 있다(Luig, 2007: 94-95; Sen, 2007: 24-25).

이러한 다중정체성의 구성은 민족성의 변화나 교체도 역시 포함하고 있다. 정치적 지배관계, 교육의 차이, 경제적 이득 따위로 인하여 민족적 속성부여의 변화나 교체가 유리하다고 판단할 경우, 민족정체성을 둘러싼 게임이 특히 두드러지게 나타날 수 있다. 외국경찰에게 자신의 출신배경에 관하여 틀린 정보를 제시하거나, 아니면 억압과 정치적 차별을 피하기 위하여 특정한 출신배경을 아예 부인하는 경우도 종종 발생한다.

따라서 문화적 차이·다양성을 다루는 데 있어서 민족성을 단순히 긍정적인 수단으로만 간주하려고 한다면, 그것은 지나치게 일방적인 시도라고 할 수 있다. 위에서 기술한 분열과 융합의 과정이 보여주고 있는 바와 같이, 민족성에 의거하는 일은 갈등도 역시 초래할 수 있으며, 적어도 갈등을 안고 있는 사안으로 느낄 수 있다. 이것은 특히 내전이나 직접적인 민족분쟁의 상황에 처해 있는 다문화적 디아스포라 공동체(보기: 수단, 에리트레아, 터키)에 해당하는 이야기이다. 이러한 보기에서 확인할 수 있는 바와 같이, 민족은 상황과 맥락에 따라 얼마든지 변화할 수 있는 동적인 구성체인 것이다. 민족에 대한 관계적 자리매김은 위에서 언급한 문화의 협상과정(즉, 본질주의나 아니면 구성주의에 입각하여 문화를 체험하고 해석하는 과정)에 부응하는 것이다. 차이·다양성의 문제를 처리하는 수단으로서 민족성을 어떤 방식으로 끌어들이고 활용하는가는 결국 이주자의 사회경제적 상황, 소속을 향한 노력, 집단적 충성으로부터의 독립, 그리고 정체성과 관련된 자기재현의 다른 형태 등을 고려하면서 결정되는 것이다.

이주자의 시각에서 바라볼 때 차이·다양성을 언제나 문화의 갈등이나 목표의 갈등으로 인지할 필요가 없다는 점을 깨닫는 것이 중요하다. 이 맥락에서 이주자의 일부가 특정한 어느 하나의 문화에 상징적으로 고정되는 것에 대하여 거부감을 갖고 반응을 보일 경우, 그렇게 놀랄 일이 아니다. 오히려 그들은 양쪽 생활세계에 동시에 접근할 수 있는 권리를 더 중요하게 생각하기도 한다. 사이공간(in-between)에 놓여 있는 이러한 상태를 우리는 오히려 기회와 풍부함으로 해석할 수 있다. 이를 달리 표현하면, 고향을 떠난 과정인 이주를 반드시 뿌리가 없는 것으로 간주할 필요는 없다. 오히려 일종의 다중적 뿌리박기(multiple rootings)로 해석할 수도 있는 것이다. 이와 같은 디아스포라 의식은 현재 여기서 살고 있으면서 이와 동시에 다른 곳과 관계를 맺고 있는 사람들의 특징이라고 파악할 수 있다. 그리고 이러한 의식은 더 나아가서 기존의 권력관계와 더불어 국민국가의 패권(헤게모니)을 의문시하거나 문제시할 수 있는 창의적 잠재력을 함축하고 있다(Luig, 2007: 96-97; 디아스포라 정체성의 구성과정과 문화적 속성부여의 행렬에 관한 보다 더 자세한 논의는 Kraemer, 2009: 213-226; 허영식·정창화, 2012: 18-24 참조).

(2) 종교와 정체성

탈식민주의적 이론가들이 대체로 공유하고 있는 견해에 따르면, 정체성의 구성은 하나의 과정이며, 이 과정은 주체의 단일성·통일성에 목표를 두고 있지 않으며, 오히려 사회적 분화의 결과를 나타내는 것이다. 타자에 대하여 구획을 하면서 자기 자신이 구성되며, 이 자아는 더 이상 일종의 어떤 주(主)정체성 혹은 마스터 정체성(master identity)에서 출발하는 것이 아니라, 여러 가지 서로 다른 동일시 요인의 공동작용에 의해 형성된다. 민족성 이외에 종교가 많은 이주민의 생활을 상당 부분 결정하는 동일시의 가능성을 제공한다. 특히 유럽에서 등장한 세속화의 명제를 고려할 때, 유럽의 탈식민사회에서 그리고 디아스포라 공동체에서 종교가 여전히 중요한 역할을 하고 있다는 점을 어떻게 설명해야 할 것인지의 질문이 우선적으로 제기된다. 이주자의 시각에서 바라볼 때, 종교적 정체성과 민족적 정체성의 관계가 어떻게 구성되는가? 여기서 차이와 다양성이 어떤 방식으로 체험되고 처리되는가?

이와 같은 질문에 답하기 위해서는 먼저 종교의 일반적인 기능을 상기할 필요가 있다. 종교는 개인이나 집단에게 세상과 자아, 그리고 그들 사이의 관계를 개념화하는 데 있어서 출처로서의 기능을 수행한다. 게다가 종교적 개념은 특정한 형이상학적 맥락을 넘어서서 일반적인 아이디어의 틀을 제공한다. 이 틀에 입각하여 광범위한 경험(지적·정서적·도덕적 측면 포함)에 대하여 어떤 의미 있는 형태가 주어진다. 이러한 관점에서 바라볼 때, 종교는 세계인식을 위한 수단이며, 나아갈 방향을 제공해 주는 준거이며, 외관상 별 의미가 없는 것처럼 보이는 사물에 대해서도 어떤 의미를 부여할 수 있는 가능성을 제공한다.

이러한 방식으로 종교는 특히 이주자 중에서 취약계층을 위해 필요한 생존의 형태와 방도를 전달한다. 낯선 나라나 지역에 처한 상황, 배제되고 있는 상황, 그리고 심지어 인종차별적인 적대감을 경험하는 상황에서 종교는 위안이 되며, 고향을 상기시켜주며, 출신문화를 떠올리면서 어느 정도 안전하다는 느낌을 전달해 준다. 이런 점에서 바라볼 때, 종교는 민족성의 기능과 매우 유사하다고 판단할 수 있다. 종교는 사회통합의 어려움을 극복하는 데 있어서도 상당히 중요한 역할을 할 수 있다.

위안을 주는 기능, 즉 정서적인 곤궁을 고려하고 고통의 경험을 더 큰 연관성 속에서 이해하도록 하는 기능 이외에 디아스포라 내에서 종교적 제도는 매우 구체적인 과제를 떠맡기도 한다. 종교기관은 사회적 만남의 장소를 제공하며, 여기서 사람들은 고향에서 들려오는 정보를 습득하고 체재국에서의 생존을 위하여 필요한 기본지식을 얻을 수 있다. 일자리를 얻는 데 도움을 얻을 수 있고, 혼인을 위한 중개가 이루어지며, 이혼을 그렇게 쉽게 하지 못하도록 하는 분위기가 조성되기도 한다. 적지 않은 소규모의 종교공동체는 스스로를 가족으로 이해하며, 적응하기 어려운 외부세계에 대하여 말하자면 단결하거나 결속을 다질 수 있는 역할을 수행한다. 따라서 많은 이주자의 진술에 따르면, 고국에서 종교가 특별한 의미와 중요성이 없었지만, 낯선 곳에서 그 중요성이 더 커진다고 하는데, 이와 같은 진술이 그렇게 놀랄 일은 아니다.

이주의 맥락에서 종교기관은 체재국에서 구성원들의 사회통합을 위해 중요한 과제를 떠맡는다. 연대의식과 이념적 지지는 종교 본래의 정신적 취지와 마찬가지로 중요하다. 종교적 관점은 일상생활의 현실을 넘어서서 보다 더 포괄적인 현실을 지향하고 있으며, 이 더 포괄적인 현실은 일상생활의 현실을 수정하고 보완해 준다. 여기서 결국 종교기관의 모토는 거리를 두는 것이 아니라, 오히려 헌신과 귀의임을 다시 확인할 수 있다(Luig, 2007: 97-99).

상기한 민족성과 정체성, 그리고 종교와 정체성에 관한 논의에 덧붙여 이 부분에서는 추가로 종교와 민족성의 관계에 대해 지적하고자 한다. 예를 들면, 기독교교회, 이슬람사원, 불교사원, 힌두교사원과 같은 종교기관은 디아스포라의 사회생활에서 중심에 놓여 있는 경우가 적지 않다. 많은 방문자에게는 종교적인 측면보다 이러한 사회적 측면이 훨씬 더 중요한 것으로 간주되고 있다. 많은 교구신도는 예배를 주로 동향사람들을 만나는 계기로 삼고 있다. 왜냐하면 그렇지 않은 경우에는 거주상황이 상당히 분산되어 있고 홀로 떨어져 살아 동향인을 만날 수 있는 기회가 별로 없기 때문이다. 그래서 일부 사람들은 서로 다른 종교적 신념을 극복하기도 한다. 그들에게는 종교적 교리보다는 집단적 결속이나 단결이 더 중요하기 때문이다. 이와는 대조적으로 어느 정도 시간이 지나면 교회나 사원에서 멀어지는 사람들도 있다. 이들은 예배의 형식이나 내용에 대해 만족감을 갖지 못하기 때문에, 또는 교회·사원 바깥에서 다른 사회적 접촉을 충분히 할 수 있기 때문에 그러한 행태를 보이곤 한다.

민족성과 종교의 관계는 위에서 정체성과 민족성의 구성에 대해 기술한 바와 유사하게 변화가 많은 역학을 보여주고 있다. 이 맥락에서 강조할 점은 종교단체가 구성원들에게 특히 개인적 위기상황에서 중요한 의미를 지니고 있는 사회적 결속을 제공한다는 것이다. 하지만 개인적 접촉의 강도와 지속성은 연령·성별·계층과 같은 추가적인 요인에 달려 있다. 공통된 신앙을 넘어서서 근본적으로 다른 생활세계가 상황에 따라 매우 큰 요인으로 작용할 수 있다. 따라서 민족적 소속과 공통의 신앙은 그 자체만으로는 장기적으로 결속을 담보하는 상징으로서 충분하지 못하다.

예를 들면, 베를린에 거주하는 폴란드 지식인들의 행동이 이러한 일반화를 뒷받침해준다. 베를린에서 활동하고 있는 폴란드 가톨릭교회는 폴란드 교구민에게 큰 영향력을 행사하고 있지만, 폴란드 지식인들은 고국과 비교할 때 교회에 가는 경우가 훨씬 적다. 대도시인 베를린의 익명성에 입각하여 그들은 새롭게 얻게 된 종교의 자유를 향유하고 있다. 대체로 그들은 그렇게 할 수 있는 경제적·사회적 자원을 갖추고 있기 때문이다. 그 반면에 폴란드 출신의 노동자들은 대부분 베를린에서도 역시 교회에 상당히 충실한 상태로 남아 있다.

종교단체는 초국가적인 공간으로서 체재국의 국민과 이주민이 서로 접촉과 대화를 할 수 있도록 하는 중요한 기능을 떠맡고 있다. 그리고 신앙의 시대를 위해 운명공동체로서 그들을 결합시키는 기능을 수행한다. 이러한 방식으로 초국가적 공간은 나름대로 고유한 소우주를 형성하며, 여기서 사람들은 체재국에서의 일상생활을 넘어서서 새로운 형태의 소통과 상호작용을 시험해볼 수 있게 된다. 하지만 이러한 형태의 통합이 일상생활에서도 역시 지속가능한 상태로 남아 있기 위해서는 추가로 뒷받침을 해주는 요인을 필요로 한다(Luig, 2007: 99-101).

이 장에서는 다양성과 정체성에 대한 연구동향을 소개하고 다문화사회로의 변동과정에 놓여 있는 우리 사회에서 적절한 정책과 조치를 탐색하는 데 있어서 유용한 시사점을 도출하는 데 연구의 목적을 두었다. 이상의 논의를 바탕으로 하여 이 글에서 강조하고자 하는 사항은 다음과 같이 몇 가지 명제로 정식화하여 제시할 수 있다.

첫째, 문화적 정체성은 하나의 기획(프로젝트)이며, 이 기획은 결코 종결되거나 최종적인 실현에 도달하는 것이 아니다. 시간은 언제나 변화·변경을 수반하며, 정체성과 의미는 과정적인 측면에서 그리고 상호작용적인 측면에서 비로소 제대로 파악할 수 있게 된다. 결국 문화는 과정과 행위 혹은 해석의 결과이며, 사회적 구성의 결과인 것이다.

둘째, 이주현상에 관한 연구는 다문화사회와 더불어 디아스포라 공동체의 전개과정을 다루고 있고, 다문화성 및 혼성화에 대한 토론이 적지 않게 있지만, 다문화사회의 내부역학에 대한 연구는 아직 그렇게 많지 않은 것으로 보인다. 따라서 세계화된 세계의 거시적인 틀과 연관시킬 뿐만 아니라, 이주자의 이믹(emic) 관점(내부의 관점, 참여자·당사자의 관점, 1인칭 혹은 2인칭의 관점)과도 연관시킬 필요가 있다. 그리고 사회적 불평등과 비대칭적 권력관계의 맥락에 처한 이주자의 시각에서 출발하여 이주자가 다양성을 어떻게 체험·경험하고 어떻게 해석하는가에 주의를 기울일 필요가 있다.

셋째, 다문화사회와 디아스포라 공동체에 관한 연구를 살펴볼 때, 다양성과 밀접하게 연관되어 있는 정체성개념으로는 혼성정체성, 다중정체성, 조망정체성, 이동정체성, 초국가정체성, 블러정체성, 하이픈정체성, 다문화정체성, 간문화정체성, 포용정체성, 역동정체성, 디아스포라 정체성, 혼합되거나 파편화된 민족정체성, 가상적 집단정체성 따위가 거론되고 있다. 그런데 여기서 열거한 대부분의 개념은 민족이나 문화에 대한 원초주의나 본질주의 혹은 전체론적인 문화개념에 경도되었던 기존의 전통적인 정체성개념과 상당 부분 대조를 이루는 것으로 해석할 수 있다.

넷째, 다양성과 정체성의 긴장관계는 첨예화된 사회적 상호작용의 맥락에서 명시적으로 확연하게 드러난다. 근본적인 수준에서 벌이지는 사회적 투쟁의 한 가지 차원은 인정투쟁이다. 여기서 대조적인 두 가지 주요형태를 확인할 수 있는데, 그 하나는 차이와 다름을 인정해 달라는 투쟁이며, 다른 하나는 차이에 대항하는 투쟁이거나 아니면 차이의 극복을 둘러싼 투쟁이다. 인정을 위한 투쟁은 문화적 차이를 둘러싼 논의와 대결에서 핵심적인 측면이며, 문화적 차이·다양성에 관한 모든 담론에서 핵심적인 계기가 된다.

다섯째, 다양성의 차원인 민족성·종교의 관점에서 정체성을 살펴볼 때, 민족성과 종교의 관계는 역동적인 변화를 보여준다. 종교단체가 구성원들에게 특히 개인적 위기상황에서 중요한 의미를 지니고 있는 사회적 결속을 제공한다. 하지만 개인적 접촉의 강도와 지속성은, 상기한 교차성 접근방안의 의미에서, 연령·성별·계층과 같은 추가적인 요인에 달려 있다. 공통된 신앙을 넘어서서 근본적으로 다른 생활세계가 상황에 따라 매우 큰 요인으로 작용할 수 있다. 따라서 민족적 소속과 공통의 신앙은 그 자체만으로는 장기적으로 결속을 담보하는 상징으로서 충분하지 못하다. 따라서 교차성 접근방안에 입각한 연구수행과 더불어 이에 기초한 정책과 조치를 강구하는 것이 바람직하다.

여섯째, 다양성과 정체성의 긴장관계를 고려할 때, 특별히 탈식민주의 담론에서 나온 사이공간과 혼성화의 관점을 강조할 필요가 있다. 민족학연구, 간문화적 교류, 문화적 일원론과 국민국가에 국한되었던 사회의 개방과 다원화, 포스트모던 담론과 같은 배경요인도 그러한 관점을 부각시키는 데 기여하였다. 어쨌든 탈식민주의 담론은 차이와 다양성에 대한 분석과 성찰을 하는 데 있어서 유용한 단서와 이정표를 제시했다고 평가할 수 있다. 즉, ① 서로 다른 문화·근대가 얽혀 있다는 데 대한 인식과 통찰, ② 다중적인 문화형태, 간문화성과 간문화적 공존에 대한 시야의 개방과 지평의 확대, ③ 차이의 공존방식과 더불어 전이·번역과정의 다양한 실현 가능성을 강조한 탈식민주의 담론의 특징에 유의할 필요가 있다.

요 약
abstract

다문화사회에서 다양성과 정체성에 대한 연구동향과 함의

이 장은 다양성과 정체성에 대한 연구동향을 소개하고 다문화사회로의 변동과정에 놓여 있는 우리 사회에서 적절한 정책과 조치를 탐색하는 데 있어서 유용한 시사점을 도출하는 데 연구의 목적을 두었다. 이 글에서 강조하고자 하는 사항은 다음과 같이 몇 가지 명제로 정식화하여 제시할 수 있다. 첫째, 다문화사회에 관한 연구에 있어서 세계화된 세계의 거시적인 틀과 더불어 이주자의 이믹(emic) 관점과도 연관시킬 필요가 있다. 둘째, 다양성과 연관된 정체성개념으로는 혼성정체성, 다중정체성, 조망정체성 따위를 들 수 있으며, 이와 같은 개념은 기존의 전통적인 원초주의나 본질주의와 상당 부분 대조되는 것으로 해석할 수 있다. 셋째, 다양성과 정체성의 긴장관계는 첨예화된 상호작용의 맥락에서 극명하게 드러나며, 사회적 투쟁의 한 가지 차원은 인정투쟁이며, 이것은 문화적 차이·다양성에 관한 담론에서 핵심적인 계기로 작용한다. 넷째, 다양성의 차원인 민족성·종교의 관점에서 정체성을 살펴볼 때, 민족적 소속과 공통의 신앙은 그 자체만으로는 장기적으로 결속을 담보하는 상징으로서 충분하지 못하며, 따라서 교차성 접근방안에 입각한 연구수행이 요청된다. 다섯째, 다양성과 정체성의 긴장관계를 고려할 때 특별히 탈식민주의 담론에서 나온 사이공간과 혼성화의 관점을 강조할 필요가 있다.

Chapter. 03

다문화사회에서 정체성의 개념과 의미

1. 청소년의 자아정체성
2. 집단정체성으로서의 민족정체성과 국가정체성
3. 간문화정체성
4. 민족국가정체성과 간문화정체성의 관계

Chapter. 03

다문화사회에서 정체성의 개념과 의미

1. 청소년의 자아정체성

다문화연구 분야에서 발달의 측면에 따른 가능성 및 조건과 관련하여, 예를 들면, 사회성발달이론에 기초하여 가정이나 가설을 설정할 수 있다. 이 맥락에서 특히 타자 혹은 낯섦에 대한 취급과 정체성발달을 고려한 정신분석학의 접근방안(Winnicott, Erikson), 관점취득과 관점조정에 대한 인지구조이론의 연구와 상징적 상호작용론의 연구(Selman), 그리고 규칙에 대한 이해의 발달에 관한 연구(Piaget)에 관심을 기울일 만하다.

교육프로그램에서는 종종 연령에 따라 도달할 수 있는 다문화이해의 정도가 과대평가되는 경향이 있다. 여기서 특히 사회적 관점취득(SPT: social perspective-taking)의 발달에 대한 연구에 주의를 기울일 필요가 있다. Selman은 Piaget의 발달모형을 기초로 하여 사회적 인지의 발달단계모형을 설계하였다. 아동은 종종 다른 문화규범을 갖고 있는 사람들 또는 다른 생활상황에 놓여 있는 사람들을 충분하게 이해할 수 있는 인지적 구조를 아직 갖추고 있지 못한 것으로 간주되고 있다. 물론 아동이 상당히 어린 나이에 이미 정서적으로 다른 사람의 마음속으로 들어가 그 타자와 함께 느낄 수 있는 능력을 갖추고, 자발적으로 도와주고자 한다는 것을 부인하기는 어렵다.

그러나 바로 이런 현상에 입각하여 교육자가 잘못된 결론을 도출할 위험성이 있다. 이 부분에서 12세 정도가 되어야 다른 체제와 그 규범의 관점을 취하는 것이 비로소 가능하다는 Selman의 연구결과에 유의할 필요가 있다. 사회적 규칙의 관습적 특징에 대한 통찰을 아동시기에 길러주어야 한다는 Piaget의 연구결과도 역시 같은 맥락에서 고려할 수 있다. 하지만 다른 한편으로 아동이 탈중심화(decentering)의 능력을 보여주기에는 아직 상당히 어렵다는 가정에 대해 Vygotsky를 참조하면서 이의를 제기하는 입장도 있다(Auernheimer, 2010: 126-127; 허영식, 2015a: 130-131).

행위조절의 중요한 요소로서 정서적인 평가가 대개 인지적 판단능력보다 앞서 나간다는 것은 심리학의 기본통찰에 속한다. 이러한 인식은 아동이 다른 민족집단에 대하여 어떻게 평가하는가의 문제에 관한 Tajfel의 연구에서 핵심적인 역할을 수행한다. 일반적으로 가치평가는 본격적인 개념과 범주를 형성하기 이전에 발생하며, 따라서 다른 민족집단에 대해 지적으로 범주화할 수 있기 이전에 이미 평가가 이루어지는 경향이 있다. 아동의 편견형성에 대한 심리학적 연구에 따르면, 사회적 범주화와 자기가 속한 집단의 선호는 이미 3세부터 나타난다고 한다. 하지만 다른 한편으로 이에 대해 좀 더 조심스럽게 '편견에 가까운 태도(prejudicelike attitudes)'라고 지칭하는 입장도 있다.

따라서 취학연령에 도달하기 이전에 아동이 사회적 범주화에 대해 곰곰이 생각해 보는 경험을 할 필요가 있으며, 이것이 나중에 다문화이해를 하는 데 도움이 될 것으로 기대할 수 있다. 아동 및 청소년 시기에 타자 혹은 낯섦에 대한 취급을 개선하기 위한 전제조건으로서 애착(내적결합)과 신뢰가 중요한 것으로 간주되고 있으며, 이때 타자 혹은 낯섦이 특정하게 언제나 문화적인 것으로 나타날 필요는 없다. 가정의 분위기가 중요하다는 Allport의 지적이 그동안 여러 연구에서 입증되었으며, 이것을 가정 바깥에서 이루어지는 교육으로도 역시 전이시킬 수 있다. 아동이 문화적 차이, 그리고 특히 언어적 차이를 자명한 것으로 경험해야 한다는 목표를 지나치게 높게 설정할 필요는 없으며, 적어도 그러한 경험이 나중에 나타날 수 있는 편견형성에 대하여 예방책으로 작용한다는 보장이 없는 것으로 보인다.

초등학교에서는 사회적 인지와 능력의 일반적인 발달이 유의미한 것으로 보인다. 편견과 갈등을 주제로 삼는 일이 중요하며, 또한 경직된 규범지향에서 벗어나도록 하는 것, 즉 규범적 유연성(융통성)을 기르는 일도 역시 중요하다. 이러한 기초를 바탕으로 하여 중등학교에서는 더 좁은 의미에서 본격적으로 간문화학습이 이루어져야 할 것이다(Auernheimer, 2010: 127-128; 허영식, 2015a: 132-133).

피아제(Piaget)는 자아중심성과 탈중심화를 연관지어 관점취득을 설명한다. 전조작기 사고의 특징인 자아중심성으로 인하여 아동은 자신의 시점과 타인의 시점을 구별하지 못하나 연령이 증가할수록 탈중심화된 사고로 발달하여 타인의 시점에서 지각할 수 있는 능력을 획득하게 된다는 것이다. 이러한 타인의 시각에서 보는 관점을 추론해내는 관점취득능력(perspective-taking ability)은 7~8세 이후에 획득된다고 한다. 이러한 관점취득의 능력은 청소년의 지적인 성장과 함께 발달한다. 피아제에 따르면, 유아는 아직 자기 자신과 타인을 확실하게 분화시켜서 구별하지 못한다. 피아제의 용어를 원용하자면, 그는 자아중심적인 사고를 아직 벗어나지 못하고 있는 것이다. 하지만 나이가 들면서 아동은 자기 자신의 시야와 타인의 시각을 구분하기 시작한다. 그는 이제 대상·사건·인물을 자기 자신의 시각에서뿐만 아니라 타인의 관점에서 혹은 타인의 눈을 갖고 바라보게 된다. 그리고 발달단계가 더 진전되면 여러 관점 혹은 시각을 동시에 조정할 수 있게 된다(Breit, 1991: 6-7; 허영식, 2011: 68-69).

사회적 관점취득의 발달단계를 도식화하여 제시하면 다음 〈표 3-1〉과 같다. 여기서 각 발달단계는 물론 엄격하게 서로 구분할 수 있는 것이 아니라 단지 개연성이 높은 경향을 나타내는 것이지만, 어쨌든 각 발달단계는 아동 혹은 청소년이 타인을 인지하고 그의 사고와 감정을 해석하며, 사회적 관점을 갖고 조작(operation)할 수 있는 수준을 나타낸다. 〈표 3-1〉에서 확인할 수 있는 바와 같이, 사회적 관점취득의 단계는 아동과 청소년의 발달수준과 연결하여 다섯 단계로 구분할 수 있다. 대체로 4~6세의 아동은 1단계(자아중심적 관점취득)에 해당하며, 6~8세의 아동은 2단계(사회적 정보 관련 관점취득)에 해당한다. 그리고 8~10세의 아동은 3단계(자기반성적 관점취득)에 해당하며, 10~12세의 아동은 4단계(상호적 관점취득)에 해당한다.

대개 5단계 이전까지는 타인 속으로 들어가 사고하고 느낄 수 있는 청소년의 능력은 제한되어 있으나, 이 단계에 해당하는 인지발달의 과정을 거치면서 사회적 관점취득의 능력이 보다 더 추상적인 수준으로 확대되며, 구체적인 타자의 관점 이외에 이제 '일반화된 타자'의 시각도 취득할 수 있게 된다. 하지만 아래에서 제시한 사회적 관점취득의 단계대로 엄격히 아동과 청소년의 발달단계가 구분되어지는 것은 아니다. 그리고 아동과 청소년의 발달단계에 정확하게 맞추어 수업이나 학습활동을 실행하는 것도 그렇게 쉬운 일은 아니다. 학습자의 발달수준에도 개인별 편차가 존재하며, 동일연령대 내에서도 큰 차이를 보이는 경우가 있다.

표 3-1 사회적 관점취득의 단계: 다문화와 관련된 청소년 자아정체성의 준거

단계	특징
자아중심적 관점취득(4-6세)	아동은 타인이 자기 자신과 분리되고 서로 다른 것으로 간주한다. 하지만 자기 자신의 시각만을 알고 있으며, 타인이 자기 자신과는 다르게 보고 생각하고 느낀다는 것을 깨닫지 못한다.
사회적 정보 관련 관점취득(6-8세)	탈중심화(decentering)가 진척되기 시작할 무렵, 아동은 자기 자신의 시각과 타자의 시각 사이에 차이가 있다는 것을 의식하게 된다.
자기반성적 관점취득(8-10세)	아동은 어느 일정한 상황에서 타인의 내면으로 들어가 그의 시각에서 사건을 바라보고, 그의 사고·감정·의도를 생각할 수 있는 능력을 갖추게 된다.

단계	특징
상호적 관점취득 (10-12세)	관점취득의 상호성을 인식함과 더불어 청소년은 앞의 단계와는 질적으로 다른 새로운 의식수준에 도달하게 된다. 그는 이제 어떤 상황에서 행위를 하는 사람들을 상호관계에 놓을 수 있으며, 그들을 동시에 그리고 상호적으로 관찰할 수 있다.
사회적·관습적 체제 관점취득 (12-15세 및 그 이상)	이 단계 이전까지는 타인 속으로 들어가 사고하고 느낄 수 있는 청소년의 능력은 스스로 체험하거나 상상할 수 있는 상황에 있는 어떤 구체적인 사람들에 국한되어 있다. 이 단계에 해당하는 인지발달의 과정을 거치면서 이제 사회적 관점취득의 능력이 보다 더 추상적인 수준으로 확대된다. 구체적인 타자의 관점 이외에 이제 '일반화된 타자'의 시각도 역시 취득할 수 있다. 즉, 집단의 모든 구성원(일반화된 타자, generalized other)에 의해 이해가 되는 시각은 사회적 관습(인습)에 대응하는 것이다.

출처: Breit, 1991: 7-10; 허영식, 2011: 70 재구성

2. 집단정체성으로서의 민족정체성과 국가정체성

집단정체성(collective identity)이란 사회적 정체성, 문화적 정체성, 우리정체성(we-identity)을 가리키며, 함께 어떤 일정한 집합적 단위나 사회적 생활공동체(서로 다른 종류와 크기의 사회적 구성체·범주·준거체제)에 속하는 개인들의 감정이나 의식을 가리킨다. 이때 이 집합적 단위는 일정한 특징(특정한 문화·언어·역사, 때로는 종교·인종)을 갖추고 있으며, 이를 통해 다른 집합체와 구별된다. 사회적 정체성 혹은 우리정체성은 사회적 규범 및 행동방식의 특색과 관련되며, 집합적으로 결합되어 있는 개인들의 소속감, 우리의식, 공동의 자기이해와 관련되어 있다. 문화적 정체성은 그때그때 특정한 문화요소, 특히 언어·세계관·가치·상징·생활방식, 그리고 문화적 객관화(객관화된 묘사, 인공물, 예술품, 공예품)와 관련된다. 민족·국가정

체성은 근대의 역사에서 영향력이 강한 특별한 집단정체성을 형성하고 있으며, 여기서 국민이나 국민적 소수집단에 대한 개인들의 결합이 농축되어 나타난다.

개인의 집단정체성은 사회화와 문화화(문화적응, enculturation)를 통하여 형성된다. 이 학습과정으로 인하여 개개인은 이미 현존하는 집단정체성, 또는 경우에 따라서 다양한 특성을 지니거나 다원적인 집단정체성에 결부된다. 전통적인 사회에서 개인의 집단정체성은 그때그때의 집합체에 대한 동일시(identification), 그것도 거의 자명한 것으로 느껴진 동일시를 통해 결정된다. 그러한 생활맥락에서 집단정체성은 개인의 정체성에서 지배적인 차원을 형성하며, 여기서 개인은 자기 자신을 개인으로 간주하기보다는 오히려 집합체의 일부로서 체험하려는 경향이 있다. 집합체 내에서 집단정체성은 특정한 개인을 다른 개인들에 대해 경계를 설정하지 않고, 오히려 그를 이들과 결합시키며, 그렇게 함으로써 공동소속감·공통성·친밀성·고향의식의 유지에 기여한다. 집단정체성은 집합체의 자기주장을 위해 강력한 뒷받침을 제공한다. 그러한 집합체의 생존은 문화유산이라는 의미에서 집단정체성이 어느 정도로 후세대에게 전수되는가에 달려있다(Hillmann, 2007: 431–432; Eder, 2006: 37–38; 허영식·정창화, 2012b: 13–14).

오늘날에는 사회적 분화와 국제관계의 심화로 인하여, 적어도 과거의 전통적인 사회와 비교할 때, 개개인의 집단정체성이 점점 더 많이 혼성정체성(hybrid identity), 다중정체성(multiple identity) 혹은 조망정체성(perspective identity)의 형태를 취하게 되었다. 즉, 동일시의 대상이 일차적 집단(가족·친구), 일정한 단체와 기구(정당), 사회적 계층·계급, 도시 혹은 지방, 지역, 민족·국민 또는 민족적·국민적 소수집단, 종교공동체, 그리고 경우에 따라서는 심지어 초국가적인 문화권이나 인류 전체가 될 수 있으며, 이때 정서적인 결속의 개인적 차이는 매우 다양하게 나타날 수 있다(Osler and Starkey, 2008: 205; Hormel and Scherr, 2005: 73; Hornung, 1987: 91; 허영식·정창화,

2012b: 14–15).

국민국가의 등장과 함께 집단정체성의 틀 속에서 국가정체성이 강화되었다. 이것은 집단적 자아심상뿐만 아니라, 다른 민족·국민·국가에 대한 표상과 편견 또는 국내의 다른 낯선 소수집단에 대한 표상과 편견도 역시 종종 포함하고 있다. 그런데 이 국가정체성이 도를 지나치면 국민주의(혹은 민족주의, nationalism)로 나아갈 수 있으며, 이것은 문화적 상대주의가 아니라 오히려 자민족중심주의(ethnocentrism), 적대감, 분쟁과 전쟁 따위로 표출되곤 한다. 특히 어떤 한 민족이 지배력을 행사하고 경우에 따라서 다른 민족에게 동화를 강요하는 다민족국가에서 국가정체성은 문제와 갈등을 초래하기 쉽다(Hillmann, 2007: 432; Nicklas, 2006: 111–115; 허영식·정창화, 2012b: 15).

그동안의 경험에 비추어볼 때, 억압의 정도가 비교적 약할 경우, 민족적·국민적 소수집단의 고유한 정체성을 유지하려는 노력이 더 많이 나타날 수 있다. 그리고 이것은 자기결정 및 자치에 대한 열망과 결합되곤 한다. 과거의 식민지와 여러 개도국에서 관찰할 수 있는 사항이지만, 서구의 근대화 노력에 대하여 저항하려는 경향이 강화되곤 한다. 즉, 자체의 고유한 문화정체성을 부활시키려고 하는 경향이 나타나곤 하며, 이때 혼성화(hybridization, métissage)와 같은 융합의 과정으로 나아갈 수도 있다(Luesebrink, 2008: 13–16; May, 2009: 37–38; 허영식·정창화, 2012b: 15–16).

준거틀의 확장(좁은 공간적 생활세계에서 지구촌에 대한 지향), 국제관계의 심화, 사회변동의 가속화, 사회의 다원화, 이동성과 이주운동의 강화를 통하여 집단정체성의 경계 혹은 윤곽이 점점 더 흐릿해지고, 집단정체성의 복잡성과 갈등잠재성이 점점 더 증가하는 경향이 나타나고 있다. 특히 여러 선진국은 이미 이주국가가 되었으며, 여기서 이미 거주하고 있던 일부 정주민은 자신의 문화정체성과 국가정체성에 대한 위협이 증가할 것이라는 두려움을 느끼고 있다. 이주해 들어온 소수집단은 그들 나름대로 급격한 동화(assimilation)를 거부하고 있으며, 그들의 문화적 이종

(異種)문화권(enclave)에서 그들 자신에게 고유한 집단정체성을 유지하고자 한다. 그리고 바로 여기서 평행사회(parallel society) 혹은 사회적 고립지구(ghetto) 형성의 문제점이 발생할 수 있다.

현대사회에서 과학화·지능화·개인화의 경향이 증가함으로써 집단정체성, 특히 민족정체성과 국가정체성은 세계 여러 곳에서 문제점으로 지적되고 있으며, 그것에 대한 비판적 성찰이 이루어지고 있다. 이 맥락에서 개개인이 체험하는 정체성의 측면에서 바라볼 때, 민족정체성이나 국가정체성에 대하여 상대적으로 자아정체성(ego-identity)이 강화되는 경향이 있다. 개인의 자기이해는 점점 더 자기 자신의 인성·인격, 그리고 자신의 고유한 생활과 관련되고 있다. 다시 말하면, 자율성과 개인적 인성발달에 대한 열망이 증가하고 있다.

그에 비해서, 집단정체성, 공동소속감, 우리의식이 약화되는 경향을 여러 곳에서 관찰할 수 있다. 그래서 다시금 개인과 사회(특히 국가, 관료제, 동조성에 대한 요구, 강제) 사이의 긴장관계가 확대되고 있다. 비판적 성찰의 증가와 결합하여 정체성의 표출형태가 점점 더 개인화되면서 민족정체성 혹은 국가정체성의 특정한 영역에 대하여 거리를 유지하려는 경향이 나타날 수 있으며, 심지어 특정한 영역을 거부하려는 경향이 나타날 수도 있다. 그리하여 민족·국가정체성 측면에서 자기증오의 경향으로 나아갈 수도 있다(Hillmann, 2007: 432; Peuckert, 1995: 264-265; 허영식·정창화, 2012b: 16-17).

민족·국가정체성에 대한 비판적 거리유지를 강화시키는 요인으로는 자신이 태어나서 살고 있는 나라의 현대사가 안고 있는 부정적인 사건을 청산하거나 처리해야 하는 일, 세계시민주의(cosmopolitanism)에의 지향, 그리고, 다문화사회로의 변동과 맥을 같이 하는 사항이지만, 다른 문화와 민족적 소수집단에 대한 관용 따위를 들 수 있다. 어쨌든 성찰을 통해 보다 더 많은 유연성을 확보하게 된 집단정체성은 적어도 이데올로기적 독단주의, 정치적 과격화, 근본주의(fundamentalism)로의 퇴행, 공격적·폭력적 갈등해소를 저지하는 데 기여할 것이라는 기대를 할 수 있다. 결국, 현대사회가 고착화되지 않고, 문제해결력을 상실하지 않으려면, 민족·국가정체성을 포함한 집단정체성도 역시 변화와 혁신의 능력을 갖추어야 한다(Hillmann, 2007: 431-433; Lau, 2007: 5; 허영식·정창화, 2012b: 17-18).

3. 간문화정체성

다문화·다양성과 연관되어 있는 정체성개념으로는 혼성정체성, 다중정체성, 조망정체성, 이동정체성, 초국가정체성, 블러정체성, 하이픈정체성, 다문화정체성, 간문화정체성, 포용정체성, 역동적 정체성, 디아스포라정체성, 이중정체성, 양문화정체성, 혼합된 혹은 파편화된 민족정체성, 그리고 심지어 디지털공간에서 작용하는 가상적 집단정체성 등을 들 수 있다.

여기서 열거한 개념의 대부분은 분석적 범주의 특징을 상대적으로 강하게 지니고 있다. 하지만 (단일문화 대신에) 다문화주의, (동화 대신에) 다원주의, (배제나 배척 대신에) 통합이나 포용 따위는 오히려 다양성을 다루는 일과 관련된 지향점이나 전략을 더 많이 강조하는 경향이 있다. 그럼에도 불구하고 분석적 개념과 규범적 지향점은 물론 언제나 서로 결합되어 있다(Krell et al., 2007: 8; 허영식, 2015a: 78-79). 이 맥락에서 여기서는 간문화정체성의 함의를 탐색하는 차원에서 한편으로 디아스포라정체성의 관점에서 간문화정체성 개념을 살펴보고, 다른 한편으로 간문화능력의 관점에서 간문화정체성 개념을 살펴보고자 한다.

(1) 디아스포라정체성으로서의 간문화정체성

디아스포라정체성의 관점에서 간문화정체성 개념을 살펴보는 데 있어서는 우선 이주배경을 가진 사람들의 생활세계를 특징짓는 기본적인 가치지향을 준거로 삼아 간문화정체성의 현상적인 측면이 상당히 다양하게 나타날 수 있다는 점을 예시하고자 한다. 이 자료는 '시누스 (사회적) 환경(Sinus-Milieus)'의 키워드를 갖고 실시되고 있는 생활세계연구(Sinus Sociovision)의 틀 속에서 나온 것이며, 이 사회적 환경은 독일 하이델베르크 소재 시누스연구소(Sinus-Institut)에서 30여년 전부터 수행해오고 있는 사회과학연구의 결과에서 나온 것이다.

표 3-2 이주민의 다양한 간문화정체성(가치지향)

기본 지향	전통		근대화		새로운 동일시 (지향)
	전근대적 전통	민족적 전통	소비·물질주의	개인화	다선택성
사회적 환경 (문화)	(평행문화) - 전통적 가치와 종교적 독단주의(종종 이슬람주의) - 가부장적 세계관, 전통적인 가족가치와 강제 규범 - 엄격하고 인습적인 생활양식, 엄격한 도덕 - 문화적 이종(異種)문화권(enclave), 사회통합의지 부재	(노동이주문화) - 낮은 통합수준에서 지속적인 외국인으로서의 자기이해 - 전통적인 의무·인정, 절약과 겸손 - 생활목표: 물질적 안정, 비교적 간소한 복지와 부 - 출신국가의 전통·관습 고수, 그러나 주류사회의 문화존중	(참여문화) - 사회적·문화적 근거(기반) 상실, 물질주의적 대체가치 - 소유와 지위, 소비와 향유의 추구 - 사회적 인정과 적응을 위한 노력, 지위상승을 위한 지향	(통합문화) - 신념·생활양식의 개인화, 핵심적인 가치로서의 자아실현 - 출신문화에 대한 비판적 취급 및 논의 - 계몽·해방의 추구 - 양(兩)문화지향(bicultural orientation)	(다문화) - 문화적 정체성과 집단소속의 지양(止揚) - 기본경험으로서의 불안정, 삶의 의미에 대한 탐색 - 포스트모던적 입장에서 다양한 가치의 조합·융합, 유연성과 이동성 - 다문화적 동일시, 하위문화 형성

출처: Merkle, 2009: 63; 허영식·정창화, 2012a: 46 재구성

상기한 이주민의 다양한 간문화정체성(가치지향)과 밀접한 연관성이 있는 사항이지만, 디아스포라정체성의 관점에서 간문화정체성의 다양한 측면이나 유형을 이해하기 위해서는 디아스포라정체성의 구성과정(혹은 발생과정)에도 주의를 기울일 필요가 있다. 이 맥락에서 여기서는 디아스포라정체성(간문화정체성)의 구성과정을 이해하고 설명하는 데 도움을 줄 수 있는 준거 혹은 모형이라고 간주할 수 있는 사례를 한 가지 소개하고자 한다.

그림 3-1 디아스포라정체성(간문화정체성)의 구성과정

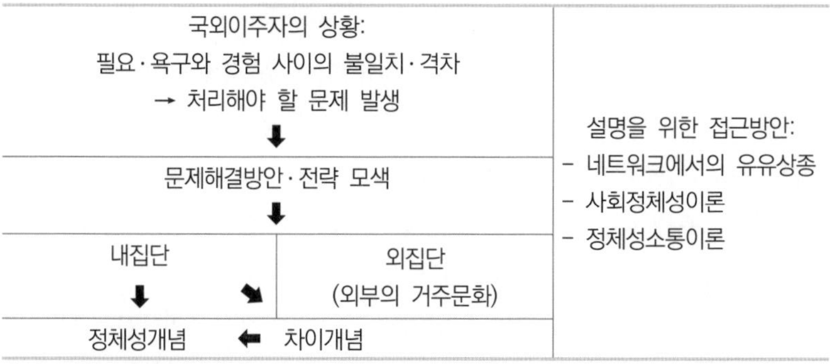

출처: Kraemer, 2009: 213; 허영식·정창화, 2012b: 19 재구성

세계화와 국제적 상호의존관계의 심화와 더불어 국외이주를 한 사람의 수가 증가하고 있다. 이들은 국외이주자 공동체, 즉 디아스포라 제도와 네트워크를 갖춘 공동체를 형성하는 경우가 적지 않다. 이 공동체는 내부적으로는 상당히 밀접한 상호관계와 네트워크의 특징을 보여주면서, 외부적으로는 다른 거주문화에 대하여 다소 거리를 유지하면서 구획(경계 짓기)하려는 경향을 보여주곤 한다. 이러한 현상을 설명하기 위한 이론적 기초를 도식화한 상기 모형은 국외이주자 공동체와 거기서 이루어지는 정체성구성이 국외이주자의 생활상황에 근거를 두고 있다는 점, 그리고 추가적인 이론적 접근방안이 이러한 현상을 설명하기 위한 단서를 제공하고 있다는 점을 보여주고 있다. 이 모형은 국외이주자의 생

활상황과 필요·욕구의 상태, 그리고 이것이 수반하는 귀결(처리해야 할 문제 발생, 문제해결방안·전략 모색)에 대한 기존의 연구결과에 기초를 두고 있다.

또한 이와 관련된 이론적 접근방안(네트워크에서의 유유상종(類類相從), 사회정체성이론, 정체성소통이론)을 포함한 상태에서 국외이주자 공동체의 전개과정과 거기서 이루어지는 정체성개념과 차이개념의 형성을 설명하고 있다. 차이개념(외부의 거주문화에 속한 구성원에 대한 표상과 심상을 의미)은 언제나 자기 자신의 정체성에 대한 진술도 역시 함축적으로 포함하고 있기 때문에, 상기 모형에서는 차이개념에서 나온 화살표(←)가 정체성개념을 가리키고 있다(Kraemer, 2009: 212-213; 허영식·정창화, 2012b: 18-20).

네트워크의 특징을 가리키는 용어이면서 동시에 네트워크연구의 전문용어인 유유상종(homophily)은 네트워크에서 구성원의 유사성을 지칭한다. 유유상종에 따라 자기 자신과 이러저러한 방식으로 유사한 인물과 주로 접촉을 하는 사람은 상호작용과 해석의 경험에서 그만큼 폭 혹은 범위가 제한될 것이다. 네트워크 내에서 돌아다니는 정보 그 자체도 역시 상당히 여과된 것이거나 일방적인 것이 될 가능성이 많다. 네트워크의 이러한 측면은 국외이주자 공동체 내에서 집단정체성을 구성하는 데 있어서도 역시 작용할 수 있다.

사회정체성이론에 대해 기술하자면, 국외이주자 공동체는 상기 모형에서 내집단(ingroup)을 지칭하며, 내집단을 둘러싸고 있는 주위환경으로서 외부의 거주문화는 외집단(outgroup)을 가리킨다. 내집단을 들여다보면, 한편으로는 다양한 외국이주자 네트워크가 존재할 수 있으며, 다른 한편으로는 여러 하위집단(subgroup)으로의 분화도 역시 특징적인 현상으로 드러날 수 있다. 외국이주자는 그들의 공동체를 통하여 주위의 거주문화와 다소 구획을 하는 경향이 있으며, 나름대로 정체성개념 및 차이개념을 형성하는 심리적 과정을 거친다.

사회정체성이론이 내집단의 과정을 주요대상으로 삼고 있는 반면, 정체성소통이론의 중심에는 정체성형성의 과정에 대한 파악 및 이해가 놓여 있다. 여기서 집단정체성 혹은 우리정체성은 어떤 집단이 그들 자신에 대해 만들어내는 심상, 그리고 그 집단구성원이 동일시하는 심상을 지칭한다. 집단정체성은 어떤 해당하는 맥락 혹은 상황에 참여·관여하고 있는 개인의 편에서 이루어지는 동일시의 질문과 관련된다. 그것은 공동의 자기이해 및 세계이해의 구성적 개념을 가리키며, 공동의 실천에 기반을 두고 있고, 합의와 동일시에 의존하고 있으며, 정체성을 수립하는 포함·배제를 수반한다. 정체성은 주로 집단 속에서 형성되며, 동시에 집단을 결속시키고, 특히 집단의식(儀式)과 실천을 통해 동일시될 수 있다(Kraemer, 2009: 214-217; 허영식·정창화, 2012b: 20-21).

(2) 간문화능력으로서의 간문화정체성

간문화능력의 관점에서 간문화정체성의 함의를 탐색하는 차원에서 여기서는 우선 이론적·실천적 배경으로서 다문화주의 철학과 정책의 기본원칙을 소개하고자 한다.

표 3-3 다문화주의 철학과 정책의 기본원칙

① 민족적·문화적 다양성에 대한 원칙적인 긍정	원칙적으로 다양성에 대한 긍정적 평가는 다양성이 다문화사회의 현실을 반영하는 사실이라는 점, 그리고 사회 전체를 위해 이롭고 생산적이라는 점에 근거를 두고 있다.
② 문화적 차이에 대한 권리	문화적 특수성을 유지하고 돌볼 수 있는 권리가 있다. 그러나 민족적 동일시에 대한 의무나 강제는 인정하지 않는다.
③ 문화적 동등가치 및 상호관용의 원칙	서로 다른 민족·문화집단은 동등한 가치가 있다. 이 원칙에서 상호관용의 원칙이 도출된다.
④ 안정·접촉의 가설	차이에 대한 권리는 경험적으로 입증된 사회심리학적 안정·접촉 가설에 기초하고 있다. 자기집단에의 착근은 개인의 심리적 안정을 장려하며, 서로 다른 민족의 접촉을 비로소 가능하게 하는 전제조건을 마련한다.

⑤ 다양성 내에서의 통일성	공통된 기본가치·규칙의 핵심(헌법·법률·공통언어)은 사회 전체의 결속을 보장하며, 다양성, 문화적 차이에 대한 권리, 문화적 동등가치의 원칙에 한계를 설정한다. 다양성과 통일성 사이의 경계 설정(예: 동등한 권리가 있는 다양성은 어디서 끝나는가? 문화적 특수성은 어디서 공통된 핵심에 종속되어야 하는가?)은 사안에 따라 논란의 여지가 있으며, 정치적 담론의 일부분이 된다.
⑥ 동등한 기회에 대한 권리	다문화주의는 단지 문화적 수준에 국한된 것이 아니다. 문화적 다양성에 대한 권리 이외에 사회적 기회균등에 대한 권리도 역시 포함하고 있다. 따라서 도전과 과제는 두 가지 목표(문화적 다양성 유지, 민족적 조건으로 인한 사회적 불평등 감소·철폐)를 동시에 달성해야 한다는 데 놓여 있다.
⑦ 관리에 대한 가정(假定)	다문화주의는 스스로 발전되는 것이 아니라, 정책적 고무와 진흥이라는 의미에서 정책적 관리를 필요로 한다.

출처: Geissler, 2003: 21; 허영식·정창화, 2012a: 37 재구성

간문화정체성에 포함시킬 수 있는 내용요소와 관련해서는, 규범적 수준에서 간문화정체성을 갖춘 사람이 갖출 것이라고 기대할 수 있는 능력(역량)에 초점을 맞출 경우, 다음과 같은 구성요소모형을 참고할 필요가 있다.

상기한 모형은 간문화능력을 갖춘 개인의 중요한 특성이라고 간주할 수 있는 사항을 정리하고 배열한 것이다. 물론 해당하는 지식·능력·기능을 간문화능력의 부분적인 특징으로 받아들여야 하는 데 있어서는 나름대로 충분하고 정당한 이유가 있을 수 있다. 하지만 엄격하고 본격적인 의미에서 간문화능력의 이론이라고 하기에는 아직 부족한 측면이 남아 있다. 왜냐하면 상당히 많은 목록이 이론적으로 충분히 숙고를 거친 다음에 혹은 경험적으로 충분한 검토를 거친 다음에 근거가 수립된 것이라기보다는 오히려 직관적 수준의 신빙성(그럴듯함) 관점에서 작성된 것이기 때문이다.

이와 같은 내재적 문제점에도 불구하고 구성요소모형이 추구하는 전략은 명백하다. 이제까지의 인식이나 자신의 견해에 비추어볼 때, 간

표 3-4 간문화정체성(간문화능력)의 구성요소모형

정의적(情意的)·정서적 차원	인지적 차원	행동관련·심동적·실천적 차원
- 보호성에 대한 관용 - 좌절에 대한 관용 - 스트레스 해소 및 복합성 감소 능력 - 자기신뢰 - 유연성 - 공감, 역할거리 - 편견에서 벗어남, 개방성, 관용 - 근소한 자민족중심주의 - 타문화의 수용 및 존중 - 다문화학습을 하려는 자세	- 인지·사고·태도·행동·행위방식 관련 문화현상의 이해 - 타문화 행위맥락의 이해 - 자문화 행위맥락의 이해 - 상호작용 상대방의 문화적 차이 이해 - 간문화적 소통과정의 특별성 이해 - 메타소통능력(자신의 소통을 비평적 거리를 두고 바라볼 수 있는 능력)	- (정의적 차원의 부분적 특징을 실천한다는 의미에서) 소통하려는 의지와 자세 - 소통능력 - 사회적 능력(타문화의 상호작용 상대방에 대한 관계 및 신뢰를 구축할 수 있는 능력) - 행위일관성: (언어적·비언어적 측면에서) 태도를 일관되게 행위로 옮기려는 자세

출처: Bolten, 2006: 63; Straub et al., 2010: 19; Luesebrink, 2008: 77; 허영식 외, 2014: 96 재구성

문화능력이라는 구성개념이 포함하고 있거나 전제로 하고 있는 것을 지적함으로써 여기서 문제가 되고 있는 개념을 명료화하려는 것이다. 어쨌든 구성요소모형 혹은 목록모형에서 개념적 이해를 위해 결정적으로 중요한 사항은 여러 가지 차원으로 구분하여 배열된 부분적 특징 혹은 구성요소이다. 이렇게 볼 때, 구성요소모형의 관건은 개개 구성요소와 그 관계가 얼마나 정확하게 명료화되어 있는가에 놓여 있다. 이러한 문제점이 여전히 남아 있긴 하지만, 전체적으로 바라볼 때, 어쨌든 구성요소모형은 간문화능력을 갖춘 사람의 특성이 무엇인가 또는 그러한 사람이 행위를 통해 보여주리라고 기대되는 것이 무엇인가를 이해하는 데 도움을 준다(Straub et al., 2010: 18-20; 허영식 외, 2014: 97-98).

여기서는 오늘날 왜 간문화능력에 중요한 의미를 부여해야 하는가를 설명하기 위하여 타자의 인정문제가 중심에 놓여 있는 상황에 특별히 주의를 기울이고자 한다. 간문화능력에 대한 이와 같은 구상은 (인종)차별·불관용·외국인혐오증을 극복하는 데 도움을 줄 것으로 기대된다.

여기서는 인정투쟁(인정을 둘러싼 투쟁)에서 출발한다. 이 투쟁에서는 대개 열등감을 극복하고 자아존중에 도달하기 위하여 자기 자신이 속한 집단이나 생활형식을 평가절상하려는 경향이 중요한 문제이다. 이때 집단적 정체성과 개인적 정체성 사이에 긴장관계가 조성될 수 있다. 이러한 통찰을 통하여 간문화능력의 일반적인 구조를 파악할 수 있다. 즉, 간문화능력의 일반적인 구조는 집단정체성과 개인정체성 사이의 교차와 긴장관계를 적절하게 조절하는 데 놓여 있다(Bredella, 2010: 100; Moosmueller, 2009: 20-21; 허영식 외, 2014: 105).

이를 위한 이론적 기초로서는 특히 상징적 상호작용론을 들 수 있다. 인간의 정체성이 내재적으로 안고 있는 대화적 성격에 대한 통찰은 간문화능력의 함양·신장을 위한 교육에서 포기할 수 없는 것이다. 타자에 대한 이해가 단순히 자신의 사고·선입견·기대를 타자에게 투사하는 것에 불과하기 때문에, 그 타자를 실제로 이해할 수 없다는 이의에 대해 반박할 수 있는 논리적 근거가 바로 정체성의 대화적 성격에 놓여 있다. 다시 말하면, 만약 우리가 자아에 대한 독백적인 개념에서 출발할 경우, 그러한 이의를 설득력 있게 거부할 수 없을 것이다. 미드(Mead)의 상징적 상호작용론에 따르면, 우리가 우선 자아를 소유하고 그 다음 나중에 타자와 접촉하는 것이 아니라, 우리가 타자와 상호작용하기 때문에 비로소 자아를 소유한다.

주관성은 간주관성(intersubjectivity)을 전제로 하며, 여기서 인간을 특징짓는 주요한 요소는 역할취득 혹은 관점취득의 능력을 갖추고 있다는 것이다. 우리는 태어나서 단계적으로 타자의 역할과 관점을 취득하고, 이것을 '일반화된 타자(generalized other)'로 통합시키는 것을 배운다. 예를 들어, '몸짓의 대화'에 제대로 참여하기 위해서 우리는 다른 사람에게서 자신의 몸짓이 수반하는 결과를 예상할 수 있어야 하고, 기대되는 반응(반작용)을 머릿속에 떠올릴 수 있어야 한다. 따라서 우리의 자아는 타자의 생각과 태도를 배제함으로써 발생하는 것이 아니라, 오히려 타자의 생각과 태도를 끌어들임으로써 발생하는 것이다. 인간이 역할취득 혹은 관점취득을 할 수 있는 능력을 갖추고 있다는 점을 일단 인식하고 나면, 우리가 문화적 경계를 넘어설 수 있다는 점도 역시 어렵지 않게 이해할 수 있다(Bredella, 2010: 111-112; Broszinsky-Schwabe, 2011: 214-218; Kiesel and Volz, 2010: 68-71; 허영식 외, 2014: 106-107).

이와 같이 우리의 정체성은 독백적인 것이 아니라, 대화적인 것이기 때문에, 어떤 특정한 문화·종교·민족·생활방식에 속한다는 이유로 불이익을 받거나 무시를 당하거나 차별의 대상이 될 경우, 당사자는 어려움과 고통을 겪게 될 가능성이 많다. 우리는 단순히 우리 스스로 존재하는 것이 아니라, 타자의 인정에 의존하고 있다. 따라서 '인정투쟁'(Honneth, 1992)을 염두에 둔 '인정의 정책'(Taylor, 1994)이 추구하는 목표는 특정한 집단이나 생활형식에 속하는 것이 더 이상 열등감과 부끄러움의 이유가 아니라, 긍지와 자아존중의 이유가 될 수 있도록 가치를 재평가하는 데 놓여 있다(Bredella, 2010: 111-112; 허영식 외, 2014: 107). 그러한 인정투쟁의 목표는 예를 들면 '검은 것은 아름답다.'라고 하는 슬로건에서 표현된다. 이 슬로건을 표방하고 있는 운동은 유색인종으로 하여금 그들의 피부색을 더 이상 열등의 표시가 아니라 긍지의 표시로 바라볼 것을 촉구하고 있다(Broszinsky-Schwabe, 2011: 202-203; 허영식 외, 2014: 107).

하지만 인정의 투쟁에 있어서 집단정체성과 개인정체성 사이에 긴장관계가 조성되는 경우가 적지 않다. 개개인이 집단정체성에 종속되고, 집단정체성의 유지·발전을 위해 헌신할 것을 요구하는 입장이 있다. 여기서 정체성의 대화적 성격은 한쪽의 극단을 향해 해체되고 만다. 그런데 자기결정에 대한 개개인의 권리라는 관점에서 바라볼 때, 이것은 위험한 결과를 수반할 수 있다. 소위 '인정의 정책'이 사람을 집단정체성에 고착시킬 경우 개인의 자율성을 상당히 혹은 심각하게 훼손할 수 있다. 인간이 자기 스스로 존재할 수 없기 때문에 집단정체성에 의존하고 있지만, 그러나 동시에 개개인이 그 집단정체성과 거리를 유지할 수 있는 권리를 보장하는 것도 역시 중요하다. 바로 여기서 집단정체성과 개인정체성 사이의 긴장관계와 변증법을 어떻게 적절하게 고려하고 다룰 것인가 하는 근본적인 질문이 제기된다(Bredella, 2010: 112; Fechler, 2010: 181–186; Kiesel and Volz, 2010: 79; Moosmueller, 2009: 20–21; 허영식 외, 2014: 107–108).

이와 같은 근본적인 문제제기와 관련하여 이제 간문화능력의 교육을 위해 특별한 과제를 도출할 수 있다. 한편에서는 문화에 대한 결부를 개인의 자유와 권리를 제한하는 것으로 관찰하고, 계속해서 다른 종류의 경험을 획득하는 것을 권장하는 포스트모던적인 입장이나 초문화주의적인 관점이 존재한다. 하지만 다른 한편에서는 구체적인 공동체에서 벗어나는 것을 무리한 요구라고 비판하면서 경계 혹은 한계가 설정된 문화 속에서의 생활을 중시하는 입장이 존재한다(Bredella, 2010: 112–114; Broszinsky-Schwabe, 2011: 240–241; Moosmueller, 2009: 25–28; Otten, 2009: 60–61; 허영식 외, 2014: 108). 이러한 상태를 고려할 때, 간문화능력의 교육은 상기한 두 가지 극단적인 입장이나 관점으로 흐르지 않아야 하며, 따라서 집단정체성과 개인정체성 사이의 긴장관계와 변증법에 대하여 균형감각을 갖고 적절하게 접근하는 일이 바람직하다.

인정의 투쟁 혹은 인정의 정책을 통해 분명하게 깨달을 수 있는 사항은 한편으로 사람들의 집단정체성에 유의하고 그것을 존중해야 하지만, 다른 한편으로 그 사람들을 (타자와의 관계 속에 놓여 있는 개인으로 바라보는 대신에) 특정한 문화의 단순한 사례 혹은 본보기로 간주해서는 안 된다는 것이다. 앞에서 살펴본 바와 같이, 주관성은 간주관성에 의존하고 있다. 이것은 자기결정에도 역시 해당하는 이야기이다. 자기결정은 순전히 고립적으로 수행될 수 없다. 자기결정을 하는 행위주체는 다른 사람들과 공유하고 있는 생활실천을 일단 받아들이고, 자기 나름대로 이 공유된 생활실천을 유지하거나 변화시키면서 이어받는 것이다. 따라서 간문화능력은 집단정체성과 개인정체성 사이의 교차와 긴장관계를 적절하게 전개시키고 추적하지 않으면 안 된다. 그리고 이때 경우에 따라서는 간문화이해의 해방적인 효과도 역시 경험할 수 있다.

예를 들면, 타문화에 대하여 집중적으로 관심을 기울이고, 그 타문화를 위협적인 것으로 간주하거나 나아갈 방향을 혼란스럽게 하는 것으로 바라보지 않고, 오히려 자신의 선입견이나 편견에서 벗어나게 해주고 자신의 생활을 풍부하게 하는 것으로 바라볼 수 있다면, 즉 타문화의 측면을 자기 자신의 정체성에 통합시킬 수 있다면 간문화이해의 해방적인 효과를 경험할 수 있는 것이다. 그 경우 타문화와의 만남은 자신의 문화에서 억압된 목소리를 들을 수 있는 기회를 제공한다. 이러한 접근방안에서 결정적으로 중요한 사항은 타문화의 구성원들이 어떻게 그들 문화의 가치를 갖고 생활하고 있으며, 어떻게 서로 다른 문화의 만남에서 행동하며, 어떻게 저항과 갈등을 다루고, 어떻게 해결방안을 탐색하거나 모색하는가에 대하여 깊은 관심과 주의를 기울여야 한다는 것이다 (Bredella, 2010: 114; Kiesel and Volz, 2010: 76-79; 허영식 외, 2014: 108-109).

4. 민족·국가정체성과 간문화정체성의 관계

이 부분에서는 한편으로 다문화사회가 요청하는 간문화정체성과 다른 한편으로 민족과 국가 수준의 집단정체성(즉, 민족·국가정체성)의 관계에 주의를 기울이면서 관련된 준거모형을 비교분석의 관점에서 제시하고자 한다. 간문화정체성과 민족·국가정체성의 관계에 대해서는 이념형 수준에서 적어도 다음과 같이 세 가지 준거모형을 구분할 수 있다.

그 첫째 모형은 보편주의적인 인권과 민주주의의 관점에서 바라본 간문화정체성과 관련된다. 이 모형의 정당성을 뒷받침하는 이론적 기초로는 보편적인 인권과 규칙에서 출발하는 자유주의적 입장과 공동체주의적·시민사회적 입장을 지적할 수 있다. 이 입장에 따르면, 자유민주적 기본질서에 대한 원칙적인 동일시는 결코 근대성에서 도피하여 어떤 민족·국민공동체 이데올로기로 빠져들지 않으며, 지나친 집단정체성의 강조나 국민교육적인 교화(敎化, indoctrination)를 위해서도 적합하지 않다. 왜냐하면, 현대의 민주공동체는 자신의 정체성을 일차적으로 민족적·국민적·문화적 공통점에서가 아니라, 자신들의 민주적 참여 및 의사소통 권리를 능동적으로 행사하는 시민들의 실천 속에서 찾기 때문이다(Habermas, 1992: 636; Mickel, 2000: 10; 허영식·정창화, 2012b: 25).

이에 비해서 민족·국가정체성과 간문화정체성의 관계에 대하여, 민족·국민의 중요성에 지향을 둔 사람들은 상대적으로 우리의식과 연대, 전통적인 정서적 결속, 그리고 어느 정도 민족·국민의 동질성을 강조한다. 그렇지만 여기서 다시 두 입장을 분화시킬 수 있는데, 그 하나는 보다 개방적이고 다원적인 민족·국가정체성에 기초한 것이고, 다른 하나는 보다 폐쇄적이고 배타적인 민족·국가정체성에 바탕을 둔 것이다. 다시 말하면, 개방적·다원적 민족·국가정체성은 보다 더 순화된 혹은 계몽된 입장이며, 폐쇄적·배타적 민족·국가정체성은 보다 더 근본주의적이고 편협한 입장이라고 할 수 있다. 후자는 물론 문화적 측면을 지나치게 강조하는 문화주의(culturalism)나 아니면 자체의 본질적인 문화요소가 환경적 요인에 대하여 가변성이 적다고 간주하는 문화적 본질주의(cultural essentialism)로 흐를 가능성이 더 많다(Hormel and Scherr, 2005: 78; May, 2009: 37-38; 허영식, 2010: 46, 177, 337; 허영식·정창화, 2012b: 26-27).

이제 민족·국가정체성과 간문화정체성의 연계성 문제를 고려하면서, 이 두 입장을 갖고 보편적인 인권과 규칙준수에 기초한 첫 번째 입장과 연결을 시도한다면, 우선 폐쇄적·배타적 민족·국가정체성은 논외로 해야 할 것이며, 여기서 우리가 기대를 걸 수 있는 입장은 당연히 개방적·다원적 민족·국가정체성이 될 것이다. 이런 전제 하에서 ① 보편적 인권·민주주의에 지향을 둔 의미에서 간문화정체성에 기반을 둔 모형, ② 간문화정체성과 개방적·다원적 민족·국가정체성의 균형에 기반을 둔 모형, 그리고 ③ 폐쇄적·배타적 민족·국가정체성에 기반을 둔 모형을 구분할 수 있다. 이 세 가지 준거모형의 상호관계는 다음과 같이 도식화하여 나타낼 수 있다.

그림 3-2 민족·국가정체성과 간문화정체성 사이의 관계

		③ 폐쇄적·배타적 민족·국가정체성에 기반을 둔 모형
	② 간문화정체성과 개방적·다원적 민족·국가정체성의 균형에 기반을 둔 모형	
① 간문화정체성에 기반을 둔 모형		
(간문화정체성) ◀	────────	▶ (민족·국가정체성)

출처: 허영식·정창화, 2012b: 28 재구성

위의 도식에서 확인할 수 있는 바와 같이, 간문화정체성과 민족·국가정체성 사이의 바람직한 관계를 설정하기 위해서는, 일단 보편적 인권·민주주의에 지향을 둔 의미에서의 간문화정체성과 개방적·다원적 민족·국가정체성의 조화와 균형에 기초한 준거모형 ②에 따라야 할 것이다. 여기서는 민족(ethnos)이라는 특정문화 혹은 집단의 특수성과 민중(demos)의 지배라는 인권·민주주의의 보편성, 그리고 동포애나 민족애에 호소하는 정서적인 측면과 인간의 이성에 호소하는 합리적인 측면의 긴장관계를 적절하게 유지함으로써 더 이상 뒤로 물러서게 할 수 없는 인권·민주주의의 기본가치와 규칙을 지켜야 한다는 규범적인 과제가 이미 내포되어 있다.

준거모형 ②의 특징을 좀 더 구체적으로 풀이하자면, 다음과 같이 표현할 수 있다. 건전한 혹은 계몽된 국민·민족의식에 대한 믿음은 이를

테면 외국인에 대한 관용, 세계에 대한 개방성, 인권존중, 약자에 대한 연대의식, 국제기구와 같은 초국가조직에 대한 국민적·민족적 권리의 양도 등을 포괄한다. 그렇지만 다른 한편으로 그것은 국민·민족문화와 언어의 보호 및 장려, 향토의식, 건전한 혹은 계몽된 애국심(enlightened patriotism)과 민족적 이해관계의 옹호 등도 역시 내포하고 있다. 간단히 말해서, 밖을 향한 개방과 관용은 내면적인 자기확신이 없이는 불가능하다(Boehr, 2006: 39–45; 허영식·정창화, 2012b: 28).

이러한 이론적 기초와 전제에서 출발할 때, 간문화정체성과 민족·국가정체성의 관계는 한편으로 서로 대립적인 관계로 설정할 수도 있지만, 경우에 따라서는 상호보완적인 관계 혹은 양립가능한 관계로 바라볼 수도 있다. 적어도 문화를 기존의 전통적인 실체적·정적인 개념이 아니라, 구성적·동적인 개념으로 파악할 때, 상호보완적 혹은 양립가능한 관계로 설정할 가능성이 더 많을 것이라고 추측할 수 있다. 어쨌든 간문화정체성의 측면을 고려할 때, 민족·국가정체성은 확고한 경전의 의미로 혹은 영원한 가치의 왕국으로 이해하기보다는, 오히려 언제나 다시 새롭게 협상을 벌여야 할 개방적 토론의 대상으로 이해하는 것이 더 적절하고 바람직하다(Adick, 2010: 111; 허영식·정창화, 2012b: 28–29).

이런 관점에서 바라볼 때, 간문화정체성과 민족·국가정체성 사이의 대립과 모순은 실체가 별로 없는 가상적인 양자택일의 문제로 드러날 수도 있다. 사실상 다문화사회로의 변동과정을 겪고 있거나 이미 다문화사회가 된 국가는 지속가능한 유지·발전을 위해서 국가정체성을 필요로 한다. 문화적·민족적·종교적 측면에서 국가의 새로운 내부적 차이와 다양성을 인정하고, 그 차이 및 다양성과 더불어 살아가는 것을 학습하는 것이 더 중요한 문제이다. 물론 이때 '아무래도 좋다.'는 식으로 가치상대주의(value relativism)로 흐르지 않도록 유의할 필요가 있다(Lau, 2007: 5; 허영식·정창화, 2012b: 29).

어쨌든 편협한 민족주의적 국가정체성이 아니라, 보편적 인권·민주주의의 가치와 원칙에 지향을 둔 공화주의적 국가정체성은 다수집단이 소수집단에 대해 일방적으로 명령을 내려 확보하거나 공고화할 수 있는 것이 아니다. 여기서 다시 민중(demos)의 의미로 공화정의 국민을 이해하고, 프랑스의 르낭(Renan)이 규정한 국민의 개념을 상기할 필요가 있다. 르낭(1882)은 국민의 개념을 '매일 이루어지는 일반투표(plébiscite de tous les jours)'라고 규정했는데, 이것을 풀이하자면, 정치적 의지공동체(politische Willensgemeinschaft), 공화국민(republikanische Nation) 혹은 국가국민(Staatsnation)은 국가정체성에 대한 신봉과 헌신을 매일 새롭게 요구한다는 것이다(Riescher, 2008: 344; Eder, 2006: 42; 허영식·정창화, 2012b: 29-30).

이런 의미에서 국가정체성은 언제나 다시 협상을 벌여야 할 성질의 것이다. 그리고 우리는 이미 그 한가운데에 발을 들여놓은 상태에 있다고 볼 수 있다. 이주와 사회통합의 문제와 과제를 둘러싸고 작금에 벌어지고 있는 토론과 논쟁은 다름 아니라 이와 같은 협상의 일부분에 해당하는 것이다. 사회통합과 국가정체성 확립은 결코 일방통로가 아니라는 점을 염두에 둘 때, 이주자뿐만 아니라 이주자를 받아들이는 사회의 다수집단도 역시 변화되어야 한다는 점을 강조할 필요가 있다.

소위 자유주의적 국민주의(민족주의)(liberal nationalism)의 입장에 따르면, 자유민주주의와 국민주의(민족주의)가 서로 양립가능하다고 볼 수 있으며, 따라서 그러한 입장은 한편으로 권위주의가 동원하는 국수적 국민주의(민족주의)나 다른 한편으로 거의 전적으로 세계시민성에 기대를 걸고 세계시민성을 인정하려고 하는 근본적 보편주의로서의 세계시민주의와 구별된다. 이 맥락에서 보편적 세계시민주의가 가정하는 것처럼, 자유민주주의적 시민성의 성장이 국가정체성 혹은 민족정체성의 약화를 수반한다는 기대는 현실적으로 타당하지 않다는 의견도 제기되고 있다. 다시 말하면, 자유민주주의적 시민성의 신장은 한편으로 국민 혹은 민족에 대한 심리적 애착을 강화시키면서, 동시에 다른 한편으로 공동체 외부의 환경과 세력에 대해 관용적인 태도를 강화시킬 수도 있다는 것이다. 이는 일방적인 보편주의 이론이 가지는 설명력의 제한성을 반증하는 것이며, 자유민주주의와 국민주의(민족주의)는 상호 조화를 이룰 수 있다는 점을 함축하고 있다(장영호, 2007: 129–130; 허영식·정창화, 2012b: 30–31).

이런 전제에서 출발하여 이제 한국의 정체성에 주의를 기울여 볼 때, 국민이 자신의 정체성을 규정하는 방식에 있어서, 한편으로 혈연·지연 등 연고주의와 민족(ethnos)의 준거를 중시하는 전통적 의식과 다른 한편으로 민중(demos)의 준거에 입각하여 정치적 정체성을 중시하는 근대적 의식이 공존하는 것으로 보인다. 연고주의에 지향을 둔 문화적 정체성을 강조하면서도 동시에 대한민국의 정치적 정체성이 한국인을 규정하는 중요한 요인으로 부각되고 있다. 다시 말하면, 연고주의에 기초한 확산적(diffuse) 한민족·한국인이라는 자기이해로부터 이제 보다 더 구체적이면서 근대적 속성을 내포한 '대한민국 국민주의(민족주의)'의 윤곽이 점점 더 뚜렷해지고 있다. 확산적이고 애매모호한 '동포'라는 민족의 개념보다는 대한민국이라는 정치공동체 혹은 정치적 의지공동체에의 소속감, 즉 정치적 정체성이 점점 더 중요한 요소로 부상하고 있다. 이러한 현상은 국적을 포기한 사람에 대한 거부감이나 국적을 취득한 외국인에 대한 개방적 태도에서 관찰할 수 있다. 또한 분단국가라는 특성을 고려할 때, 북한과 구별되는 정치적 단위 혹은 준거로서 대한민국을 바라보고, 대한민국이라는 정치공동체에 소속되어 있다는 의식과 감정을 통하여 자신의 정체성을 확인하는 경우가 늘어나고 있다(장영호, 2007: 130; 허영식·정창화, 2012b: 31–32).

이는 전통적인 민족주의에 입각한 심정적·문화적 애국심을 넘어서서, 민중(demos)의 준거에 기반을 둔 정치적 정체성 혹은 시민·정치문화를 함축하고 있는 이른바 헌정애국주의(constitutional patriotism, Verfassungspatriotismus)에 지향을 둔 추세라고 진단할 수 있으며, 따라서 간문화정체성과 민족·국가정체성의 조화와 균형에 기반을 둔 모형에 그만큼 더 가까이 다가갈 것이라고 기대할 수 있다. 하지만 다문화사회에서 사회통합 및 국가정체성 확립의 문제와 관련하여 소위 '주도문화(Leitkultur)'를 둘러싸고 독일에서 벌어진 논쟁을 바로 이 부분에서 타산지석(他山之石)으로 삼을 만하다.

자유민주사회의 규범적 기반으로서 공화주의적 시민·정치문화로 해석할 수 있는 헌정애국주의(헌정문화)에 대해서는 최소한의 합의사항으로서 일단 이의가 별로 없는 것처럼 보인다. 그러나 여기에 더하여 추가로 공통의 문화요소(역사·전통·언어·종교)를 국가정체성에 함축된 것으로 간주하거나, 헌정애국주의 자체의 문화적·역사적 기반을 추가로 요청할 경우, 적어도 소수집단의 입장에서 바라볼 때, 사실상 다수집단이 지배하고 있는 주류사회에 대한 적응이나 동화를 강요하는 것은 아닌가 하는 의혹이 제기되고 있다. 현대의 민주헌정국가는 그 자체가 스스로 창출할 수도 없고 보장할 수도 없는 규범적 전제조건에 기초하고 있는지의 질문에 대해서 그동안 다음과 같은 답변이 제시되었다. 현대의 세속화된 국가는 규범적 기초를 자체의 자원을 통해서 쇄신할 수 있는 것이 아니라, 세계관·종교와 같은 전통, 집합적으로 구속력이 있는 윤리적 전통에 의존하고 있다. 즉, 한편으로 헌정애국주의(헌정문화)와 다른 한편으로 전통문화(민족문화)를 포함한 역사·전통을 명확하게 구분할 수 없는 복합성이 명시적·암묵적으로 존재하고 있다(허영식·정창화, 2012b: 32-33).

이러한 점을 감안하면서 '다문화와 한국의 (집단)정체성'이라는 의제에 주의를 기울인다면, 다문화사회를 지향한 사회통합 및 국가정체성 문제와 관련하여 규범적 기초로서 일단 헌정애국주의의 중요성을 상기할 필요가 있다. 대한민국 헌법의 제1조에 포함된 규정('대한민국은 민주공화국이다.')을 공화주의적 국가정체성 혹은 시민·정치문화의 가장 중요한 출발점으로 간주할 만하다. 하지만 제9조('국가는 전통문화의 계승·발전과 민족문화의 창달에 노력하여야 한다.')를 다문화사회의 사회통합 및 국가정체성을 위한 기초 혹은 출발점으로서 간주할 수 있는지의 여부에 대해서는 앞으로 더 많은 설명과 해석이 필요한 것으로 보인다. 즉, 간문화성 혹은 간문화정체성을 고려하여 우리 사회에서 이미 존재하거나 혹은 앞으로 존재할 것으로 예상되는 '다른' 전통문화의 계승·발전과 민족문화의 창달에도 주의·관심을 기울이고, 부분적으로 국가의 정책과제에 포함시킬 것인지의 여부, 그리고 범위·정도에 대해서 더 구체적인 담론과 정책적 숙고가 요청된다(허영식·정창화, 2012b: 33-34).

그림 3-3 터키로부터 난민이 들어오는 것을 막기 위해 불가리아 국경에 세워진 울타리

출처: Andreev, 2016: 1

요 약
abstract

다문화연구 분야에서 발달의 측면에 따른 가능성 및 조건과 관련하여, 사회성발달이론에 기초하여 가정이나 가설을 설정할 수 있다. 이 맥락에서 특히 타자 혹은 낯섦에 대한 취급과 정체성발달을 고려한 정신분석학의 접근방안, 관점취득과 관점조정(관점변경)에 대한 인지구조이론의 연구와 상징적 상호작용론의 연구, 그리고 규칙에 대한 이해의 발달에 관한 연구에 관심을 기울일 만하다. 민족·국가정체성에 대해 비판적으로 거리를 유지하고, 현대사회가 고착화되지 않거나 문제해결력을 상실하지 않으려면, 민족·국가정체성을 포함한 집단정체성도 역시 변화와 혁신의 능력을 갖추어야 한다. 다문화·다양성과 연관되어 있는 정체성개념으로는 혼성정체성, 다중정체성, 조망정체성, 이동정체성, 초국가정체성, 블러정체성, 하이픈정체성, 다문화정체성, 간문화정체성, 포용정체성, 역동적 정체성, 디아스포라 정체성, 이중정체성, 양문화정체성, 혼합된 혹은 파편화된 민족정체성, 그리고 가상적 집단정체성 등을 들 수 있다. 이 맥락에서 특히 한편으로 다문화사회가 요청하는 간문화정체성과 다른 한편으로 민족·국가정체성 사이의 관계에 주의를 기울일 필요가 있다. 간문화정체성과 민족·국가정체성의 관계는 서로 대립적인 관계로 설정할 수도 있지만, 경우에 따라서는 상호보완적인 관계 혹은 양립가능한 관계로 바라볼 수도 있다. 적어도 문화를 기존의 전통적인 실체적·정적인 개념이 아니라, 구성적·동적인 개념으로 파악할 때, 상호보완적 혹은 양립가능한 관계로 설정할 가능성이 더 많을 것이라고 추측할 수 있다. 어쨌든 간문화정체성의 측면을 고려할 때, 민족·국가정체성은 확고한 경전의 의미로 혹은 영원한 가치의 왕국으로 이해하기보다는, 오히려 언제나 다시 새롭게 협상을 벌여야 할 개방적 토론의 대상으로 이해하는 것이 더 적절하고 바람직하다.

Chapter. 04

다문화사회에서 편견·차별의 문제와 해결방안

1. 편견·차별의 문제와 이론적 배경
2. 차별철폐를 위한 대처방안
3. 편견·차별과 관련된 간문화갈등과 간문화중재

Chapter. 04

다문화사회에서 편견·차별의 문제와 해결방안*

오랫동안 단일민족의 신화를 지니고 있던 우리나라 사람들도 이제는 세계적·지방적 수준에서 여러 다른 문화와 접촉하고 있으며, 21세기에는 그 관계가 더 다양해지고 복잡해질 것으로 예상된다. 2007년 여름에는 국제연합 인종차별철폐위원회가 우리나라에서 단일민족을 지나치게 강조하지 말라고 하는 취지의 내용을 담고 있는 권고안을 공식적으로 대한민국 정부에 보내기도 하였다.

서로 다른 언어·출신배경·세계관을 갖고 있는 사람들이 만나고, 그들이 함께 살거나 서로 대결하는 곳에서는 세계관과 가치체계가 변화되고 굴절된다. 문화는 일련의 서로 다른 지향 및 해석유형들을 형성하고, 개인들은 이런 것들에 따라 그들의 생활세계를 구성한다. 그래서 현대사회는 문화적인 관점에서도 역시 복합적이고 다원주의적이다. 그런데 기존의 불확실성은 낯선 것을 경험함으로써 강화될 수 있다. 재화배분을 둘러싼 갈등, 사회적 경쟁에 대한 불안과 자신의 문화정체성 상실에 대한 불안, 그리고 민족주의적 태도와 인종차별적인 편견 등은 특히 위기상황에서 소수집단에 대한 명시적인 혹은 잠재적인 공격을 위한 토양이 된다.

---

* 제4장의 내용은 『다문화와 인간』 제4권 제2호(2015.12.)에 게재한 필자의 글을 부분적으로 수정·보완한 것임.

따라서 다문화사회를 향한 사회변동 과정에서 우리는 사회적 편견과 차별의 기본적인 문제를 피해갈 수 없다. 이와 관련하여 우선 "모두가 같고 모두가 다르다."라는 모토를 상기할 필요가 있다. 편견 및 차별과 관련된 사회문제는 물론 인류의 역사에서 오랜 전통을 갖고 있다. 하지만 그러한 공식이 안고 있는 함의와 시사점을 우리는 다문화사회라는 사회변동과 관련하여 새삼스럽게 성찰할 필요가 있는 것이다. 다시 말하면, "모두가 같고 모두가 다르다."라는 공식은 이 글에서 다루는 주제에 비추어 볼 때 출발점과 동시에 귀착점으로 삼을 만한 것이다.

이 공식은 다문화사회에서 편견과 차별의 문제를 다루는 데 있어서 기술적(記述的) 차원과 동시에 규범적 차원을 집약해서 표현하고 있다. 여기서는 물론 문화상대주의와 보편주의의 긴장관계가 함축되어 있다. 그런데 철학적 관점에서 비록 이 두 가지 입장을 서로 분명하게 대조시킬 수 있다고 하더라도, 정책적·실천적 차원에서는 이것 아니면 저것이라고 하는 양자택일로 파악하기보다는 오히려 그 두 가지 입장을 어떤 간단한 해결책을 허용하지 않는 긴장관계로 이해라는 것이 더 중요하다.

이와 같은 배경과 맥락에서 출발하여, 이 장은 다문화사회에서 우리가 피해갈 수 없는 핵심적인 문제의 하나인 편견·차별의 문제에 초점을 맞추어, 그러한 문제에 적절하게 대처할 수 있는 정책적·실천적 해결방안을 모색하는 데 주된 목적을 두고 있다. 이와 같은 목적에 부응하기 위하여 우선 편견·차별의 문제와 이에 대한 이론적 배경을 살펴본다. 그 다음 차별철폐에 기여할 수 있는 대처방안을 탐색한다. 이와 같은 연장선상에서 편견·차별로 인하여 발생할 수 있는 간문화갈등의 문제를 다루기 위한 간문화중재에 대하여 기술한다. 마지막으로 이 글에서 강조하고자 하는 사항을 몇 가지 명제로 정리하여 제시한다.

1. 편견·차별의 문제와 이론적 배경

(1) 편견의 문제와 편견연구의 접근방안

편견을 어떻게 퇴치할 것인가와 관련된 질문은 제2차 세계대전 이후에 공공적인 논의의 중심에 놓여 있었다. 사람들은 전쟁과 대량학살의 본질적인 원인이 편견에 놓여 있다는 것을 알게 되었다. 특히 유대인 배척주의는 편견에 사로잡힌 사고 중 특별히 악질적인 형태에 속하며, 나치스 독일에 의한 유대인 학살의 원인 혹은 전제조건으로 작용했다. 이러한 배경에서 그와 같은 정신착란(혼미)의 뿌리에 대한 연구와 그것의 퇴치를 위한 전략에 대한 탐색이 새로운 과제로 부각되었다. 전쟁과 폭력의 원인과 책임을 특히 '심리적인 요인'에 돌려야 한다는 생각은 유네스코 헌장의 전문(前文)에서 잘 표현되어 있다. 여기서는 "전쟁은 인간의 머리에서 시작하므로, 평화를 위한 대비전략도 역시 인간의 머리에서 찾아야 한다."라고 명시하고 있다. 사람들은 대개 자기 자신은 편견에서 벗어나 있다는 생각에서 출발한다. 이런 점에서 바라볼 때, 자기 자신이 편견에 사로잡혀 있지 않다는 편견이 가장 완고한 편견이라고 말할 수 있을 것이다. 편견은 다음과 같이 네 가지 측면을 갖고 있다.

표 4-1 편견의 네 가지 측면

① 인지적 측면	편견은 판단 혹은 평가의 대상에 대한 어떤 인식을 주장한다. 보기: 그들은 모두 심하게 냄새를 풍긴다.
② 정의적(情意的) 측면	편견은 상당히 강력한 거부의 감정(정서)과 결합되어 있다. 보기: 그런 사람 옆에 앉을 때마다 나는 역겨움을 느낀다.
③ 평가적 측면	편견은 객체(대상)를 부정적으로 평가한다. 보기: 그들은 열등한 인종이다.
④ 심동적(心動的) 측면	편견은 행위를 위한 성향이다. 보기: 지하철에서 그런 사람이 내 옆에 앉을 때마다 나는 자리를 옮긴다.

출처: Nicklas, 2006: 109; 허영식, 2010: 96 재구성

여기서 특히 심동적 측면이 위험하다. 물론 사람들이 늘 자신의 편견에 따라 행위를 하는 것은 아니지만, 편견은 일정한 상황에서 상당히 위험한 수준으로 비화될 수 있는 행위의 가능성을 가리킨다. 예를 들면, 만약 유대인 배척주의가 없었다면 유대인을 대상으로 한 소수민족학살(pogrom)이나 대량학살(Holocaust) 같은 것은 가능하지 않았을 것이다. 편견의 개념은 물론 베이컨('우상'), 볼테르, 백과전서파 등에서 전조를 찾아볼 수 있지만, 오늘날의 의미에서 그 개념은 주로 20세기에 이루어진 현대 심리학의 전개과정과 궤를 같이 한다.

특히 Freud가 편견의 심리역학이 안고 있는 문제를 인식하였다. 계몽주의는 편견을 인식을 위한 장애물로 간주하였으며, 이성을 사용함으로써 그 편견을 극복할 수 있다고 보았다. 하지만 현대 심리학, 특히 정신분석학은 이성이 결코, 계몽주의가 생각했던 것처럼, 우리의 생각과 행동에서 주도권을 쥐고 있는 주체, 말하자면 '집의 주인'이 아니라는 것을 분명히 밝혔다. Freud가 기술한 두 가지 정신적 기제가 편견에 대한 보다 심층적인 이해를 가능하게 만들었다. 그 하나는 합리화이고 다른 하나는 투사이다. 합리화는 실제로는 완전히 다른 원인을 갖고 있는 견해와 행위를 위하여 이성적인 근거를 전면에 내세우거나 핑계로 삼으려는 인간의 성향이다. 투사는 일종의 방어기제로서, 이 방어기제를 통하여 사람들은 어떤 금지된 동기 혹은 당사자 자신이 허용하지 않는 동기를 다른 사람에게 돌려버리거나 전가시킨다(Nicklas, 2006: 109-110; Hillmann, 2007b: 949-950; 허영식, 2010: 95-97; 허영식 외, 2014: 323-329). 상기한 편견의 문제에 대한 설명과 해석을 제공한 편견연구의 접근방안을 몇 가지로 구분하여 제시하면 다음과 같다.

① 권위주의적 성격: 편견의 발생과 구조에 대한 이해에서 중요한 성과를 가져온 것은 '권위(주의)적 성격'에 대한 Horkheimer와 Adorno의 연구였다. 이 연구의 목표는 현대의 전체주의적 망상, 파시즘의 운동에 의한 대중동원, 그리고 이것을 넘어서서 민족적·민족주의적 편견 일반

의 심리적인 전제조건을 탐구하는 데 있었다. 이 맥락에서 알아낸 인식 중의 하나는 편견은 인간의 사고에서 따로 떨어진 고립된 현상이 아니라는 것이었다. 다시 말하면, 편견은 서로 연관을 맺으며, 하나의 어떤 증후군을 형성한다는 것이다. 이러한 성격구조의 전형적인 특징으로는 권위에 대한 집착, 인습주의, 그리고 사고의 경직성을 들 수 있다(Nicklas, 2006: 110-111; 허영식, 2010: 97-99).

② 사회적 정체성과 편견: 사회적 정체성은 개인과 그를 둘러싸고 있는 사회적 환경 사이에서 이루어지는 상호작용의 산물이다. 사회적 정체성은 다음과 같이 세 가지 형태로 구분하여 살펴볼 수 있다. ① 성별·피부와 같은 자연적인 소속과 관련된 사회적 정체성 ② 민족·종교·국적과 같이 타고나면서 얻게 된 소속과 관련된 사회적 정체성(이것은 바꿀 수 없거나 아니면 바꾸는 것이 상당히 어렵다.) ③ 교육·직업·사회집단·협회와 같이 획득한 소속과 관련된 사회적 정체성. Tajfel은 모든 인간은 긍정적인 자아상을 추구한다는 가정에서 출발한다. 인간의 자아상은 그의 사회적 정체성과 그가 속해 있는 집단에 달려 있다. 존경받는 직업, 일류대학 졸업, 고상한 골프클럽 회원자격 따위는 긍정적인 자아상을 수립하는 데 유용하다. 그 반면에 백인사회에서 유색인종으로 살아가야 한다든지 아니면 실업자 신세로 남아 있어야 한다든지 할 때, 이와 관련된 소속은 긍정적인 자아상을 수립하는 데 방해가 될 수 있다(Nicklas, 2006: 113-114; 허영식, 2010: 99-103).

③ 집단정체성의 딜레마: 만족스러운 개인적 정체성을 지향한 바람은 쉽게 이해할 수 있는 것이다. 정신분석학의 연구결과를 통하여 우리는 자기 자신의 인성을 긍정적으로 생각하고, 자기 자신을 받아들이는 일은 행복한 삶을 위해 중요한 전제조건이라는 것을 알고 있다. 그런데 자기승인을 위한 전제는 사회적 결부 혹은 결속이다. 사회적 정체성을 상실한 사람들, 사회적으로 소외되고 고립상태에 빠진 사람들은 정신·영혼의 측면에서 아픔을 겪게 된다. 그러나 어느 사회집단에 속해 있다는 긍정적인

감정(안전하고 보호받고 있다는 느낌)의 이면(裏面)은 타자를 배제한다는 것이다. 이러한 집단정체성의 딜레마를 '타즈펠 딜레마(Tajfel-dilemma)'라고 부른다. 긍정적인 사회적 정체성을 수립하고 유지하도록 허용해 주는 과정은 동시에 배제와 구획, 비방과 중상모략, 명예훼손, 편견과 공격성을 산출하는 과정이기도 한 것이다(Nicklas, 2006: 114-115; 허영식, 2010: 103-105).

④ 접촉가설: 접촉가설에 따르면 사람들 사이의 접촉이 상호이해와 더불어 평화로운 공동생활을 촉진시킨다고 한다. 타자를 알게 되면 잘못된 지각과 편견을 줄어들게 하고 상호이해를 하는 데 도움을 준다고 가정한다. 집단 사이의 상호작용이 강화되고 집중화될수록 판단의 왜곡과 차별이 줄어든다고 한다(Thomas, 1992: 248; Nicklas, 2006: 115 재인용). 집단 사이의 접촉을 통하여 상호이해에 도달하고, 편견을 없애거나 줄어들게 할 수 있다는 희망은 각종 만남의 프로그램과 결합되어 있는 희망사항이다. 하지만 밀접한 접촉이나 가까운 인간관계만으로는 오히려 오해와 편견을 강화시키고 심지어 적대감을 낳을 수도 있다. 접촉의 결과 변화를 가져오지 않았거나 심지어 편견을 제고시켰다고 하는 연구결과가 적지 않다. 잘못된 지각과 편견의 철폐 혹은 감소에 도달하기 위하여 사람들 사이의 접촉 그 자체만으로는 충분하지 않다는 것이 명백하다. 따라서 추가적인 교육적 개념과 구상이 필요한 것으로 보인다(Nicklas, 2006: 115-116; 허영식, 2010: 105-106).

상기한 편견연구의 접근방안에서도 확인할 수 있는 바와 같이, 편견은 다양성에 대한 반응(반작용)으로서 관찰할 수 있고, 다른 한편으로 정체성(개인정체성과 집단정체성의 상호 밀접한 관계 포함)을 안정화시키는 기능을 수행한다. 또한 다양성과 정체성 사이에는 경우에 따라 긴장관계와 갈등이 발생할 수 있다는 점을 고려할 때, 여기서 문제가 되고 있는 개념 사이의 관계는 다음과 같이 도식화하여 제시할 수 있다.

그림 4-1 편견·다양성·정체성 사이의 관계

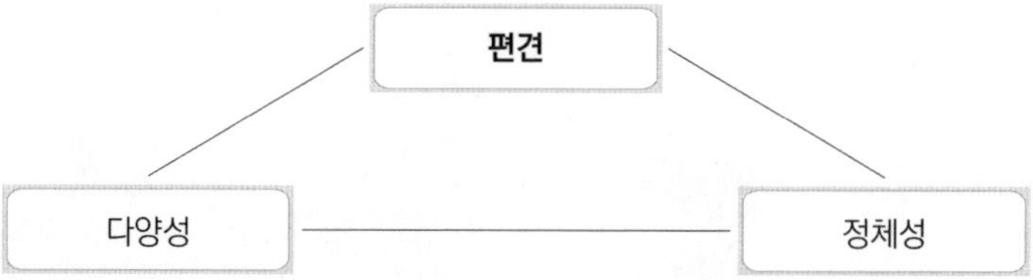

출처: 허영식 외, 2014: 329 재구성

아래에 소개된 모형은 사회심리학적 연구결과와 이론에 기초하고 있으며, 편견과 관련된 개념들이 지닌 의미를 기술하고, 이와 더불어 그 개념들 사이의 연관성을 보여주는 준거로 간주할 수 있다. 이 도식에 따르면, 고정관념과 편견의 형성은 여러 가지 서로 다른 기제에 의해 영향을 받으며, 행동에 대한 고정관념과 편견의 영향은 강화·정당화시키는 요인(justification factors)과 억제하는 요인(suppression factors)에 의해 조절된다.

그림 4-2 편견과 관련된 개념과 연관성

사회적 범주화	➡	고정관념	강화·정당화요인	사회적 차별 갈등
타집단 동질성효과 돌출효과			⬇	
현실주의적 집단갈등		편견	➡	
개인적인 경험 사회적 학습			⬆	
			억제요인	

출처: Petersen and Dietz, 2006: 108; 허영식 외, 2014: 330 재구성

그림 4-3 최근에 중국기업의 투자가 증가하면서 독일에서는 불안감이 조성되고 있으나, 오스나브뤼크(Osnabrueck)대학교 연구진이 수행한 연구결과에 따르면, 기존의 온갖 부정적인 편견에도 불구하고, 독일에 투자한 중국 기업에 대한 평가가 대체로 긍정적인 것으로 밝혀졌다고 함

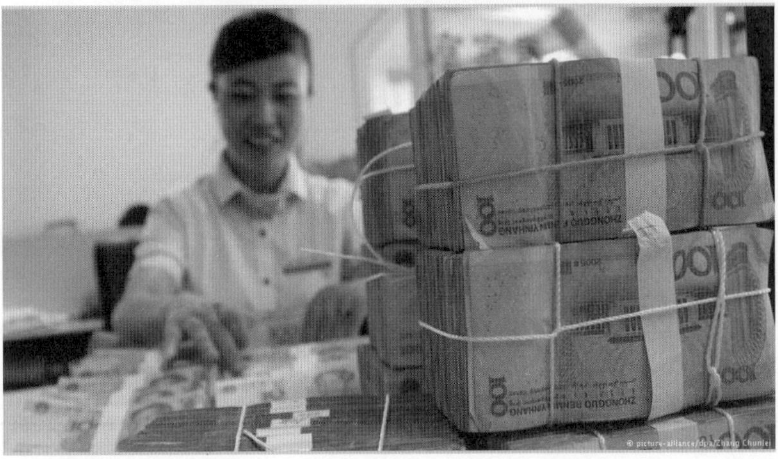

출처: Jordanova-Duda, 2016: 1

(2) 차별의 문제와 차별연구의 접근방안

차별은 구별이나 분화(分化)와 동일한 의미를 갖고 있지 않다. 오히려 그것은 불평등하게 대우하는 것을 가리키며, 따라서 평등의 원칙과 동등한 대우의 원칙에 어긋나며, 누구에게 불이익이나 손해를 끼치는 것을 목표로 삼거나 아니면 그러한 결과를 수반한다. 이것은 대개 많은 사람들에게 공통되고 사회적 의미와 중요성을 띤 특징을 근거로 해서 나타난다. 그러한 특징에는 언어, 성(性), 종교적 혹은 정치적 신념, 인종, 민족적 출신배경과 소속, 성적(性的) 성향, 장애, 연령 따위가 속한다. 그러한 종류의 차별은 직접적이거나 간접적일 수 있으며, 의도적이거나 비의도적일 수 있으며, 강도나 심각성에 있어서 서로 다른 양상을 띨 수 있다.

차별의 형태와 기제(mechanism)는 원칙적으로 장본인(행위주체)과 객체(대상) 사이에 힘의 불균형이 존재한다는 것에서 기인한다. 그리고 이 힘의 불균형은 국가적 수준이나 사회적 수준에서 발생할 수 있다. 그러므로 여기서 '국가적 차별'과 '사회적 차별'을 구분해야 한다. 전자는 법적 규범이나 국가기관의 실천에 기초하고 있으며, 후자는 개인 혹은 사회집단에 의해 행해진다. 그리고 관련된 사람들의 특성·태도·행동방식과 별 관계없이 조직과 제도의 일정한 기제와 과정을 통해 불평등이 산출될 때 '제도적 차별'이라는 용어를 사용할 수 있다. 차별로 인하여 영향을 받는 당사자는 대개 그 결과로서 불이익을 받거나 손해를 입게 된다. 차별의 결과 나타날 수 있는 불이익의 폭은 매우 넓다. 불안, 경시, 물질적 손실을 수반할 수 있으며, 사회적 주변화 및 삶의 기회 침해와 관련된 여러 가지 다른 형태를 띨 수 있으며, 제도적 불이익과 손해, 정치적 박해, 그리고 심지어는 신체적인 훼손이나 대량학살에까지 파급효과가 미칠 수 있다(Schulte, 2006: 369; Hillmann, 2007a: 155; 허영식, 2010: 241-242; 김진희, 2016: 198-203).

차별의 구조와 실제를 살펴보는 데 있어서는 한편으로는 차별의 사회사적 맥락을 고려할 필요가 있다. 여기서는 사회적 불평등과 더불어 국민국가 사이에 존재하는 권력 및 지배의 관계, 국민과 국민이 아닌 자, 다수집단과 소수집단, 남성과 여성, 확고한 지위를 가진 자와 국외자 사이에 존재하는 권력 및 지배의 관계, 그리고 사회적 계급·계층 사이에 존재하는 권력 및 지배의 관계가 작용한다. 그리고 다른 한편으로는 차별적인 구조와 실제를 정당화하고 거기에 대한 근거를 제시하는 포괄적인 틀로서 담론과 이데올로기가 관련된 요인으로 작용한다(Hormel and Scherr, 2005: 27-28). 이와 같이 한편으로 차별의 사회사적 맥락과 다른 한편으로 담론 및 이데올로기를 배경적 요인으로 고려하면서 여러 가지 다양한 차별의 형태를 표로 제시하면 다음과 같다.

표 4-2 차별의 다양한 형태

개인적 차별	사회적으로 동원 가능한 귀속요인, 편견, 적대적 심상에 기초한 개인적 행위
집단실천으로서의 차별	사회적으로 공유된 편견 및 적대감과 결합한 집단적 실천으로서의 차별, 그리고 집단간 관계와 갈등의 맥락에서 작용하는 차별
일상문화적 차별	(민족·국민·인종·성별·사회계급과 관련하여) 사회적으로 널리 영향력을 행사하는 잠재적·명시적 기대에 기초한 불평등한 대우, 그리고 특성 및 능력의 귀속에 기초한 불평등한 대우
법적 차별	법적인 구분(내국인·외국인, 노동이주자·난민, 체류와 관련된 지위 따위)에 기초하여 정치적·법적으로 확보된 불평등한 대우
조직에 특정한 차별	(학교·직장 등에서 구성원으로서의 자격과 지위, 경력, 성취에 대하여 의사결정을 내리는 데 있어서 지침을 수립하는) 조직에 특정한 정상성의 설계(보기: 언어능력, 신체적·정신적 건강)에 기초한 불평등한 대우
부차적 차별	이차적 혹은 부차적 특징(소득수준, 교육수준, 체류와 관련된 지위, 온전한 가족배경)에 기반을 둔 (이주자와 소수집단에 대한) 불평등한 대우

출처: Hormel and Scherr, 2005: 27; 허영식, 2010: 244 재구성

이와 더불어 다음에 소개하는 '경험에 지향을 둔 차별모형'은 대인관계 수준, 제도적 수준, 사회문화적 수준에서 어떻게 차별의 현상이 발생할 수 있는지를 구체적으로 보여주고 있으며, 지구적·사회적 맥락 속에서 고려하고 있다. 이것을 준거로 삼아 개인은 자신이 경험한 것에서 출발하여 차별에 대한 성찰을 시도할 수 있다. 여기서 자기 자신의 태도 이외에 권력관계를 주제로 삼는 일이 중요하다. 권력관계를 주제로 삼는 일이 유의미하고 중요한 까닭은 참여자들이 권력관계를 안정화시키는 요인을 비평적으로 다루고, 자기 자신이 갖고 있는 힘의 자원을 성찰하고, 힘의 사용과 남용에 대한 잠재력을 다른 사람들과 함께 도출할 수 있기 때문이다. 편견감소와 차별철폐에 지향을 둔 접근방안은 내면화된 지배 및 억압의 메커니즘(기제)을 통하여 권력관계가 사고·행위에서 반영되고 안정화된다는 가정에서 출발한다.

부정적으로 내포된 심상과 태도는 내면화된 억압으로서 저장되며,

자기 자신이 속한 집단을 정상적인 규범에서 벗어나거나 일탈적인 것으로 간주하게 된다. 이러한 심상과 태도는 스스로 경험한 차별을 통해서뿐만 아니라 사회적으로 전달된 정상성(normality)에 대한 표상을 통해서도 역시 발생한다. 그 반대로 내면화된 지배는 긍정적으로 내포된 메시지를 뜻하며, 이것은 자기가 속한 집단을 정상적인 규범을 성취하는 것으로 규정한다. 이러한 심상과 태도는 직접 경험한 특권과 간접적으로 전달된 사회적 규범화를 통하여 확고하게 자리를 잡는다(Paproth, 2009: 69-70; 허영식, 2010: 244-245).

그림 4-4 경험지향 차별모형

<table>
<tr><td colspan="3">사회적·지구적 맥락</td></tr>
<tr><td>규정을 내릴 수
있는 힘(권력)</td><td>태도
(미리 갖고 있는 가정(假定),
선입견(편견), 고정관념, 규범, 가치…)
+
권력
(상황적 힘과 사회적 위상)
↓
차별로
나아갈 수 있다.</td><td>경제적·정치적·
법적·사회적 힘(권력)</td></tr>
<tr><td colspan="3">대인관계 수준, 제도적 수준, 사회문화적 수준</td></tr>
</table>

출처: Europahaus Aurich, 2007; Paproth, 2009: 69; 허영식, 2010: 245 재구성

편견감소와 차별철폐에 지향을 둔 접근방안은 사람들이 억압을 당하는 자로서 그리고 지배를 하는 자로서 경험을 한다는 사실에서 출발한다. 내면화된 지배와 억압의 어떤 유형이 사람들의 행위와 태도에서 나타나고, 그렇게 함으로써 사회적 권력관계를 안정화시키는지에 관해서는 '권력관계의 내면화'에 관한 다음 도식이 보다 더 구체적으로 보여주고 있다.

표 4-3 권력관계의 내면화

내면화된 지배	내면화된 억압
타인의 자율성을 빼앗는 도움이나 유해한 도움: 이러한 역기능적인 도움의 형태를 낳는 동기는 종종 잘못·수치·우월감이다. 다른 사람들이 스스로 도울 수 있는 능력을 발휘할 수 있는 가능성은 제한된다.	책임의 양도(포기), 체제 속의 편입과 순응: 책임을 양도하거나 포기하고, 죄책감을 조작하거나 불러일으킨다.
불이익을 받는 자(약자)에게 책임소재를 돌림: 약자 자신이 구조적 억압의 결과에 책임이 있는 것으로 간주한다.	체제에 책임이 놓여 있는 것으로 간주, 수동성: 체제 혹은 타자가 자기 자신의 상황에 책임이 있는 것으로 돌린다.
불이익을 받는 사람·집단·문화와의 접촉 회피: 불이익을 받는 집단이나 사람을 알려고 노력을 기울이지 않는다. 회피는 이미 서로 분리된 구조를 받아들이는 데에 놓여 있다. 접촉회피는 종종 불이익을 받는 사람·집단·문화에 대한 거부나 부인을 수반한다.	지배적은 사람·집단·문화와의 접촉 회피: 특권을 누리는 집단이나 사람을 알려고 하지 않는다. 접촉회피는 종종 특권을 누리는 집단·개인에 대한 불신이나 분노를 수반하고, 거부에 대한 두려움을 수반한다.

출처: Europahaus Aurich, 2007); Paproth, 2009: 71; 허영식, 2010: 246-247 재구성

2. 차별철폐를 위한 대처방안

(1) 차별철폐조치의 근거와 목표

차별의 형태와 기제는 민주적이고 다문화적인 사회에서의 공동생활을 위하여 핵심적인 의미와 중요성을 지닌 원칙을 위반하거나 그 원칙 자체를 위험에 처하게 만든다. 따라서 그러한 차별의 여러 가지 형태와 기제는 차별철폐조치를 강구하고 실천에 옮겨야 한다는 의미에서 법적인 의무와 정치적 과제를 이미 내재적으로 함축하고 있다. 특히 이것은 국가제도와 사회적 행위자에게 요구할 사항이다. 거기에는 여러 가

지 다양한 국제적인 협정과 조약뿐만 아니라 헌법 수준에서 이미 정착된 법적인 규범이 속한다.

표 4-4 차별철폐조치의 근거

① 인간의 존엄성, 인권, 법치국가의 원칙	- 모든 개인은 타고난 그리고 상실할 수 없는 존엄성을 갖고 있다. - 국가의 권력기관은 존엄성이 침해당하지 않도록 할 책임이 있으며, 존엄성이 침해당하거나 위협받을 경우 대처해야 할 과제를 안고 있다. - 양도할 수 없는 인권을 수호하고, 국가의 권력기관을 이 권리에 결부시켜야 한다는 요구사항에 부응해야 한다. - 국가권력 전체를 인권에 종속시키는 일이야말로 바로 민주법치국가의 핵심을 가리키는 것이다.
② 평등의 원칙, 차별금지, 사회복지국가의 원칙	- 평등원칙은 일정한 영역에서 형식적으로 동등하게 대우할 것을 요구한다. - 이것은 특히 차별금지의 원칙에 따라야 할 개인의 특징에 해당하는 이야기이다. - 국가는 적절한 수단을 강구하여 인종차별을 제거하기 위한 정책과 모든 인종 사이의 상호이해를 진흥하기 위한 정책을 추구해야 할 의무와 책임을 떠맡고 있다. - 사회복지국가의 원칙은 국가기관으로 하여금 당사자들을 형식적인 측면에서 동등하게 대우하는 데 안주하지 말고, 적절한 조치를 취하여 현실적인 자유의 평등을 더 많이 실현하도록 촉구하고 있다.
③ 민주주의	- 국민주권의 원칙에 기초한 민주사회에서 자유는 특히 자율성을 포함하고 있다. - 집합적으로 구속력이 있는 의사결정은 원칙적으로 '상향식으로(즉, 밑으로부터)' 이루어져야 한다. - 이 '능동적 지위(status activus)'는 모든 공민에게 동일한 방식으로 돌아가며, 포괄적이고 보편적인 경향을 띠고 있다.

출처: Schulte, 2006: 371–372; 허영식, 2010: 249–251 재구성

법적인 규범과 관련된 차원을 넘어서서 차별의 여러 가지 형태와 기제는 다음에 열거하는 근본적인 사회정책목표를 실현하는 데 위협적

인 요인으로 작용한다(Schulte, 2006: 372-373; 허영식, 2010: 251-252).

표 4-5 차별철폐조치의 목표

① 통합	- 통합의 원칙은 이주자를 이주사회에 편입시키는 것을 가능하게 만드는 데 지향을 두고 있다. - 이것은 이주자가 이주사회에 소속된 구성원이라는 점을 인정할 것을 요구하며, 이 집단의 사회적 주변화를 방지하고, 이들이 동등한 권리를 갖고 참여할 수 있도록 필요한 조치를 취할 것을 요청한다. - 그리고 이 원칙을 실행에 옮기게 되면 사회 전체의 통합에도 역시 긍정적인 영향을 미칠 것으로 기대된다. - 인종이나 민족적 출신배경을 이유로 차별이 발생하지 않도록 특정한 조치를 취해야 할 필요성은 민주적이고 관용적인 사회의 발전을 보장해야 한다는 목표와 연결되어 있다.
② 인적 자원의 활용	- 기능적인 관점에서 바라볼 때, 이주자들은 이들을 받아들이는 사회의 경제적·인구통계학적·사회적·문화적 발전에 긍정적인 기여를 수행하는 자원이 될 수 있다. - 기존의 사회적 불평등과 차별이 줄어들지 않는다면, 이 '인간자본(human capital)'을 제대로 충분히 활용할 수 없을 것이다.
③ 문명화	- 문명사회로의 변화를 향한 역사적 과정을 거치면서 개인들은 상당 부분 외부적 강제요인에서 벗어났으며, 충동과 정서적 감정을 조절할 수 있는 방법을 배웠다. - 다른 사람들과의 집단소속감에서 상대적으로 독립한 상태에서 그들과 공감할 수 있는 능력을 갖추게 되었다(Elias, 1995: 406-411; Schulte, 2006: 373 재인용). - 차별의 기제는 탈문명화의 형태를 나타내는 것이며, 따라서 그러한 탈문명화를 막으려는 시도와 조치는 역사적 문명화 과정에 기여하는 것이라고 간주할 수 있다.
④ 관용	- 관용의 원칙은 수동적인 의미에서는 어떤 것이 그대로 통하도록 놔두거나 아니면 누구를 그대로 내버려 두거나 방해하지 않는 것을 뜻한다. - 능동적이고 창의적인 의미에서 관용의 원칙은 다른 종류의 견해나 관점 또는 행위방식을 존중하고 자유롭게 인정한다는 것을 가리킨다.

출처: Schulte, 2006: 372-373; 허영식, 2010: 251-252 재구성

(2) 차별철폐조치의 핵심요소

이주자에 대한 차별을 어떻게 예방적 차원에서 방지하고 효과적으로 줄여나갈 수 있는가 하는 질문에 대해서는 유감스럽게도 간단한 답변을 줄 수 없다. 그럼에도 불구하고 아니 바로 그러하기 때문에 가장 많이 기대할 수 있는 것은 여러 가지 방안을 조합하는 전략에서 찾을 수 있다. 즉, 다양한 조치와 수단을 포괄하고, 여러 사회적 분야와 관련되며, 서로 다른 수준에서 여러 다른 행위주체들이 담당을 할 때 가장 유망한 것으로 보인다. 여기서 말하는 '조합전략'에서는 특히 다음과 같은 사항에 유의할 필요가 있다.

표 4-6 차별철폐조치의 핵심적 요소

법적 규범의 정착	- 국제법과 헌법에서 설정한 일반적인 원칙의 아래 수준에서 그리고 서로 다른 영역을 고려하면서 차별의 여러 가지 형태를 포괄한다. - 차별을 예방적 차원에서 막고, 차별적 행위로부터 보호할 수 있는 요구와 권리를 보장한다. - 개인·집단·기관·시설의 태도와 행동방식에 직·간접적으로 영향을 미칠 수 있는 법적 규범을 정착시키는 일이 중요하다.
제도적·조직적 구조 마련	- 차별을 받는 당사자들을 보호하고 그들에게 자문을 제공하고 도움을 줄 수 있는 제도적·조직적 구조를 마련하고 발전시킨다. - 차별을 당하는 사례가 발생할 경우 법적 방도를 통하여 해결책을 모색하고, 중재나 조정을 가능하게 만들고, 차별철폐조치의 실행·평가·발전에 기여할 수 있도록 한다.
적극적 진흥조치 실행	- 기존의 불평등과 불이익을 철폐하거나 줄여나가는 데 지향을 둔 적극적 진흥조치(affirmative action)를 실천에 옮긴다. - 언어·직업과 관련된 이주자들의 능력이나 자격을 개선하고, 공직·기업·미디어·교육제도 등의 분야에서 이들을 채용하거나 승진시킬 때 더 많이 고려함으로써 진흥조치를 실행에 옮길 수 있다.
다양한 행위주체의 포함	- 국가적 제도 및 정당 이외에 특히 사회적 동반자와 시민사회의 여러 단체를 차별철폐를 위한 사업에 가능하면 많이 포함시킨다.

교육과 계몽활동 강화	- 소수집단에 속하는 당사자들과 더불어 다수사회에게 필요한 정보를 제공한다. - 대중매체가 수행하는 보도의 틀 속에서, 학교교육과 사회교육 차원에서 이루어지는 교육의 과정(보기: 시민교육, 인권교육, 간문화능력의 전달, 인종차별철폐를 위한 학습)에서 계몽활동을 강화하고 사람들의 감수성 신장을 위하여 기여할 수 있도록 한다.
차별철폐 전담기구 설치	- 정치적 독립성과 필요한 권한, 전문적·인적 전제조건을 갖춘 전담기구가 존재하다면, 차별철폐조치의 성공을 담보할 수 있는 가능성이 그만큼 더 커질 것으로 예상할 수 있다. - 전담기구는 지방·지역·국가·국제적 수준에서 설치될 수 있으며, 서로 다른 특징과 양상을 보여줄 수 있다. - 예를 들면, 국가기관, 국민고충처리위원회, 지방시설, 공적인 네트워크의 형태를 취할 수 있다. - 전담기구는 국가의 진흥을 받으면서 차별철폐정책을 개발하고 실행에 옮길 수 있으며, 인종차별이나 외국인혐오와 같은 현상을 관찰하고, 현황과 동향을 파악하고, 원인·결과·파장을 연구하고, 모범사례를 장려하고, 적절한 대응조치를 모색할 수 있다.

출처: Schulte, 2006: 373-374; 허영식, 2010: 253-255 재구성

이제 마지막으로 지적할 사항은 각종 차별로부터 보호하고 동등한 대우를 지향하고 있는 조치를 효과적으로 구현하기 위해서는 다른 외부의 정책분야와 협력·조정을 하고, 특히 사회통합의 일반적인 정책 속에 깃들도록 해야 한다는 점이다. 여기에는 투입(input)의 관점에서 '민주주의의 민주화'를 위한 정책이 속하며, 산출(output)의 관점에서 사회문제에 중점을 둔 정책이 속한다. 민주주의의 민주화를 위한 정책이란 국민들에게 참여와 공동결정 및 자기결정(자치)의 가능성을 확장한다는 것을 가리킨다. 그리고 사회문제에 중점을 둔 정책은 사회적 위험부담을 줄여나가고, 사회적 불평등을 감소시키고, 삶의 전망을 개선하는 데 지향을 둔 조치를 포함한다(Schulte, 2006: 379; 허영식, 2010: 255).

3. 편견·차별과 관련된 간문화갈등과 간문화중재

(1) 간문화중재의 필요성과 중요성

다문화사회에서 서로 다른 문화 사이에 비대칭적인 권력관계가 작용할 경우, 지배적인 지배집단은 소수집단의 일탈행동을 문제가 있거나 오만불손하다고 간주하기 쉬우며, 이와는 대조적으로 소수집단은 차별대우를 받거나 아예 인정을 받지 못한다고 느끼기 쉽다. 힘이 약한 집단은 어려운 상황에 처할 경우, 도덕적 측면을 강조하고, 다수집단의 인종차별주의를 지적하려는 경향이 강하다. 비대칭적인 권력관계 속에서 민족적·문화적 측면을 강조하는 전략을 모색할 경우, 간문화갈등의 관점에서 바라볼 때, 나타날 수 있는 여러 가지 양상을 도식화하여 제시하면 다음과 같다.

표 4-7 비대칭적 권력관계와 민족적·문화적 전략

	자신의 민족·문화에 대한 인지	타자의 민족·문화에 대한 인지
상위지위 (지배적 입장, 다수집단, 기득권을 가진 자)	간접적: 지배의 부인("나는 극히 정상적으로 행동하고 있다.") 직접적: 특권의 방어("우리의 규칙은 바로 그런 것이다.")	상대방의 심리에 대한 평가절하 ("그들은 통합할 자세와 능력을 갖추고 있지 않으며, 오히려 사회통합을 방해하고 있다.")
하위지위 (힘이 약한 입장, 소수집단, 국외자)	특별한 권리의 청구 혹은 자기 자신의 후퇴(즉, '평행사회'로의 회귀) 정당화("우리는 우리가 사는 공간에서 우리의 문화적 정체성을 보호할 수밖에 없다.")	상대방의 도덕적 흠결을 지적하거나 정치쟁점화("그들은 오만하고 도덕적으로 문제가 있다."; "그것은 결국 인종차별이다.")

출처: Fechler, 2010: 188; 허영식·정창화, 2012b: 92 재구성

편견·차별로 인하여 발생할 수 있는 간문화갈등을 포함하여 사회적 갈등을 조정하기 위한 개입방안으로서 중재(mediation)의 중요성이 최근 점점 더 많이 인식되고 있다. 이러한 경향에 단서를 제공한 대표적인 모범사례로는 1960년대에 미국에서 등장한 이른바 '대안적 분쟁해결(ADR: alternative dispute resolutions)' 운동을 들 수 있다. 여기서 '대안적'이라는 수식어가 함축하고 있는 의미는 본질적으로 법정과 동일한 일(즉, 근본적인 원인이나 명분에 집착하지 않으면서 일단 승인된 규범에 기초하여 어떤 유형의 분쟁을 결말짓는 것)을 하면서도 법정보다는 더 매력적인 포럼(forum)을 덧붙임으로써 법적 체제에 대한 부담을 덜어주는 데 일차적인 목적이 있다는 것이다(Burton & Dukes, 1990: 86; Liebe, 2006: 358-359; 허영식, 2010: 229). 원래 협상과정의 분석에 기초를 둔 소위 '하버드 협상프로젝트(Harvard negotiation project)'에 따르면, 효율적인 갈등처리체제에는 다음과 같은 세 가지 기능 혹은 원칙이 속한다.

표 4-8 갈등해소체제의 기능

① 사람과 문제를 서로 분리하여 취급해야 한다.
② 위치(혹은 지위)가 아니라 이해관계에 집중을 해야 한다.
③ 절차는 양편 모두에게 이득을 가져올 수 있도록 선택(권) 혹은 대안을 마련할 수 있어야 한다.

출처: Liebe, 2006: 359; 허영식, 2010: 230 재구성

이러한 기능에서 이제 중재의 원칙을 도출하는 데 있어서는 갈등에 처한 행위자들이 그들의 문제를 위한 해결방안을 가능하면 스스로 찾을 수 있도록 해야 한다. 이때 필요한 사항은 관계의 측면과 내용(사물)의 측면을 분리시키고, 공통의 이해관계를 발견 및 명시하고, 쌍방에게 다 만족이 가는(혹은 어느 쪽에도 유리한) 해결책을 함께 탐색하는 일이다. 협상의 역학을 엄격하게 구조화한 모형의 도움을 빌어 행위자들 사이에서 공동

의 학습과정을 개시하고, 그 결말에는 갈등에 참여한 당사자들 모두에게 이득을 가져오는 해결책이 나오도록 해야 한다.

이때 중재자의 주된 과제는 갈등에 처한 당사자들 사이에서 의사소통의 과정을 구성하는 일에 대하여 책임을 떠맡는 것이다. 미리 합의를 본 규칙을 잘 지키고 있는지 모니터링하고, 필요한 경우 단계모형에 따라 개입해야 한다. 그렇게 함으로써 갈등과 관련된 행위자들 사이에서 의사소통이 가능하도록 만들어야 한다. 물론 구체적인 내용에 대한 책임은 갈등당사자들에게 놓여 있다. 스스로 해결방안을 찾아내고 끌어낸다는 것을 경험함으로써 협상을 통하여 결국 도달한 합의사항에 대하여 신뢰성과 지속성을 제고시킬 수 있다(Liebe, 2006: 358-359; 허영식, 2010: 229-231). 중재의 적용분야를 예시하면 다음과 같다.

표 4-9 중재의 적용분야 예시

① 이혼중재	쟁점이 되는 질문을 정확히 확인할 수 있다면, 미치는 범위가 명백히 제한된 상태에서 위기를 해소하기 위한 단기적 개입이 이루어질 것이다.
② 변형적 중재	학교영역에서 변형적 중재(transformative mediation)를 대변하는 사람들은 참여한 사람들의 역량을 강화시키고 이들이 자기 자신의 행동에 대하여 더 정확한 통찰에 도달할 수 있도록 하는 데 갈등처리의 목표를 두고 있다. 여기서 '변형'이란 결국 개인의 행동변화와 관련되어 있다.
③ 기업중재	경제부문의 기업에서 이루어지는 중재에 있어서는 조직의 구성대안과 관련된 쟁점, 자원 및 권한의 배분, 그리고 노동법과 관련된 갈등이 주요문제로 다루어진다.
④ 환경중재	환경중재와는 일반적인 사회정책 목표가 연결되어 있다. 예를 들면, 구체적인 건설공사나 다른 프로젝트에 대한 찬반을 둘러싸고 협상이 벌어질 경우, 시민참여, 정치적 결정을 위한 승인, 논쟁문화의 창출 및 촉진과 같은 목표가 거론된다.

출처: Liebe, 2006: 363-364; 허영식, 2010: 235-236 재구성

그 이외에 가해자와 피해자 사이의 조정·화해를 위한 중재, 이웃간의 중재, 국제적 갈등에서 위기예방을 위한 도구로서 작용하는 중재, 그리고 다른 여러 가지 분야에서 이루어지는 중재도 역시 추가할 수 있다. 중재는 이 모든 것을 포괄한다. 그에 따라 개입의 중심에 놓여 있는 것이 도대체 협상할 수 있는 쟁점인지, 사회자를 활용하여 다룰 수 있는 계획 및 결정의 과제인지, 아니면 태도 및 행동과 관련된 학습 및 성찰의 과제인지, 공공적인 의사형성의 과정을 조직하는 일인지, 또는 여기서 열거한 것들을 특별하게 혼합한 것인지에 관하여 거듭 질문하지 않으면 안 된다(Liebe, 2006: 364; 허영식, 2010: 236; 허영식·정창화, 2012: 100-101).

(2) 간문화중재의 기능과 간문화중재모형

합리적인 담론에 도달하려는 시도를 처음부터 전제조건으로 설정하지 않고, 참여자와 함께 하는 과정에서 유익한 결론을 끄집어내고자 한다면, 위에서 언급한 중재의 세 가지 원칙을 잘 활용할 필요가 있다. 여기서 갈등의 조절가능성에 대한 루만의 견해를 참고할 만하다. "갈등을 체제로 간주한다면, 갈등조절의 두 가지 서로 다른 형태를 생각해 볼 수 있다. 이 두 가지 형태는 모두 체제의 내적인 복합성과 행동의 어려움을 제고시킨다. 그 하나의 가능성은 일정한 수단을 금지시키는 것이고, 다른 하나의 가능성은 체제의 불확실성을 제고시키는 것이다"(Luhmann, 1987: 539; Liebe, 2006: 361; 허영식, 2010: 233 재인용). 그런데 이 두 가지 접근방안은 중재절차에서도 역시 확인할 수 있다(Liebe, 2006: 361-362; 허영식, 2010: 233-235).

① 중재절차를 시작할 때에는 공정한 협상을 가능케 하기 위하여 규칙을 설정하게 된다. 이것은 일반적으로 행동의 문명화를 위한 조치로서 이해되고 있다. 그러나 갈등행위자의 규율화는 한 가지 측면에 불과하다. 그것을 넘어서서 규칙은 모든 갈등행위자들이, 일단 주어진 형

식을 받아들인다면, 그들이 말하고자 하는 것을 실제로 말할 수 있도록 한다는 의미를 지니고 있다. 대등한 입장에서 소통을 하는 데 익숙하지 않은 상태에서 서로 다른 위계질서 수준의 대변자들이 등장할 경우 그러한 의미는 특별히 중요하다.

② 불확실성의 제고는 갈등체제 속에 제3자를 포함시킴으로써 이루어진다. 이 제3자는 처음에는 어느 편을 들거나 갈등주제의 어느 측면과 연대하지 않는다는 의미에서 중립적이고 비당파적이지만, 점점 더 진행이 되면서 입장을 취할 수 있고 어느 편을 두둔할 수 있다. 그렇게 함으로써 갈등체제가 일단 해체되는 것이다(Luhmann, 1987: 540; Liebe, 2006: 362; 허영식, 2010: 233-234). 널리 보급되어 있는 견해에 따르면, 중재자의 중립성에 매우 중요한 역할을 부여해야 한다. 이런 이해에 따르면, 어느 한편을 옹호하는 입장으로의 이행(移行)은 전문적이지 못한 것으로 간주된다.

그러나 이것은 학술적인 토론에서나 통하는 이야기이다. 실제적으로 더 중요한 질문은 갈등행위자들이 제3자를 일단 제3자로서 받아들이는가의 여부와 관련되어 있다. 그런데 이 제3자의 태도가 자기 자신의 입장을 포함하는가의 여부는 구체적 상황에서 비로소 의미 있게 결정할 수 있는 문제이다. 이 맥락에서 핵심적인 생각은 제3자를 끌어들임으로써 갈등체제를 해체시킬 수 있다는 점이다. 그리고 이것을 좀 더 자세하게 살펴보면 여기에는 다음과 같은 사항이 포함된다(Liebe, 2006: 362; 허영식, 2010: 234-235).

표 4-10 갈등해소를 위한 제3자의 기능과 가능성

① 양측의 관계로 환원되고 마는 사회적 회귀현상을 철회시킨다.
② 갈등행위자들은 이렇게 자문(自問)한다. "어떤 주장을 가짐으로써, 어떤 행동을 함으로써 나는 제3자를 내 편으로 만들 수 있을까?" 즉, 그들은 인지적·정서적으로 다시금 외부세계로 주의를 돌리게 된다.

③ 제3자가 자신의 중립성을 어떻게 규정하든(즉, 비당파적이든 아니면 초당파적이든 아니면 양편 모두의 손을 들어주든) 관계없이, 그는 어쨌든 결과가 열려진 상황을 유지하기 위하여, 자기편으로 끌어들이려는 갈등당사자들의 노력과 시도를 회피할 것이다.

④ 갈등행위자들은 그들의 입장에 대한 근거를 대지 않으면 안 된다. 이것은 우선 자기 성찰을 다시 하도록 만든다. 그렇게 함으로써 자기 자신의 위치나 입장을 상대화시키게 된다. 왜냐하면 갈등의 역사에서 당사자들이 구성한 것은 모순에서 자유롭지 못하고, 따라서 다시금 다른 편과의 의사소통이 가능해지기 때문이다.

⑤ 자기 자신의 오류나 모순을 (반대편 혹은 상대방에게 대하는 상황과 비교할 때) 훨씬 더 쉽게 제3자에게 시인할 수 있다.

출처: Liebe, 2006: 362; 허영식, 2010: 234-235 재구성

다른 보통의 중재와 비교할 때 간문화중재의 일차적인 특징은 서로 다른 문화적 배경을 갖고 있는 구성원들 사이에서 협상과 대화의 기회를 마련한다는 데 놓여 있다. 간문화중재는 동일한 문화적 조건이나 비슷한 문화적 조건과 연관된 가치관을 전제로 하여 수행하기 어렵다. 그리고 중재의 과정에서 근본적인 가치관에 주의해야 하고 이에 대해 협상과 대화를 수행해야 한다. 또한 서로 다른 가치지향은 중재상황에 영향을 주고, 중재과정의 진행과 절차에도 영향을 미친다. 내문화중재(intracultural mediation)와 비교해 볼 때, 중재과정이 더 복합적이며, 중재자는 서로 다른 가치기반과 여기서 연유하는 행동에 대해 유연하게 대처해야 하고 간문화중재의 특별한 요구사항을 고려해야 한다. 두 국민 사이에서 중재가 이루어질 경우, 개인적인 측면과 더불어 문화특정적인(culture-specific) 측면이 작용한다면, 중재과정은 간문화적인 과정으로 나아갈 개연성이 높다. 이때 과정의 진행을 간문화중재로 변화시키는 문화적 상승작용(시너지)이 나타날 수 있다(Mayer, 2008: 123; 허영식·정창화, 2012b: 101-102).

간문화중재는 간문화갈등을 적절하게 처리하기 위한 대안을 마련해 준다. 서로 다른 관점과 입장에서 문화적 현실을 구성하고 재구성하는 작업이 중요한 기능을 수행한다. 문화특정적인 의미·경험·평가·해석과 더불어 초문화적인(transcultural) 의미·경험·평가·해석에 대해서도

역시 명료화하고 성찰을 할 수 있다. 이러한 작업을 적절하게 수행하기 위해서 간문화중재자는 간문화능력을 갖출 필요가 있으며, 타문화의 측면을 중재모형에 포함시키는 것이 바람직하다(Mayer, 2008: 131; 허영식·정창화, 2012b: 102–103). 이 맥락에서 마이어(Mayer)가 제시한 간문화중재모형을 소개하면 다음과 같다.

그림 4-5 간문화중재모형

<table>
<tr><td colspan="3">상승작용(시너지)
(문화에 특정한 중재기법·역할규정·일정·장소·소통방식 등에 대한 협상)</td></tr>
<tr><td>맥락
(누가, 무엇을, 어디서, 언제, 무엇에 관하여, 누구와 함께 등의 요소 고려)</td><td>⇕
⇔ 간문화중재 ⇔
⇕</td><td>매개변수·가치
(개인적·문화적·인적 자원)</td></tr>
<tr><td colspan="3">간문화능력
(1) (중재자 및 갈등당사자에게서 요청되는) 간문화능력의 획득: 선행경험과 새로운 경험의 연결, 체험과 훈련경험을 기초로 하여 (다중, multiple)문화적 도식(schema, 정신적 심상)의 유연한 개발·재구성·종합
(2) 간문화능력의 수준: 정의적(정서·동기관련), 인지적(지식·정보관련), 심동적(기능(技能, skills)관련) 수준
(3) 간문화능력의 요소: 사회적·개인적·내용적·언어적·전략적 능력</td></tr>
</table>

출처: Mayer, 2008: 132; 허영식·정창화, 2012b: 102 재구성

이 장은 다문화사회를 향한 사회변동 과정에서 피할 수 없는 핵심적인 문제의 하나로 거론되고 있는 편견·차별의 문제에 중점을 두고, 이 문제에 적절하게 대처할 수 있는 정책적·실천적 해결방안을 모색하는 데 목적을 두었다. 이 목적에 접근하기 위하여 편견·차별의 문제와 이에 대한 이론적 접근, 차별철폐를 위한 방안, 그리고 편견·차별과 연관된 간문화갈등의 문제와 더불어 이를 적절하게 다루기 위한 간문화중재에 관하여 논의하였다. 이상의 논의를 바탕으로 하여 이 장에서 강조하고자 하는 사항을 다음과 같이 몇 가지 명제로 정리하여 제시한다.

첫째, '자기 자신이 편견에 사로잡혀 있지 않다는 편견이 가장 완고한 편견'이라는 표현에서도 함축되어 있는 바와 같이, 특히 집단정체성과 관련된 편견은 인간의 사회생활에서 매우 뿌리 깊은 요인으로 작용하고 있다. 그렇지만 편견의 역기능이 여러 가지 사회문제를 야기하기 때문에, 우리는 편견의 감소에 기여할 수 있는 방안을 모색하지 않을 수 없다. 편견의 문제에 대한 이론적 접근에서 살펴본 바와 같이, 권위주의적 성격, 사회적 정체성과 편견, 집단정체성의 딜레마, 접촉가설의 측면을 고려하면서, 일단 배타적이고 폐쇄적인 집단정체성(보기: 단일민족의 신화와 관련된 부작용)에 고착되지 않도록 주의하는 일이 일차적인 과제가 될 것이다.

둘째, 이 맥락에서 민주와 민족의 관계에 초점을 맞추어 볼 때, 한편으로 보편적 민주주의와 다른 한편으로 개방적·다원적 민족주의의 균형과 조화에 기초한 준거모형에 지향을 둘 필요가 있다. 또한 집단정체성과 관련된 간문화교육의 과제를 생각해 볼 때, 다양성과 차이를 인정하고 존중할 수 있는 시민의 덕목에 특별히 주의를 기울이면서 그러한 시민덕목을 함양하고 신장시킬 수 있는 접근방안을 모색해야 할 것이다. 간문화교육의 차원에서 편견과 차별의 감소에 기여할 수 있는 가치교육의 목표에 해당하는 시민의 덕목은 다음과 같이 요약하여 제시할 수 있다.

표 4-11 가치교육의 목표로서 시민의 덕목

자유지향 시민덕목	대화지향 시민덕목	공동체지향 시민덕목
• 관용 • 공정(공평) • 시민적 용기	• 의사소통 및 갈등(해결)능력 • 비판(비평)능력	• 참여 • 책임감 • 관점취득(공감) • 연대 • 충성

출처: Henkenborg, 2006: 96; 허영식, 2007: 224 재구성

셋째, 집단정체성과 관련된 편견 및 차별을 감소시키기 위한 또 하나의 대안은 간문화적 접근방안의 세 단계(탈중심화, 타자의 체제 이해, 협상과 중재)에서 찾아볼 수 있다. 즉, 간문화적 상황에서 자기 자신의 사회문화적 정체성을 보다 더 잘 파악할 수 있기 위하여 탈중심화(decentering)를 수행하고, 타자의 준거체제를 이해하며(키워드: 정보습득, 경청, 비언어적 의사소통, 시간적 여유), 협상과 중재를 시도하는 단계를 거치면서 기존의 고정관념과 편견을 줄여나갈 수 있을 것으로 기대된다(Cohen-Emerique, 2006: 317-320).

넷째, 다양한 차별의 형태, 경험지향 차별모형, 권력관계의 내면화와 관련된 도식에서 어렵지 않게 확인할 수 있는 바와 같이, 편견과 차별은 서로 매우 밀접한 연관성을 맺고 있다는 점을 염두에 두면서 차별의 문제를 바라보아야 하고, 따라서 차별철폐방안도 그러한 맥락에서 파악해야 한다. 다문화사회에서 차별철폐조치의 목표는 통합, 인적자원의 활용, 문명화, 관용의 측면에서 찾을 수 있으며, 차별철폐방안의 근거는 ① 인간의 존엄성, 인권, 법치국가의 원칙, ② 평등의 원칙, 차별금지, 사회복지국가의 원칙, 그리고 ③ 민주주의에 놓여 있다.

다섯째, 차별철폐조치의 핵심적인 요소로는 법적 규범의 정착, 제도적·조직적 구조 마련, 적극적 진흥방안 실행, 다양한 행위주체의 포함, 교육과 계몽활동의 강화, 그리고 차별철폐 전담기구 설치 따위를 들 수 있다. 이 맥락에서 또한 협상과 중재의 의미와 중요성에 주의를 기울인다면, 중재의 세 가지 원칙(사람과 문제를 분리하여 취급할 것, 위치(지위)가 아니라 이해관계에 집중할 것, 당사자 모두에게 이득을 가져올 수 있는 대안을 마련할 것)을 잘 활용해야 하며, 이 맥락에서 제3자의 역할에 기대를 걸어야 한다.

요 약

abstract

이 장은 다문화사회를 향한 사회변동 과정에서 피할 수 없는 핵심적인 문제의 하나로 거론되고 있는 편견·차별의 문제에 중점을 두고, 이 문제에 적절하게 대처할 수 있는 정책적·실천적 해결방안을 모색하는 데 목적을 두었다. 이 목적에 접근하기 위하여 편견·차별의 문제와 이에 대한 이론적 접근, 차별철폐를 위한 방안, 그리고 편견·차별과 연관된 간문화갈등의 문제와 더불어 이를 적절하게 다루기 위한 간문화중재에 관하여 논의하였다. 이 글에서 강조할 사항은 다음과 같다. 첫째, 집단정체성과 관련된 편견은 인간의 사회생활에서 매우 뿌리 깊은 요인으로 작용하고 있지만, 편견의 역기능이 여러 가지 사회문제를 야기하기 때문에, 우리는 편견의 감소에 기여할 수 있는 방안을 모색하지 않을 수 없다. 둘째, 이 맥락에서 민주와 민족의 관계에 초점을 맞추어 볼 때, 보편적 민주주의와 개방적·다원적 민족주의의 균형과 조화에 기초한 준거모형에 지향을 둘 필요가 있다. 셋째, 집단정체성과 관련된 편견 및 차별을 감소시키기 위한 또 하나의 대안은 간문화적 접근방안의 세 단계(탈중심화, 타자의 체제 이해, 협상과 중재)에서 찾아볼 수 있다. 넷째, 편견과 차별은 서로 밀접한 연관성을 맺고 있다는 점을 염두에 두면서 차별의 문제를 바라보아야 하고, 따라서 차별철폐방안도 그러한 맥락에서 파악해야 한다. 다섯째, 차별철폐조치의 핵심적인 요소를 고려할 필요가 있으며, 이 맥락에서 또한 협상과 중재의 의미와 중요성에 주의를 기울일 필요가 있다.

Chapter. 05

다중관점에 지향을 둔 세계시민교육의 도전과 과제

1. 세계화시대와 세계시민교육
2. 다중관점과 세계시민교육
3. 다중관점 지향 세계시민교육의 구체화 방안

Chapter. 05

다중관점에 지향을 둔 세계시민교육의 도전과 과제*

세계화의 진행 및 국제이주현상의 증가와 더불어 사람들은 개인정체성과 집단정체성 수준에서 이제까지 존재하던 관점과 지평이 상당한 변화하고 있다는 것을 경험하고 있다. 예를 들면, 최근 유럽에서 난민정책을 두고 벌어지고 있는 논란을 살펴보면 어렵지 않게 확인할 수 있는 사항이지만, 기존의 생활세계와 사회전체의 통합문제와 관련하여 기존의 지평을 관용정책의 차원에서 더 개방할 것인가 아니면 더 이상 감당하기 어려운 난민이주현상에 봉착하여 기존의 지평을 폐쇄하거나 아니면 적어도 어느 정도 제한할 것인가의 질문을 둘러싸고 여러 가지 서로 다른 입장과 관점이 첨예하게 대립하고 있다.

갈등의 잠재성을 안고 고통을 감수하면서 기존의 관점을 탈중심화(decentering)할 수밖에 없는 상태를 겪으면서, 그리고 이와 더불어 근본적 수준에서 혹은 부분적으로 기존의 지평이 해체되면서, 개인정체성과 집단정체성 수준에서 또는 자신과 집단에 대한 소통적 이해의 측면에서 새로운 지평이 나타나거나 아니면 새로운 형태로 확장된 지평이 구축될 가능성이 더 많아지게 되었다. 자기 자신의 관점을 탈중심화하면서 사람들이 기존의 고정관념이나 편견에 대한 성찰을 하고 그것과 거리를 유지할

* 제5장의 내용은 『한독사회과학논총』 제26권 제3호(2016.9.)에 게재한 필자의 글을 부분적으로 수정·보완한 것임.

수 있는 가능성이 늘어나고 있으며, 기존의 자민족중심주의나 특수주의를 극복할 수 있는 여건이 더 많이 조성되고 있다. 또한 관용적인 상호작용형식을 학습하고, 대화문화 혹은 논쟁문화라는 의미에서 담론과 토론의 제도화를 착근시키려는 시도가 여러 곳에서 이루어지고 있다.

이와 같은 사회통합의 긍정적인 형태를 고려할 때, 세계시민교육도 역시 이에 부응할 수 있는 방안을 모색해야 할 것이다. 특히 학습이론의 측면에서 관점의 탈중심화에 기여할 수 있는 방안을 모색하고, 관점의 다양성(diversity of perspective)을 고려할 수 있는 능력, 즉 여러 가지 관점을 동시에 고려할 수 있는 다중관점(multiple perspective)의 능력을 함양·신장하기 위한 방안을 강구해야 한다. 또한 세계사회의 등장에 적응하기 위해서는 국민국가에 국한된 기존의 관점을 극복하고, 방법론적 민족주의에서 방법론적 세계시민주의로의 전환을 추구해야 할 것이다. 우리가 살고 있는 사회적 현실을 제대로 파악하고 그러한 세계에서 적절하게 행위를 하기 위해서는 지평의 확장을 함축하고 있는 이와 같은 새로운

그림 5-1 타자의 관점취득, 내부의 관점과 외부의 관점 고려, 여러 가지 다양한 관점의 고려, 관점변경(시각변경, 관점조정)을 함축하고 있는 다중관점

출처: "Blickwechsel...", 2016: 1

관찰방식 혹은 관점을 학습해야 한다는 요청사항이 점점 더 강하게 제기되고 있다(Steffens, 2009: 64-65).

상기한 바와 같이, 관점의 개념은 세계화의 조건하에서 세계시민교육의 자기성찰을 위하여 중요한 구성적 범주로서 간주해야 할 것이다. 관점과 그 보완개념인 지평은 이해의 과정을 분석하는 데 지향을 둔 해석학에서 핵심적인 개념이며, 이와 동시에 초개인적인 사회적 타당성의 전제조건에 관심을 둔 담론이론에서도 역시 핵심적인 개념으로 작용한다. 관점의 개념은 물론 이해관계나 입장 혹은 견해의 개념과 상당히 친화성이 있다. 어쨌든 관점 혹은 다중관점을 통한 접근방안이 갖고 있는 장점은 내용적 대상영역이나 주제를 분석함에 있어서 체계적으로 자기성찰의 계기 혹은 요소를 수반한다는 점에 놓여 있다. 여기서 자기성찰의 계기를 수반하는 까닭은 자기 자신의 관점이 자신도 모르게 암묵적으로 작용하거나 아니면 의식수준에서 그 관점을 분명히 깨닫게 되기 때문이다(Steffens, 2009: 65). 세계시민교육에서 다중관점을 통한 분석적·성찰적 접근방안이 갖고 있는 특징은 다음과 같이 몇 가지 사항으로 정식화할 수 있다.

표 5-1 다중관점을 통한 분석적·성찰적 접근방안의 특징

(1) 인지의 논리와 구성의 논리가 합류하는 지점에 대하여 흥미·관심의 초점을 맞춘다.
(2) 관점 혹은 시점(視點)과 지평 혹은 시야의 관계에 대한 주의와 관심을 기울이는 데 도움을 준다.
(3) 지평 혹은 시야 내에 있는 여러 가지 서로 다른 대상이나 사고(생각)가 서로 비례적인 관계 혹은 균형이 잡힌 관계가 되도록 한다.
(4) 자기 자신의 관점을 상대화시키면서 여러 관점의 다원성을 인식하도록 해주며, 여러 관점의 동등성 혹은 동등한 권한을 통찰하도록 해준다.
(5) 관점의 확장과 관점의 융합이 가능하다는 것을 인식하도록 해준다.
(6) 따라서 (다중)관점의 개념은 실천과 분석에서 의사소통행위의 필수적인 기본범주로서 작용한다.

출처: Steffens, 2009: 66 재구성

상기한 배경과 문제의식에서 출발하여, 이 장은 다중관점에 지향을 둔 세계시민교육의 도전과 과제를 살펴보는 데 주된 목적을 두고 있다. 이러한 목적에 도달하기 위하여, 우선 세계화시대에 부응할 수 있는 세계시민교육의 위상을 고려하면서, 세계화에 대한 교육방책으로서의 세계시민교육에 대한 기술과 더불어 세계시민교육에 대한 재검토를 시도한다. 이어서 다중관점과 세계시민교육의 연관성에 주의를 기울이면서, 다중관점과 시민교육, 세계시민교육에서 다중관점의 문제점과 한계, 그리고 다중관점에 지향을 둔 세계시민교육의 과제에 대해 서술한다. 그 다음 다중관점 지향 세계시민교육의 구체화 방안을 간문화교육과 다양성교육의 두 가지 측면에서 좀 더 자세하게 논의한다. 마지막으로 이 글에서 강조하고자 하는 사항을 몇 가지 명제로 정리하여 제시하고자 한다.

1. 세계화시대와 세계시민교육

(1) 세계화에 대한 교육방책으로서의 세계시민교육

세계화에 대한 교육적 답변으로서 세계시민교육이 오늘날 새삼스럽게 다시 거론되고 있다. 하지만 우선 세계시민교육의 가능성과 한계에 대한 명료화가 요청된다(허영식, 2015b: 5-6). 이와 같은 맥락에서 세계시민의 이념이나 세계시민주의에 대하여 과도한 기대를 하려는 입장이나 경향에 대하여 경계할 필요가 있다(허영식·정창화, 2012b: 57-64). 세계시민주의의 부침(浮沈) 혹은 성쇠를 풍자적으로 지적한 대표적인 경구로는 이미 약 1세기 전에 유대인 출신의 철학자 레싱(Lessing)이 말한 다음과 같은 진술을 들 수 있다. "1789년 8월에 사람들은 세계시민이 되려고 마음을 먹었다. 하지만 1914년 그들은 그 정반대를 하기로 결정하였다"

(Seitz, 2009: 37 재인용).

사실상 이상주의적인 세계시민의 이념은 두 개의 세계대전이라는 파국적인 현상을 겪은 다음에 그 의미와 중요성을 상당히 상실했다. 다시 말하면, 그 이전에 계몽주의와 시민혁명을 거치면서 세계시민의 이념이 향유했던 의미와 중요성을 회복한다는 것은 상당히 어려운 일이다. 더 과거로 소급할 때 물론 고대의 견유(犬儒)학파(the Cynics)와 근대의 인본주의 사상에서 강조되었던 세계시민의 이념에 비추어 보아도 그동안 세계시민의 이념은 상당 부분 그 빛을 바랬다는 진단을 내릴 수 있다.

그럼에도 불구하고 오늘날 세계화와 관련된 담론과 논의에서 그동안 파묻혀 있던 세계시민성의 유토피아가 새삼스럽게 다시 전면에 등장하고 있는 것처럼 보인다(Appiah, 2007). 이 맥락에서 세계시민교육이 다시금 현대사회에서 우리가 안고 있는 문제의 상태를 이해하고 해결방안을 모색하는 데 어느 정도 기여할 수 있다는 기대를 하게 된다. 하지만 그렇게 하기 위해서는 계몽주의적인 세계시민교육의 개념을 재검토하고 쇄신할 필요가 있다. 즉, 사회과학적인 시대진단, 더 정확히 말해서, 세계사회에 대한 연구가 전통적인 세계시민교육을 현대사회에 적합하게 조절하는 데 있어서 필요한 단서와 방향성을 제공해 줄 수 있을 것으로 보인다(Seitz, 2009: 37; Koehler, 2010: 18-20).

세계화시대에 교육이 안고 있는 도전은 이미 세계화라는 용어에서 시작된다. 세계화라는 개념은 학술적인 전문용어라기보다는 오히려 우울하게 만들 정도로 부정적인 경고로 다가오는 경우가 적지 않다. 세계화에 대한 언급은 종종 별로 달갑지 않은 상태나 과정을 설명할 때 행해지고 있다. 예를 들면, 유가변동, 실업증가, 기후변화, 테러위협 등이 흔히 세계화와 결부되어 지적되곤 한다(Stiglitz, 2002; Stiglitz, 2006; Beck, 2007). 세계화가 수반하는 위협적인 요인을 도처에서 자꾸 거론한다는 점을 고려할 때, 세계화를 교육적인 도전으로 파악하려는 태도가 이미 진부한 것처럼 보인다.

그럼에도 불구하고 세계시민교육은 어쨌든 국가의 경계를 넘어서서 존재하는 문제와 쟁점에 대한 학습과 더불어 여러 체제(생태적, 문화적, 경제적, 정치적, 기술적 체제)의 상호연관성에 대한 학습을 포함하고 있다(Fourçans, 2008). 세계시민교육은 특히 타자의 눈과 마음을 통해 사물을 바라보는 관점취득(perspective-taking)을 중요한 요소로 포함하고 있다(Juchler, 2010: 182). 1970년대에 로마클럽(Club of Rome)은 교육·학습과 관련된 보고서에서 '인간적 격차(human gap)'에 대해 언급한 바 있다. 이 인간적 격차는 한편으로 우리가 살고 있는 세계가 안고 있는 복합성과 다른 한편으로 그것을 처리하고 해결할 수 있는 인간의 제한된 능력 사이의 격차를 의미한다. 그런데 이 격차 혹은 간극을 줄이기 위해서는 우선적으로 교육과 학습에 기대를 걸 수밖에 없다. 시각과 지평을 넓혀갈 수 있는 인간의 학습능력이 인간적 격차 혹은 인간이 안고 있는 딜레마를 처리하고 해결하는 데 있어서 기대할 수 있는 거의 유일한 자원이고 보조수단인 것처럼 보인다.

이런 맥락에서 바라볼 때, 교육은 세계에 대한 방향성을 제공해야 하며, 이를 통하여 학습자는 세계적인 상호연관성이 포함하고 있는 복잡한 현실을 지적·도덕적으로 파악하고, 역량과 책임능력을 발휘하면서 세계화과정을 구성하는 데 나름대로 기여할 수 있어야 한다. 세계화과정을 고려할 때, 교육과 학습은 세계사회의 지평에서 새롭게 자리매김해야 한다는 과제를 안고 있다. 세계를 포괄하는 사회적 관계의 현실과 그 복합성에 부응하기 위해서 교육정책과 교육실천은 더 이상 특정한 국가나 민족의 틀 속에 국한되어 있어서는 안 된다. 따라서 세계화를 고려한 교육정책과 교육학은 다시금 세계시민교육의 토포스(주제·개념)를 상기시켜야 하며, 보편주의와 세계시민주의의 관점에서 교육의 핵심적인 요소를 성찰할 필요가 있다. 즉, 제한된 지평을 가능하면 넘어서고, 세계적인 규모에서 인류의 생활조건을 개선하는 데 주된 목표를 두어야 할 것이다.

하지만 보편주의와 세계시민주의에 입각한 교육목표가 향토와 조국, 민족과 국민에 대한 애착심을 심어주려는 교육목표와 어느 정도로 양립이 가능한 것인가 하는 근본적인 질문이 여전히 남아 있다. 그리고 선언적으로 표명된 세계시민주의적인 지향이 교육과정의 구체적인 실행과 학교생활의 실천에서 일관되게 반영되거나 관철되는가에 대해서도 역시 의문의 여지가 남아 있다. 왜냐하면 국가나 민족의 틀 속에서 교육의 과제와 목표를 설정하고, 이를 교육현실의 다양한 측면, 예를 들면 학습내용, 교수법의 관점, 수업에서 활용되는 언어, 교사의 국적 등에서 반영하려는 시도가 여전히 작용하고 있기 때문이다. 그럼에도 불구하고 미래지향적인 교육을 위해서 나가야 할 방향을 설정하는 준거틀로서 민족·국가에 국한된 패러다임은 더 이상 적절하지 않으며, 세계화의 시대에 부응하기 위해서는 교육의 목표와 과제를 새로운 지평에다 놓는다는 의미에서 세계시민교육에 대한 새로운 관심은 근본적인 교육의 전환이 요구된다는 점을 보여주고 있다(Seitz, 2009: 38-40).

그렇지만 오늘날 세계시민주의적인 비전은 칸트(Kant)가 가설적 수준에서 상상했던 모습, 즉 공화주의적·법치국가적 세계국가의 이념이 더 이상 아니다. 그 대신 세계시민주의적 민주주의는 글로벌 거버넌스(세계협치 혹은 세계내치)의 방식과 형태로 구현되고 있다. 여기서 글로벌 거버넌스란 국가와 지역의 경계를 넘어서는 지구촌문제를 처리하고 해결하기 위하여 여러 국가와 국제기구, 시민사회와 다국적기업을 협력의 틀 속에 포함시키는 다층적 제도와 규칙의 체제를 의미한다(허영식, 2007: 22-24).

그러한 글로벌 거버넌스의 구조는 물론 세계시민적 연대의식을 기초로 하여 비로소 발생할 수 있으며 또한 기능을 수행할 수 있다. 그리고 바로 이 지점에서 세계시민교육이 중요한 역할을 수행할 것이라는 기대를 걸 수 있다. 세계사회의 구성원들이 서로 인권을 존중하고 민주주의를 구현한다는 가정에서 출발할 때, 세계시민의식, 즉 세계사회에 부응하는 집단정체성이 우리 시대가 안고 있는 지구촌문제 혹은 글로벌 수준의 도전을 처리하고 해결하기 위한 전제조건인 것이다(Seitz, 2009: 43-44).

(2) 세계시민교육에 대한 재검토

세계시민교육의 주된 과제는 글로벌 수준에서 인류와 지구가 안고 있는 도전에 대하여 교육적인 대안이나 답변을 찾고자 하는 데 놓여 있다. 하지만 세계시민교육을 지구촌문제에 국한된 교육으로 오해를 해서는 안 된다. 세계시민교육은 일차적으로 세계적인 지평을 의식한 인성교육이다. 즉, 위험에 처한 세계사회의 조건하에서 적절하게 생활을 영위하고 이와 동시에 책임의식을 갖춘 삶을 영위하기 위하여 도대체 사람이 어떤 능력이나 역량을 필요로 하는지 혹은 어떤 능력이나 역량을 갖추어야 하는지의 기본질문에 지향을 두고 있다. 이와 같은 세계시민교육의 사상과 이념은 특히 계몽주의 시대의 교육학으로 소급시킬 수 있다. 하지만 21세기의 변화된 사회적 조건하에서 세계사회의 지평을 고려한 교육은 적어도 다음과 같이 몇 가지 측면에서 전통적인 세계시민교육의 개념을 넘어서려는 시도를 해야 한다.

① 이상주의적인 세계시민성에 지향을 둔 세계시민교육의 프로그램은 개인적인 윤리를 강조했으며, 그에 비해 사회적 상태의 질서와 세계적인 평화의 문화를 위한 제도의 기능을 소홀히 다루었다. 기존의 세계시민교육은 개인적인 행위의 힘을 과대평가하고, 이에 따라 개개인이 영향을 미칠 수 있는 가능성을 지나치게 부풀리려는 경향을 보였다. 하지만 세계사회의 정의는 일차적으로 수십억에 달하는 개인들의 정의로운 행위에 해당하는 문제라기보다는 오히려 제도적인 질서의 문제라는 점을 염두에 둘 필요가 있다(Seitz, 2009: 44-45).

② 전통적인 세계시민교육은 개인의 도덕적인 성실성을 넘어서서

요청되는 역량, 즉 복합적인 세계사회에서 행위의 능력을 보여주기 위하여 요청되는 역량을 소홀히 다루었다는 진단을 내릴 수 있다. 이러한 역량에는 외국어에 대한 지식, 전자(컴퓨터)문해력(e-learning), 네트워크 사고능력 따위가 속한다. 하지만 세계화의 과정을 책임의식을 갖고 다른 사람들과 함께 구성할 수 있고, 이와 동시에 적절하게 생활을 영위하기 위하여, 개인이 도대체 어떤 역량을 필요로 하는가의 질문은 아직 충분히 숙고되지 못한 것으로 보인다. 학습과정을 역량에 지향을 두기보다는 오히려 다루어야 할 주제에 일차적으로 지향을 두려는 경향은 극복해야 할 과제로 보인다. 또한 세계시민교육이 안고 있는 핵심적인 질문, 즉 어떤 기본적인 규칙에 의거하여 세계사회의 문제를 학습과제로 변형시킬 수 있는가의 질문에 대해서 아직 확실한 대답이나 아니면 적어도 그럴듯한 대답이 부족한 것으로 보인다(Seitz, 2009: 44).

③ 세계사회의 조건하에서 사회통합의 개념을 새롭게 파악하지 않으면 안 된다. 사회문화적 진화과정을 거치면서 사회통합이 가까운 공간에서 함께 살고 있는 사람들이 느끼는 소속감을 벗어나게 되었다는 점은, 적어도 사회학적인 관점에서 바라볼 때, 더 이상 새로운 현상이 아니다. 전통적인 공동사회에서 근대적·현대적 의미에서 분업에 의한 국민국가 수준의 이익사회로 이행되면서 이미 사회통합의 준거가 상당히 바뀌었다는 것을 확인할 수 있다. 서로 뜻을 같이 하는 사람들의 기계적인 연대에서 서로 다른 혹은 서로 낯선 사람들의 유기적·분업적 연대로 사회통합의 축이 점점 더 많이 옮겨가고 있다. 점점 더 복합적인 사회가 나타나면서, 예를 들면, 고대 폴리스(도시국가) 개념의 기초로 작용했던 시민적 연대의식과 이를 통한 사회통합은 점점 더 찾아보기 어렵게 되었다. 세계사회를 모든 사람들의 보편적인 공동체로 상정하는 세계시민주의는 기껏해야 가설적 수준에서 세계사회의 통합을 위한 기제(메커니즘)에 기대를 걸고 있다. 왜냐하면 매우 멀리 떨어진 사람들에 대한 관계는 가까운 이웃에 대한 연대의식과는 얼마든지 질적으로 다르게

나타날 수 있기 때문이다. 그리고 바로 그렇기 때문에 세계시민적 연대의식은 오히려 전통적인 집단적 연대의식이나 국민적 수준의 연대의식을 해체시킴으로써 비로소 성장할 수 있다. 다시 말하면, 세계시민적 책임의식과 추상적인 사회정의의 원칙에 입각하여 세계시민적 연대의식이 발휘될 수 있는 것이다(Seitz, 2009: 45-46).

④ 전통적인 세계시민교육의 개념은 평화를 수립하고 사회적 결속을 보장하는 교육의 역할을 미화시키려는 경향이 상당히 강했다. 하지만 교육체제는 사회적 결속을 강화시키는 데 있어서 실패할 뿐만 아니라, 오히려 사회적 격차와 불평등을 더욱 심화시킬 수도 있다는 점에 유의할 필요가 있다. 세계적인 규모에서 살펴볼 때, 개인적인 이력과 사회적 변동과정에서 교육의 중요성이 점점 더 커질수록, 그만큼 더 교육의 불평등이 생활조건의 배분에서 의도하지 않은 불평등을 초래할 수 있다. 또한 특정한 집단에게 의도적으로 교육을 받을 수 있는 기회를 거부하거나 편견과 문화적 패권을 전달함으로써, 교육은 최악의 경우 사회적 갈등과 위기 혹은 심지어 내전을 초래할 수도 있다. '교육의 변증법' 혹은 '교육의 역설'이라는 의미에서 교육은 언제나 서로 모순된 양면성을 띨 수 있다. 교육은 결코 그 자체가 늘 점진적인 발달이나 발전을 수반하지 않으며, 오히려 때로는 파괴적인 힘을 발휘할 수도 있다(Seitz, 2009: 46).

⑤ 전통적인 세계시민주의는 배타적인 보편주의를 기초로 삼는 경우가 적지 않았다. 즉, 낯설거나 비합리적으로 보이는 모든 것(보기: 다른 문화권의 낯섦, 자기 자신의 신체, 자연, 무의식, 정신착란, 우연)을 억압하거나 배제시키려는 배타적 보편주의가 전통적 세계시민주의에 내재하고 있었다. 또한 이 보편주의적인 이성은 전체주의적인 양상을 띨 수도 있다. 즉, 모든 구체적인 맥락을 넘어서서 추상화할 수 있고, 따라서 문화적 다원성·다양성을 부족하고 극복해야 할 상태로 파악하려고 하는 통일된 세계관과 결합할 경우, 전체주의적인 모습으로 등장할 수도 있는 것이다. 이와 같이 세계시민성에 대한 배타적인 이해와는 대조적으로 다른 한편에서는

세계시민성에 대한 포용적인 이해가 존재한다. 이 포용적인 이해는 차이·다양성에 대하여 감수성을 갖춘 보편주의로 풀이할 수 있으며, 이런 점에서 한편으로 서로 다름에 대한 인정과 다른 한편으로 초문화적인 지평융합의 가능성을 통합시키려는 시도를 한다. 이런 입장에서 세계시민교육을 바라볼 때, 글로벌 관점을 모든 것을 포괄하는 조감도로 오해하지 말고, 오히려 자기 자신의 세계관 그 자체가 문화적으로 결부되어 있고 특수하다는 점을 인식하는 일이 더 중요하며, 호기심과 더불어 기본적으로 가능하면 인정·존중하려는 태도를 갖고 다른 관점이나 시각을 고려하는 일이 더 중요하다(Seitz, 2009: 47). 상기한 다섯 가지 사항을 간단히 도식화하여 제시하면 다음과 같다.

표 5-2 세계화시대에 부응할 수 있는 세계시민교육의 특징

(1) 개인적인 윤리보다는 오히려 제도적 질서의 문제 - 이상주의적인 세계시민성에 지향을 둔 세계시민교육의 프로그램은 개인적인 윤리를 강조했음 - 그에 비해 세계적인 평화의 문화를 위한 제도의 기능을 소홀히 다루었음 - 하지만 세계사회의 정의는 개인들의 정의로운 행위에 해당하는 문제라기보다는 오히려 제도적인 질서의 문제라는 점을 염두에 둘 필요가 있음
(2) 개인의 도덕적 성실성을 넘어서서 역량강화에 대한 지향 필요 - 전통적 세계시민교육은 복합적인 세계사회에서 행위의 능력을 보여주기 위하여 요청되는 역량을 소홀히 다루었다는 진단을 내릴 수 있음 - 하지만 어떤 기본적인 규칙에 의거하여 세계사회의 문제를 학습과제로 변형시킬 수 있는가의 질문에 대해서 아직 그럴듯한 답변이 부족한 것으로 보임
(3) 세계사회의 조건하에서 사회통합의 개념에 대한 새로운 이해 - 세계시민주의는 가설적 수준에서 세계사회의 통합을 위한 기제에 기대를 걸고 있음 - 세계시민적 책임의식과 추상적인 사회정의의 원칙에 입각하여 세계시민적 연대의식이 발휘될 수 있음
(4) 사회통합과 관련된 교육의 양면성 - 전통적 세계시민교육의 개념은 평화를 수립하고 사회통합을 보장하는 교육의 역할을 미화시키려는 경향이 상당히 강했음

- 하지만 교육체제는 사회적 결속을 강화시키는 데 있어서 실패하거나 아니면 사회적 격차와 불평등을 심화시킬 수도 있음
- 교육의 역설이라는 의미에서 교육은 서로 모순된 양면성을 띨 수 있음

(5) 세계시민성에 대한 배타적 이해와 포용적 이해
- 전통적 세계시민주의에는 부분적으로 배타적 보편주의가 내재하고 있었음
- 이와는 대조적인 포용적 이해는 차이·다양성에 대하여 감수성을 갖춘 보편주의라고 지칭할 수 있음
- 이 입장에 따르면, 자신의 세계관이 문화적으로 결부되어 있다는 점을 인식하는 일이 더 중요함

출처: Seitz, 2009: 44-47 재구성

2. 다중관점과 세계시민교육

(1) 다중관점과 시민교육

자유민주적 기본질서에 입각한 현대사회에서 시민교육은 관점의 다양성 혹은 다중관점에 지향을 두지 않고서는 제대로 이루어질 수 없다. 이것은 특히 세계화시대의 시민교육에서 더욱 요청되는 원칙이라고 할 수 있다. 하지만 이러한 원칙이 언제나 늘 지켜진 것은 아니며, 시민교육의 실제에서 그 원칙이 얼마나 지켜지고 있는가 하는 것은 또 다른 문제에 속한다. 권위(주의)적인 정치문화나 학교문화가 지배적인 상태에서는 시민교육이 이미 주어진 관점을 관철시키기 위한 도구나 수단으로 활용되는 경향이 상당히 강했으며, 지금도 여전히 이와 같은 상황을 여러 교육현장에서 관찰할 수 있다. 어쨌든 시민교육에 대한 이와 같은 도구적 이해는 내용적 측면에서 시민교육의 대상인 사회·정치현상을 적절하게 다룰 수 없을 뿐만 아니라 교육제도에 대한 자유민주사회의 요구와도 부합하기 힘들다.

관점의 다양성 혹은 다중관점이 시민교육을 특징짓는 중요한 요소라는 것은 독일에서 약 40년 전에 개최되었던 회의, 즉 '시민교육에서의 합의문제'에 관한 전문가협의회(1976)에서 도출된 세 가지 합의사항(① 교화의 금지, ② 논쟁점 반영, ③ 흥미·관심과 이해관계 고려)에서도 어렵지 않게 확인할 수 있다. 그동안 물론 이 합의사항에 대하여 효과성, 실천적 어려움, 수정·보완할 측면에서 부분적으로 논란이 계속되었지만, 오늘날 대체로 시민교육의 방향을 설정해주는 기본적인 지침으로서 널리 받아들여지고 있다(Sander, 2009: 49–50; 허영식, 2007: 231–234).

그림 5-2 수업상황에서 교수주체-주제-학습주체의 상호관계

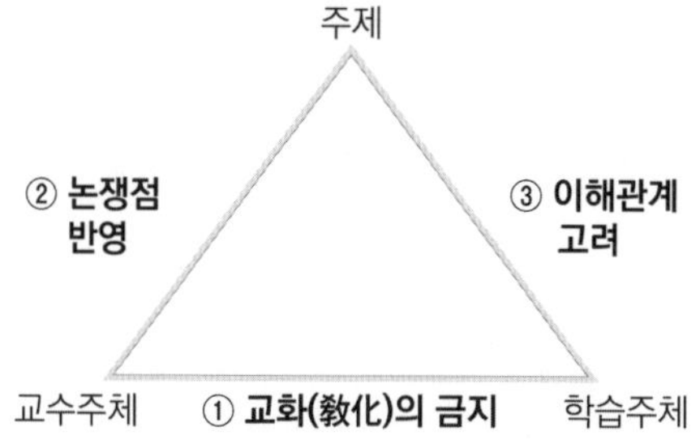

이 합의사항을 자세히 살펴보면, 다른 의견 혹은 이의를 제기하는 것이 정당하다는 점, 이를 거꾸로 표현하면 관점의 다양성 혹은 다중관점이 필요하다는 점이 강조되고 있다. 시민교육의 내용적 대상인 사회·정치현상은 이에 대한 논쟁적 해석을 고려하지 않고서는 존재할 수 없다는 가정은 이미 정치이론의 오래된 통찰에 속한다. 사람들이 서로 다르기 때문에, 그리고 그들이 사회적 공동생활에 관하여 여러 가지 서로 다른 이해관계와 대립적인 견해를 갖게 되기 때문에, 공동의 사안에 있어서 정치라고 하는 조정 혹은 조절의 기제가 필요하게 된다.

우리의 공동생활이 정치적인 문제가 되는 까닭은 서로 다른 다양한

이해관계가 서로 만나기 때문이며, 경우에 따라 서로 상충할 경우 어떤 타협이나 합의에 도달하지 않으면 안 되기 때문이다. 정치는 객관적으로 최선의 해결방안을 찾는 것이 아니다. 이것은 오히려 가장 유능한 전문가들이 떠맡아야 할 과제이다. 정치에 있어서 더 중요한 점은 서로 모순되는 이해관계가 갈등을 발생시킬 경우 그러한 상황을 조절·조정하는 일이다. 정치적 사고에서는 무엇이 객관적인 것인가의 질문보다 참여자와 당사자가 어떻게 그 무엇을 바라보는가의 질문이 더 중요하다(Sutor, 1992: 10; Sander, 2009: 51 재인용).

사회·정치적 현실은 결국 참여자 또는 당사자의 해석으로 구성된다. 물론 그렇다고 하여 해석을 관철시킬 수 있는 기회가 매우 불평등하게 존재할 수 있다는 점, 그리고 특정한 관점을 폭력이나 완력을 통하여 관철시키고 다른 관점을 물리치거나 억압할 수 있다는 점을 배제하는 것은 아니다. 그럼에도 불구하고 어쨌든 여기서 더 이상 부인할 수 없는 사항은 민족과 국민, 사회적 환경과 각종 사회집단, 이해관계와 제도에 관한 현실은 참여자와 당사자의 해석 혹은 의미부여와 아무런 상관없이 존재할 수 없다는 것이다.

이제까지 정치현상은 늘 이러한 특징을 보여주었다. 그리고 특히 민주주의가 작동하는 사회에서 관찰할 수 있는 민주정치가 다른 정치적 질서와 구별되는 점은 다름 아니라 서로 다른 관점을 정당한 것으로 인정하고 사회구성원인 개인에게 자신의 관점을 대변할 수 있는 자유와 권리를 보장하고 있다는 것이다. 이 점에 있어서 다중관점에 입각한 시민교육은 민주적 정치질서의 조건하에서 비로소 실제로 실행이 가능한 것으로 보인다. 또한 이를 거꾸로 표현하자면, 민주주의(민주적 정치질서)는 다중관점에 기반을 둔 시민교육을 요청한다. 즉, 국가의 명령에 의거하여 일방적으로 특정한 신조·심정·정견을 심어주려는 주입식 교육을 통하여 학습자의 기본권을 제한하지 않으려면 다중관점에 입각한 시민교육을 필요로 한다는 것이다(Sander, 2009: 51).

요컨대, 민주사회에서 요청되는 시민교육은 가능하면 다중관점을 고려하여 사회·정치현상을 다루어야 한다. 다중관점에 입각한 시민교육은 논쟁점 반영의 원칙을 구현하고자 하며, 관점취득과 관점변경, 그리고 차이와 다양성을 더 많이 고려하고자 한다. 그리고 이에 부응하기 위한 방법적 접근방안으로는 찬반대립토의, 워크숍, 전문가면담, 산파술에 따른 대화기법, 사회자활용방법, 그리고 콜라주·입상(立像)과 같은 여러 가지 심미적 기법을 들 수 있다(Sander, 2009: 51-52).

(2) 세계시민교육에서 다중관점의 문제점과 한계

시민교육이 기본적으로 다중관점을 고려해야 한다는 요청사항에도 불구하고, 다른 한편으로 시민교육에서 다중관점이 내재적으로 안고 있는 문제점과 한계에도 역시 주의를 기울일 필요가 있다. 즉, 민주적인 시민교육에서 관점의 다양성이 원칙적인 수준에서 안고 있는 문제점과 한계가 무엇인가 하는 질문이 제기된다. 이를 달리 표현하면, 상대주의와 보편주의 사이의 긴장관계 속에서 시민교육의 과제를 어떻게 설정하고 규정해야 할 것인가의 질문을 다룰 필요가 있다(Sander, 2009: 52).

특히 차이와 다양성의 문제를 더 많이 경험하게 만드는 세계화현상과 더불어 그러한 문제를 더 많이 다룰 수밖에 없는 세계시민교육은 상기한 질문을 피해갈 수 없다. 차이·다양성이 수반하는 복합적인 문제에 대하여 간단한 해답을 찾는 차원에서 등장하기 쉬운 외국인혐오증과 같은 현상을 방지하고 예방하기 위하여 흔히 간문화교육과 인종차별철폐교육을 강화해야 한다는 요구가 제기되고 있다(허영식, 2010: 44; 허영식, 2015a: 133-147). 이러한 교육적 접근방안은 현대사회가 문화·경제·정치적 측면에서 보여주고 있는 국제화·세계화에 대응하기 위한 방책이라고 볼 수 있다. 그리고 이와 같은 교육적 방책은 상당 부분 문화상대주의의 가정에서 출발하고 있다. 즉, 간문화교육은 여러 문화가 서로 다르다는 점을 인정하고 가능하면 동등한 가치가 있다는 전제에서 출발해야 한다는 것이다(Sander, 2009: 53).

하지만 자유민주적 기본질서를 심각하게 위협하거나 그것과 양립하기 어려운 극우파와 극좌파 혹은 이슬람 근본주의(fundamentalism)와 같은 사회·정치적 세력을 고려할 때, 상기한 문화상대주의와 더불어 다중관점이나 관점의 다양성이 내재적으로 안고 있는 문제점 혹은 한계가 무엇인가 하는 질문을 다시 거론하지 않을 수 없다. 이 대목에서 특히 이슬람 근본주의에 주의를 기울여 볼 때, 물론 헌팅턴(Huntington)이 예측한 바와 같은 문명충돌론을 성급하게 거론할 필요는 없다. 왜냐하면 대부분의 무슬림은 그러한 근본주의와 동일시하지 않고 있으며, 서구세력이 이슬람문화권과의 갈등과 분쟁을 의도적으로 추구한다고 볼 수 없기 때문이다.

그럼에도 불구하고 여러 가지 형태의 근본주의는 대체로 자유에 대한 두려움이나 불쾌감이라는 의미에서 근대성에 저항하는 움직임으로 간주할 수 있다. 즉, 근본주의는 다양하게 분화된 현대사회의 복합성에 대하여 두려움과 불안을 느끼는 사람이나 집단이 취할 가능성이 상대적으로 더 많다. 또한 자유민주사회에서 사람들이 보여주고 있는 다원성, 종교적 관용, 개방적인 세계관과는 대조적으로 근본주의자들은 자기가 속한 집단이 절대적인 진리를 갖추고 있다는 신념을 강력하게 내세우고 있다. 이를테면 자신들이 신의 계시에 입각하고 있기 때문에 이성에 입각한 합리적인 근거제시와 개방적인 토론을 거부하려는 경향을 보여주고 있다. 다시 말하면, 다중관점에 입각한 세계관은 어떤 확실하고 구속력 있는 의미를 수립하지 못하기 때문에, 근본주의는 바로 그러한 다중관점을 허용하는 세계관을 거부하려는 경향을 보여준다(Sander, 2009: 54-55; Juchler, 2009: 254-255; 허영식·정창화, 2012b: 83).

그런데 차이·다양성을 점점 더 많이 경험할 수밖에 없는 세계화시대에서 사람들은 모든 타자가 나름대로 자기 자신의 세계관을 가질 권리가 있다는 점을 인정할 수 있는 능력과 자질을 개발하는 것이 바람직하다. 그리고 중·장기적으로 살펴볼 때 사람들이 그러한 능력과 자질을 개발해야 비로소 세계화된 사회에서 모든 사람들이 평화롭게 공존할 수 있을 것으로 예상된다. 이렇게 바라볼 때, 자유에 대한 불안·두려움이나 근대성에 대한 불쾌감에서 출발하는 온갖 형태의 반(反)근대현상에도 불구하고, 관점의 다양성 혹은 다중관점의 의미와 중요성은 더욱 증가할 것으로 보이며, 이와 더불어 세계시민교육의 중요한 원칙으로 자리를 잡아야 할 것이다(허영식·정창화, 2012b: 118).

바로 이 맥락에서 간문화교육이나 세계시민교육은 자기 자신의 문화적 관점을 거론하면서 다중관점의 원칙을 거부하려는 문화적·정치적 운동이나 세력이 엄연히 존재하는 상황을 비평적으로 다룰 필요가 있다. 다시 말하면, 소박한 의미에서 소위 문화상대주의와 기본적으로 이에 입각한 다문화주의가 내재적으로 안고 있는 문제점과 한계가 무엇인지 명료화할 필요가 있다. 모든 문화가 동등한 권리와 가치를 갖고 있다는 가정은 결코 그 모든 문화를 넘어서서 말하자면 메타수준에서 존재하는 중립적인 입장이나 위치를 차지한다고 보기 어렵다. 문화상대주의는 상당 부분 계몽주의 사상에서 나온 것이며, 모든 문화가 동등한 권리와 가치를 갖고 있다는 입장을 고수하는 사람은 암묵적으로 이미 관용의 정신과 더불어 근대적인 의미에서 민주주의의 전형적인 사고방식에 호소하고 있는 것이다(Sander, 2009: 55).

어쨌든 다중관점을 위한 호소는 결코 '아무래도 좋다(Anything goes).'라고 하는 임의성이나 가치상대주의를 위한 호소가 아니다. 그 정반대로 오히려 상기한 반(反)근대현상에 적극적으로 대처하기 위한 교육적 방책이며 원칙이다. 이러한 원칙을 학교현장에 적용시켜 본다면, 개방성의 원칙을 공유하고 다원적인 다양성의 정당성을 인정하는 정치적·문화적 관점에 대해서만 교육기관의 개방성이 적용되는 것으로 해석할 수 있다. 한편으로 서로 다른 문화적 전통에 대한 인정과 다른 한편으로 학습자 개인의 잠재력을 발달시킬 수 있는 권리 혹은 자아실현을 위한 권리 사이에서 갈등이 발생할 경우, 교육기관은, 만약 다른 조건이 동일하다면, 가능한 한 학습자의 권리를 위해 판단을 하고 결정을 내려야 할 것이다.

이러한 입장은 물론 계몽주의 전통을 의식하면서 보편주의에 입각한 것으로 해석할 수 있다. 하지만, 오해의 소지를 없애기 위해서 첨언하자면, 이 입장은 어디까지나 모든 가능한 갈등상황에 대한 구체적인 행동지침이라기보다는 오히려 교육적 행위를 위한 일반적인 준칙(準則, maxim)이라고 간주해야 할 것이다. 즉, 구체적인 사람에 대해 어떤 의사결정이 수반할 수 있는 실제적인 결과(귀결)에 대해서는 해당하는 상황이나 맥락을 고려하면서 적절하게 판단해야 할 것이다. 왜냐하면 구체적인 상황이나 맥락은, 경우에 따라서는, 융통성 있는 행위와 타협을 필요로 하기 때문이다(Sander, 2009: 56-57). 어쨌든 다중관점의 원칙에 부응하는 차원에서 세계시민교육은 가능한 한 자유민주사회 내에서 민주주의에 반하는 평행사회(parallel society)가 형성되지 않도록 하는 안전장치로서 또는 근본주의적인 흐름과 세력이 나타나지 않도록 하는 예방조치로서 기능을 수행해야 할 것이다.

(3) 다중관점에 지향을 둔 세계시민교육의 과제

다중관점에 입각한 시민교육의 이념은 그 자체가 이미 계몽주의와 근대성의 일부분을 이루는 요소이다. 시민의 정치적 자유를 고려하지 않으면서 다중관점을 시민교육에서 거론할 수는 없다. 여러 가지 서로 다른 관점을 다룸으로써 학습자는 서로 다른 여러 가지 가능한 대안을 고려하면서 나름대로 개인적인 정치적 의사결정을 내리는 데 도움을 얻을 수 있다. 자유는 근대와 현대의 민주주의에서 포기할 수 없는 핵심적인 개념이다. 규범적인 측면에서 바라볼 때, 자유의 개념은 다원적인 사회를 결속시킬 수 있는 최소한의 요건이다. 민주헌정국가를 특징짓는 본질적인 제도가 지닌 의미는 결국 자유를 보호하는 데 놓여 있다.

적어도 규범적 측면에서 바라볼 때, 인권을 보장하고 있는 현대의 민주국가 혹은 자유민주사회에서는 자율과 책임을 함축하고 있다는 의미에서 성숙성을 갖춘 시민은 공공적인 사안이나 문제에 관하여 나름대로 합리적인 사고·판단·행위를 할 수 있을 것으로 기대되고 있다. 이와는 대조적으로 독재체제나 권위주의체제가 지배적으로 작용하는 사회나 국가에서는 시민이 정치적 반대를 자유롭게 표명하거나 이의를 제기할 수 있는 가능성이 상당히 제한되어 있거나 아니면 그러한 가능성이 거의 없다는 사실을 경험적으로 세계 여러 곳에서 어렵지 않게 확인할 수 있다.

하지만 여기서 일단 독재체제를 논외로 하더라도, 민주헌정국가의 기본틀을 갖춘 사회에서도 역시 시민이 자신의 비교적 좁은 사회적 환경(milieu)을 벗어나와 복합적인 공론장의 구조에서 참여하고자 할 경우, '모호성에 대한 관용(tolerance of ambiguity)'의 능력을 발휘해야만 비로소 어떤 주어진 상황에 대해 건설적으로 대처하거나 아니면 어떤 문제를 생산적으로 해결할 수 있다는 경험을 하게 된다. 다원성과 문화적 차이에 봉착하게 될 경우, 개인은 '관점의 탈중심화(decentering of perspective)'라는 의미에서 자신의 세계관을 상대화하지 않으면 안 된다는 것을 경험하게 되며, 어떤 확실하고 구속력 있는 진리를 확정할 수 있는 행위주체가 더 이상 존재하지 않는다는 것을 깨닫게 되며, 완전하지 못하고 불확실한 지식을 갖춘 조건하에서 정치적 의사결정을 내려야 하는 상황에 처하곤 한다. 그런데 차이와 다양성은 언제든지 불확실성과 불안전성을 수반할 수 있기 때문에, 그러한 것을 적절하게 견뎌낼 수 있는 자질과 능력(즉, 모호성에 대한 관용능력)이 부족할 경우 위에서 언급한 반(反)근대성의 현상이 발생할 가능성이 그만큼 더 많다고 볼 수 있다(Sander, 2009: 57–58; 허영식 외, 2014: 96–99).

이런 배경과 전제에서 출발할 때, 다중관점에 지향을 둔 세계시민교육의 핵심적인 과제는 민주적 스펙트럼의 내에서 혹은 자유민주적 기본질서에 위배되지 않는 범위 내에서 가능하면 관점의 다양성을 제한하지 말고 오히려 권장하는 데 놓여 있다. 이를 좀 더 구체적으로 표현하자면, 세계시민교육은 지방적 수준과 글로벌 수준의 연관성을 염두에 두면서 정치·경제·사회·문화의 구체적인 학습대상(주제)을 적실성이 있는 이론이나 모형(인지적 도식, 스크립트)과 관련시키면서 살펴보고, 과거와 현재를 통해 확인할 수 있는 여러 가지 서로 다른 입장이나 관점을 비평적으로 다루면서 학습자가 자신의 사고·판단·행위능력을 함양·신장시킬 수 있도록 도와주어야 한다(Sander, 2009: 58-60; 허영식·정창화, 2012b: 118).

3. 다중관점 지향 세계시민교육의 구체화 방안

(1) 간문화교육과 해석학적 이해

세계화의 시대와 더불어 국제적 이주 혹은 초국가적 이주의 현상이 증가하면서 차이·다양성의 문제를 적절하게 다루기 위한 기본적인 접근방안 혹은 키워드로서 간문화성(interculturality)이 많이 거론되고 있다. 세계화의 경향을 고려할 때 결국 간문화교육을 세계시민교육의 필수적인 학습영역으로 간주해야 한다는 요청사항이 제기되고 있다. 세계화의 조건하에서 문화적인 생활형태가 심각한 변화를 겪고 있으며 경우에 따라서는 여러 가지 갈등적인 상황과 위기를 수반하고 있기 때문에, 이러한 사회적 현실에 대처하기 위한 교육적 방책이 간문화교육인 것이다.

간문화에서 접두어인 '간(inter-)'은 서로 다른 문화가 만나는 사이공간에서 발생하는 관계의 측면을 특별히 강조하고 있으며, 이것이 바로 간문화성의 핵심적인 사안이기도 하다. 이 접근방안에 따르면, 공동생활을 하는 사회적 실천에서 단순히 병존만을 추구할 것이 아니라, 오히려 보다 더 적극적인 의미에서 의식적인 공동작용과 공동작업을 추구하고, 서로 다른 문화공동체에 속하는 사람들이 보다 더 능동적으로 접촉·교류·소통·대화에 응할 것을 촉구하고 있다. 그런데 이와 같이 공동작용을 함축하고 있는 간문화성의 접근방안에서는 상호이해가 핵심적인 의미와 중요성을 지니고 있기 때문에, 바로 이 지점에서 우리는 메타이론 수준에서 우선 해석학(hermeneutics)에 주의를 기울이지 않을 수 없다(Juchler, 2009: 251).

해석학은 일반적으로 인문사회과학의 방법론으로서 거론되고 있으며, 이러한 배경을 고려할 때, 해석학은 세계시민교육의 중요한 방법론이라고 간주할 수 있다. 해석학의 어원은 그리스어 동사인 '헤르메네우에인(hermeneuein)'에서 찾을 수 있으며, 이것은 원래 '진술하다', '이해하도록 하다', '이해하다', '알리다', '번역하다'의 뜻을 갖고 있다. 해석학의 어원은 또한 그리스신화에 나오는 신의 이름인 '헤르메스(Hermes)'(로마신화의 머큐리(Mercury)에 해당)로 소급시킬 수 있다. 헤르메스는 제신(諸神)의 사자(使者), 상업의 신, 저승세계(Hades)에로의 동반자, 도둑·웅변의 신으로 알려져 있으며, 특히 신의 말과 뜻을 전달하는 심부름꾼으로서 언어와 문자를 창시한 신으로도 알려져 있다.

해석학은 역사적으로 오랜 기간을 거친 다음에 비로소 이해, 특히 텍스트의 이해를 위한 전문용어로서 자리를 잡게 되었다. 특히 종교개혁 시기에 성서에 대한 이해와 파악이 변화되면서 새로운 규범이 설정되었다. 교리의 전통을 해석의 기준으로 삼았던 '전통원칙' 대신에 성서 그 자체의 해석에 충실하자고 하는 루터(Luther)의 '문서원칙'이 들어서게 되었다. 20세기로 접어들면서 딜타이(Dilthey)는 인식론적 수준에서 자연과학의 '설명'과 정신과학(인문사회과학)의 '이해'를 서로 다른 방법론으로서 구별해야 한다는 것을 주창하기에 이르렀다. 그는 해석학이 정신과학에 특정한 방법이라는 점을 정당화했으며, 따라서 자연과학에 입각한 방법론적 일원론에 대하여 정신과학의 이론적 독자성을 함축하고 있는 방법론적 이원론을 강조하고자 하였다. 딜타이에 따르면, 우리는 자연현상을 설명하는 데 주안점을 두지만, 정신·영혼과 관련된 생활, 즉 정신·문화생활의 표현·표시에 대해서는 이해하는 데 주안점을 둔다.

나중에 와서 이와 같은 설명과 이해의 엄격한 구분에 따른 입장, 즉 자연과학에 대한 정신과학의 자립성과 구획을 강조하는 입장은 상당 부분 수정되기에 이르렀다. 가다머(Gadamer)는 『진리와 방법』(1960)이라는 저서에서 해석학의 철학적인 전통에 대한 근거를 수립하고자 시도하였는데, 오늘날 간문화교육과 더불어 간문화성을 고려한 세계시민교육도 역시 이러한 전통에서 유용한 단서를 찾을 수 있을 것으로 보인다. 가다머는 오히려 해석학의 보편적인 타당성을 강조하였으며, 해석학적 경험 혹은 해석학적 이해가 인식론과 방법론 수준에서 포기할 수 없는 고유한 특성을 갖고 있다는 점을 강조하였다(Juchler, 2009: 251–252).

어쨌든 이해의 작업은 정적인 의미로 바라보아서는 안 되고, 각자가 타자의 동기와 의미를 언제나 추적하고 이해하고자 한다는 점에 유의할 필요가 있다. 따라서 낯섦의 경험과 타자에 대한 이해는 언제나 역동적인 사이공간에서 움직인다는 점을 깨달아야 한다. 그리고 이 사이공간에 영향을 미치는 요인으로는 ① 관찰자로서의 나(주체), ② 내가 인지하는 대상(객체), 그리고 ③ 나의 인지를 각인시키는 사회적·문화적 맥락에의 결부를 들 수 있다(Juchler, 2009: 252). 세계시민교육의 일환으로 행해지는 간문화교육에서는 특히 이 세 가지 구성요소를 염두에 두면서 상기한 역동적인 간문화적 사이공간의 구체적인 사례나 주제에 대하여 분석·판단·행위의 학습과정을 거치도록 하는 것이 바람직하다. 이러한 학습과정을 거치면서 상호적인 관점취득과 여기에 기초한 합리적 판단 형성을 통하여 간문화적인 소통적 이해에 도달할 수 있을 것으로 기대된다. 그리고 이러한 배경을 바탕으로 하여 보다 더 포괄적인 해석학적 과정 속에서 간문화적으로 서로 다른 윤곽을 갖춘 지평의 융합도 역시 기대할 수 있다(Juchler, 2009: 257).

메타이론 수준에서 거론되고 있는 해석학과 관련하여, 여기서는 배경정보 혹은 보충설명으로서 이른바 '해석학적 순환'에 대한 해설을 덧붙이고자 한다. 기초적인 이해에서 출발하여 더 높은 수준의 이해에 도달할 수 있는 방안은 무엇인가? 그리고 과학적으로 통제된 해석의 과정이 어떤 모습을 갖추어야 할 것인가? 이와 같은 질문에 대한 답변을 찾는 과정에서 딜타이는, 슐라이어마허(Schleiermacher)를 원용하면서, 해석학적 순환의 모형을 개발하였다. 여기서는 원형의 모양으로 이루어지는 운동, 즉 해석학적 이해의 두 가지 측면을 포괄하고 있는 순환운동에 주의를 기울이고 있다. 그 첫 번째 차원은 선(先)이해(Vorverstaendnis, pre-understanding)의 문제와 관련된다. 사람들은 어떤 글 혹은 텍스트에 아무런 전제조건 없이 다가갈 수 있는 것이 아니라, 자기 자신의 선이해를 그 역사성을 고려하면서 인식하지 않으면 안 된다. 주어진 텍스트를 이해하는 과정에서 그 선이해는 수정 혹은 변경과 확장을 겪게 되며, 이를 통하여 다시금 텍스트를 더 잘 이해할 수 있게 된다. 이와 같은 해석학적 순환은 다음과 같은 그림으로 표현할 수 있다(Krueger, 1997: 184).

그림 5-3 해석학적 순환

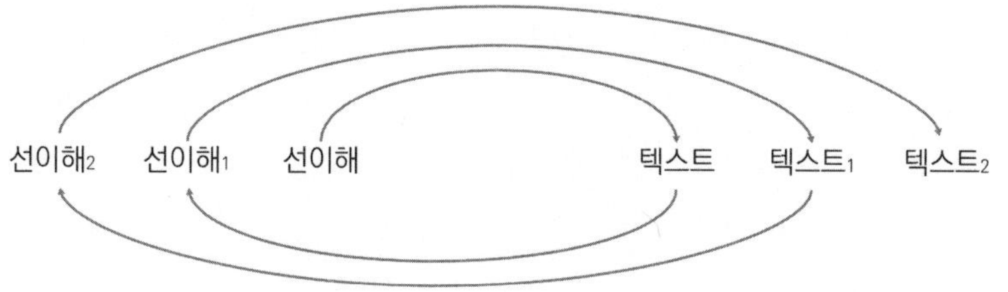

출처: Krueger, 1997: 184 재구성

이 도식을 통하여 해석학적 이해의 순환적인 운동을 명백하게 확인할 수 있다. 원래의 단편적인 선이해는 어떤 텍스트의 이해를 위해 필요한 전제조건이다. 텍스트에 대한 해석을 통하여 사람들은 다루고 있는 영역이나 주제에 대한 지식을 습득하며, 이 지식의 도움을 빌어 원래의 선이해를 확장할 수 있으며, 제2단계 혹은 제2라운드에서 원래의 텍스트이해도 역시 수정할 수 있다. 처음에 갖고 있던 텍스트이해(혹은 저자의 이해)와 확장된 텍스트이해(혹은 저자의 이해) 사이에 존재하는 차이는 그림에서 묘사한 원형의 순환운동을 통하여 극복된다. 물론 텍스트를 이해하는 자와 텍스트를 생산하는 자 사이에서 완벽한 의견의 일치나 합의에 도달하는 것은 경우에 따라서 상당히 어렵거나 아니면 심지어 매우 어려운 일이다. 예를 들어 특정한 분야에서 잘 알려진 고전을 읽고 난 다음, 그 저자의 의도나 취지를 정확하게 이해하지 못했다는 경험을 나중에 깨닫는 경우가 적지 않다. 하지만 다른 한편으로 해석학적 이해가 진전될수록 독자의 이해와 저자의 의도 사이에 놓여 있는 기존의 격차나 간극은 점점 더 줄어들 것이라는 점은 어렵지 않게 기대하거나 예상할 수 있다. 어쨌든 해석학적 차이는 일종의 구조적인 계기 혹은 요인으로서 모든 해석학적 상황에 속하는 것이다(Krueger, 1997: 184-185).

해석학적 순환의 두 번째 차원은 한편으로는 어떤 텍스트의 개별요소들은 그 텍스트의 총체적인 내용에 비추어보아야 비로소 추론·추리할 수 있으며, 다른 한편으로는 거꾸로 텍스트의 전체(총체)는 개별적인 요소들에 기초해야 비로소 이해할 수 있다는 사실·정황·사태와 관련되어 있다. 예를 들면, 개별적인 중요한 개념들은 종종 텍스트 전체에 비추어보아야만 비로소 적절하게 추론하거나 추리할 수 있으며, 그 반면에 텍스트 전체에 대한 완전한 이해는 이 개별적인 개념들에 대한 이해를 전제로 하는 경우가 적지 않다. 부분은 전체를 통해 이해·수정·확장되며, 거꾸로 전체는 부분을 통해 규정되거나 확정된다는 점에서도 역시 이와 같은 해석학적 나선형구조가 작용한다는 것을 확인할 수 있다.

따라서 해석학적 이해는 결코 완전히 종결되거나 완결되는 것이 아니다. 왜냐하면 해석학적 시도 혹은 노력의 목표로서 간주되는 이해는 결과물 혹은 산출물로서의 성격보다는 오히려 과정으로서의 성격을 더 강하게 띠고 있기 때문이다(Krueger, 1997: 185; 강현석, 2016: 100-101).

(2) 다양성교육과 교차성의 접근방안

이 부분에서는 상기한 간문화교육과 밀접한 관련을 맺고 있으면서 특히 차이·다양성의 문제를 적절하게 다루기 위한 방안에 중점을 두고 있는 다양성교육의 기본적인 요소에 대해 개괄적으로 기술한다. 여기서 소개하는 다양성교육의 기본적인 요소는 서로 밀접한 관련을 맺고 있으며, 그러한 상호관계 속에서 전체적으로 다양성교육의 기본구조를 형성한다고 볼 수 있다. 이 맥락에서 특히 여러 가지 다양성차원의 상호연관성을 고려하는 교차성(intersectionality)의 접근방안에 주의를 기울일 필요가 있다(Hormel and Scherr, 2004; Prengel, 2007: 49-50; 허영식, 2010: 44; 다양성교육을 위한 교육과정 혹은 교수학습자료의 사례에 대해서는 Hormel and Scherr, 2005: 73-75, 112-113, 227-229; 허영식, 2010: 326-334 참조).

① 상이성: 생활방식의 다원성을 인정해주고자 하는 바람과 더불어 모든 수준에서 상이성을 인정해주고자 하는 바람은 다양성교육의 근거가 되는 중요한 계기가 되며, 동시에 이와 관련된 준거이론에 동기를 부여하는 기본적인 요인으로서 작용한다. 여기에는 특히 지식형태·생활설계·행위유형의 차이와 다양성을 인정하려는 포스트모던 접근방안과 비판이론이 속한다. 다양한 상이성을 인정해주고자 하는 바람은 도대체 무엇이 다를 수 있는 것인가에 대한 질문을 계속해서 제기하며, 여러 가지 새로운 인식과 행위의 가능성을 열어두고자 한다(Prengel, 2007: 51-52).

② 평등: 평등의 기본적인 가정은 상이성에 대한 가정과 불가분의 관계에 놓여 있으며, 이론적인 실천과 일상적인 교육실천에서 얼마든지

인식할 수 있다. 다양성을 위한 선택은 평등을 위한 선택을 함축하고 있다. 평등성과 다양성을 대립적인 준거로 간주하지 않고 오히려 서로 조건이 되는 준거로 간주한다. 왜냐하면 개방성이 결여된 평등은 타자를 배제·배척하는 획일성을 의미하며, 거꾸로 평등이 결여된 다양성은 상이한 것의 위계질서 속에서 타자를 종속시키는 것을 뜻하기 때문이다. 다양성교육의 준거이론으로 소개한 포스트모던 이론과 비판이론에 의거하여 다양한 학습방식과 생활방식을 인정하는 것은 보편적인 법 앞의 평등을 함축하고 있다. 이 맥락에서 '평등한 차이(equal difference)'의 개념은 다양성교육의 기초가 되는 명제이다. 다양성교육은 다양성관리(diversity management)와 마찬가지로 평등의 원칙에 지향을 둔 시민권운동에서 나온 것이다(허영식 외, 2014: 284-290). 이질성의 개념은 이러한 연관성을 강조하고 있다. 즉, 상이한 것을 성급하게 위계질서 속에 집어넣지 않고, 가능하면 일단 동등한 관계 속에 놓으려고 시도한다. 이질성에 해당하는 영어(heterogeneity)의 어원(heteros = 상이한; genes = 발생한)에서도 이에 대한 단서를 찾을 수 있다. 즉, 서로 다르지만 타자를 종속시키지 않는다는 함의가 내포되어 있는 것이다(Prengel, 2007: 52-53).

③ 자유: 여러 가지 서로 다른 생활방식과 학습방식에게 나름대로 적절하게 여지를 부여하자는 시도는 결국 자유에 대한 바람에 근거를 두고 있다. '평등한 차이'라는 아이디어는 민주주의 이론에서 전제로 삼고 있는 평등과 자유의 연관성에 기초를 두고 있다. 본질주의(essentialism)와 상대주의(relativism)의 위험성은 이러한 의미에서 확립된 다양성의 개념과 거리가 멀다고 볼 수 있다. 다양성은 사람들을 본질주의에 입각한 정체성에 고착시키지 않고, 스스로 선택한 삶을 인정하고 존중해 줄 수 있는 자유공간을 열어준다. 그러나 다양성을 존중한다고 해서, 잘못 이해된 문화상대주의의 의미에서, 예를 들면 인종차별주의, 성차별주의, 기타 인륜에 반하는 흐름에 대한 존중을 도출해서는 안 된다. 자유에 대한 바람은 모든 사람에게 허용해야 하지만, 다양성을 위한 선택은 집단·개

인과 관련된 모든 반(反)인륜형태와는 거리를 유지해야 한다. 이러한 맥락에서 다양성교육은 자유민주주의교육에서 연유하고 있는 폭넓은 아이디어 및 경험과 궤를 같이 한다고 볼 수 있다(Prengel, 2007: 53).

④ 인권: 인권철학, 인권정책, 인권교육은 모두 다양성교육의 기본적인 동기가 되는 평등과 자유의 연관성에 대하여 적절한 근거를 제시하고 있다. 자유와 평등의 내적인 결합을 통하여 비로소 근대 인권사상의 규범적인 구조를 이해할 수 있게 된다. 다시 말해서, 자유와 법적인 평등(법 앞의 평등)은 발생적으로 동일한 기원을 갖고 있다는 것이다. 여러 가지 버전의 인권선언은 모두 동등하게 누구에게나 부여되어 있는 자유에 기반을 두고 있다. 인권교육은 차세대에게 인권에 대한 지식을 전달하며, 동등한 자유의 가능성을 실현할 수 있는 교육적 장치와 수단을 탐색한다. 학습자가 자신을 표현하고 다른 학습자의 발언을 인정해줄 수 있는 학습방식을 모색하는 것이다. 인권교육을 통해서 자아를 존중하고 이와 더불어 타자를 존중하는 태도와 자세를 길러주고자 한다. 즉, 소속감과 인정을 향한 실존적인 바람에 부응하면서 모든 사람에게 동등한 자유를 부여하고 존중할 수 있는 태도의 함양을 목표로 삼고 있다. 민주주의교육의 여러 가지 접근방안은 모두 명시적·암묵적으로 인권교육의 가정에 지향을 두고 있다(Prengel, 2007: 54).

⑤ 인정: 사회적 존재인 인간은 남녀노소를 가리지 않고 모든 생의 단계에서 인정을 둘러싼 투쟁에 의존하고 있다(Honneth, 1992; Fuchs, 2007: 22; 허영식 외, 2014: 107-109). 인정과 그 반대인 무시·모욕은 사회화와 교육의 과정이 성공적으로 진행되거나 아니면 바람직하지 않은 방향으로 나아가는 데 있어서 결정적으로 중요한 요인으로 작용한다. 따라서 교육적 행위의 수준에서 자아존중과 인정에 지향을 둔 태도와 자세를 함양·신장시키는 일은 다양성교육의 핵심적인 요소로 간주할 수 있다(Prengel, 2007: 54-55).

⑥ 이질성의 차원·혼합·변화: 국제적인 수준에서 2007년도부터 문

화다양성협약이 효력을 발휘하기 시작했다. 이 협약의 취지는 세계인권선언 및 이와 유사한 다른 선언·협약에서 공포된 인권과 기본권을 충분히 실현하기 위하여 문화다양성의 의미와 중요성을 강조하는 데 놓여 있다. 다양성교육에서 다양성은 여러 가지 서로 다르고 이질적인 집단과 개인을 염두에 두고 있다. 인권 및 인권교육은 다양한 이질성차원을 고려하여 분화된 다양성교육의 통일적인 기초를 표출한다. 즉, 특정한 필요와 욕구, 능력과 역량, 특정집단의 문제를 고려할 수 있도록 한다. 사회적 공간에서 차이와 다양성을 둘러싼 투쟁이 발생하게 되면, 종종 새로운 집단이 자신의 말을 경청하게 하며, 평등한 권리와 더불어 자신들의 특별한 생활방식에 대한 인정을 요구한다. 그리고 이때 혼합과 변화도 발생하며, 주어진 제한과 범위를 넘어서는 일도 발생할 수 있다. 예를 들면, 동성애나 트랜스젠더 혹은 초문화성 등과 관련된 주장이나 명제에서 그러한 현상을 확인하고 분석할 수 있다. 그러한 사회적 운동은 교육연구와 교육실천에 영향을 미치며, 새로운 범주를 고려하도록 만든다. 예를 들면, 여섯 가지 문자(LGBTQQ: Lesbian, Gay, Bisexual, Transgender, Queer, Questioning)를 가지고 하위문화 수준에서 주도적으로 시작된 사회적 운동이 부분적으로 교육적 담론에 반영되고 있다. 결국 사회적 운동, 경험적 연구, 일상적인 관찰을 통해 여러 가지 서로 다른 이질성의 차원·혼합·변화에 대한 관점과 전망이 등장하고 있는 것이다(Prengel, 2007: 55–56).

⑦ 비교점: 평등이나 다양성과 같은 개념을 다룰 때에는 언제나 도대체 어떤 관점이나 측면에서 사람들이 평등하다거나 아니면 상이하다는 것인지를 명료화할 필요가 있다. 다시 말하면, 비교점(tertium comparationis)을 정확하게 규정할 필요가 있다는 것이다. 이러한 작업을 소홀히 할 경우에는 인간관계에 있어서 평등이나 차이에 대한 진술이 지나치게 포괄적이거나 아니면 별 의미가 없을 수가 있다. 예를 들면, '남학생과 여학생이 평등하다.'라는 진술은 이를테면 '교육에 대한 권리'라는 준거점을 비교점으로 규정하지 않을 경우 별 의미가 없는 말이 될 수 있다(Prengel,

2007: 56–57).

⑧ 교차·중첩: 교차성의 접근방안을 통해서 한편으로 이질성차원의 중첩에 주의를 기울이게 되었으며, 다른 한편으로 여러 가지 차원을 동시에 그리고 상호연관성을 고려하면서 분석할 수 있는 가능성이 열리게 되었다. 이와 같은 맥락에서 교육연구와 교육실천을 위해서도 역시 문화·연령·성별·학업성취·경제적 상태와 같은 이질성차원의 교차·중첩에 유의할 필요가 있다. 예를 들면, 경제적으로 어려운 가정 출신으로서 이주배경을 가진 남학생은 종종 학업실패와 실업의 위험성을 안고 있는데, 교차성의 접근방안을 통하여 그러한 상황을 파악하는 데 도움을 얻을 수 있다. 그리고 거기에 적절한 행위의 대안과 선택을 제시하는 데 도움을 얻을 수 있다. 다양성차원의 교차와 중첩에 대해 유의함으로써 예를 들면 여학생과 남학생, 내국인 학생과 외국인 학생, 장애자와 비장애자에 대하여 성급하거나 문제점을 안고 있는 일반화를 예방하는 데 기여할 수 있다(Prengel, 2007: 57).

⑨ 동시성과 통시성: 다양성교육에서 제기되는 근본적인 질문은 도대체 어떤 것이 다를 수 있는가 하는 것인데, 이러한 질문을 통하여 우선 동시적 분화라는 측면에서 이질성의 의미를 파악할 수 있다. 예를 들면, 한 학습자의 학습양식이 다른 학습자의 학습양식과 구별될 수 있으며, 여학생 동료집단이 남학생 동료집단과 다른 활동을 선호할 수 있다. 상기한 근본적인 질문은 또한 통시적 분화, 즉 시간이 지나가면서 주어진 한계·경계를 넘어서는 현상에 주의를 기울이도록 해준다. 과거와는 다른 현재의 현상이 있으며, 현재와는 다른 미래의 현상이 발생할 수 있다. 예를 들면, 어느 한 학습자의 지식이 시간이 가면서 늘어나게 되며, 과거의 여학생 세대는 오늘날 여학생 세대와 다른 놀이를 선호했을 수 있다. 시험을 치르고 평가를 받은 학습자가 변화하기 때문에 연구결과와 시험결과도 역시 언제나 잠정적인 것으로 해석할 수 있다. 사회적 집단의 형성은, 비록 속도에 있어서 정도의 차이가 있지만, 역사적 과정에

서 끊임없이 변화를 한다. 동시성과 통시성 측면 이외에 차이·다양성에 대한 질문은 또한 현상과 개념 사이의 연관성과 관련하여 확정적으로 규정하기 어렵다는 측면을 함축하고 있다. 즉, 조사·연구의 대상이 되는 현상은 그것을 지칭하고자 하는 개념과는 경우에 따라서 얼마든지 다를 수 있다는 점에 유의해야 한다. 우리의 지식이 상당 부분 가설적인 수준에 머물러 있고, 인식의 대상이 확실한 인식을 할 수 없는 상태에 놓여 있다는 점에 유의해야 한다. 개념과 현상 사이의 완전한 일치 혹은 합치가 불가능하다는 점을 소홀히 다룰 경우, 사회집단을 가리키는 범주가 잘못하면 이 집단을 낙인찍을 수 있는 위험성을 안고 있다. 따라서 다양성교육을 위해 유의해야 할 사항은 가능하면 낙인을 찍지 않도록 하는 차원에서 잠정적이고 가설적인 의미에서의 개념형성을 추구하는 일이 바람직하다는 것이다(Prengel, 2007: 57-58).

⑩ 다양성의 수준과 규모: 다양성을 존중하는 태도와 자세는 여러 수준과 규모에서 구체화할 수 있다. 보편적인 수준에서는 인간의 존엄성이라는 의미에서 평등과 자유를 모든 사람에게 부여된 것으로 전제할 수 있다. 보편적인 수준과 문화적으로 분화된 수준 사이에서는 인간생활의 보편적인 조건(보기: 생로병사, 성별에 따른 분화)이 어떤 문화적 형태 속에 놓여 있는가 하는 질문이 제기된다. 국제적·국가적 사회구조의 거시수준에서는 사회경제적·사회문화적 특수성을 띤 서로 다른 집단이 시야에 들어오며, 이때 그들이 동등한 권리나 대우를 받기 위한 투쟁에서 도대체 어떤 행위를 하는가의 질문이 제기될 수 있다. 집합적인 중간수준에서는 더 분화된 집단형성이 거론될 수 있다. 개인적인 관계의 미시수준에서는 대인관계에서의 상호작용과 개개인의 인성·성격이 가시화된다. 끝으로 개인의 내면에 들어있는 이질성 혹은 다양성에 대한 탐색·탐구가 이루어질 수 있다. 개인 내의 수준에서는 서로 다른, 그리고 때로는 극히 대립적이고 종종 무의식적인 인성부분과 그것들 사이의 역학이 관찰·해석의 대상이 된다. 다양성에 관한 진술과 관련하여, 이와 같이

여러 가지 수준과 규모를 조망하는 접근방안은 정당한 일반화와 그렇지 못한 일반화를 구별하는 데 기여할 수 있다. 양적인 교육연구에서는 특히 거시수준이 적실성이 있는 반면, 사례연구와 교육적 행위에 관한 연구는 대개 미시수준에 초점을 맞추고 있다. 개인·집단에 대한 진술에 있어서 다양성의 수준과 규모에 유의함으로써, 한 수준에서 다른 수준으로 연구결과를 성급하게 전이시키려는 위험성을 줄일 수 있다. 이 맥락에서 특히 집단적인 소속감에서 출발하는 성교육·간문화교육·종교교육의 모형에 대해 지적하자면, 학습자 개개인의 자질·능력과 자유를 교육활동의 초점으로 삼는 개별화 학습방안의 중요성을 다시 강조할 필요가 있다(Prengel, 2007: 59-60).

이 장은 다중관점에 지향을 둔 세계시민교육의 도전과 과제에 대해 성찰하고 보다 더 구체적인 교육적 대안을 제시하는 데 목적을 두었다. 이 글에서 강조하고자 하는 사항은 다음과 같이 몇 가지 명제로 정식화하여 제시할 수 있다.

첫째, 세계화와 국제이주현상의 증가를 배경으로 삼을 때, 세계시민교육은 학습이론의 측면에서 관점의 탈중심화에 기여할 수 있는 방안을 모색하고, 관점의 다양성을 고려할 수 있는 능력, 즉 여러 가지 관점을 동시에 고려할 수 있는 다중관점의 능력을 함양·신장하기 위한 방안을 강구해야 한다. 또한 세계사회의 등장에 적응하기 위해서는 방법론적 민족주의에서 방법론적 세계시민주의로의 전환을 추구해야 하며, 지평의 확장을 함축하고 있는 새로운 관찰방식이나 관점을 학습해야 한다는 요청사항에 부응하도록 해야 한다.

둘째, 민주사회에서 요청되는 시민교육은 가능하면 다중관점을 고려하여 사회·정치현상을 다루어야 한다. 다중관점에 입각한 시민교육은 논쟁점 반영의 원칙을 구현하고자 하며, 관점취득과 관점변경, 그리고 차이와 다양성을 더 많이 고려하고자 한다. 그리고 이에 부응하기 위한 방법적 접근방안으로는 찬반대립토의, 워크숍, 전문가면담, 산파술에 따른 대화기법, 사회자활용방법, 그리고 콜라주·입상(立像)과 같은 여러 가지 심미적 기법을 들 수 있다.

셋째, 다중관점에 지향을 둔 세계시민교육의 핵심적인 과제는 민주적 스펙트럼의 내에서 혹은 자유민주적 기본질서에 위배되지 않는 범위 내에서 가능하면 관점의 다양성을 제한하지 말고 오히려 권장하는 데 놓여 있다. 세계시민교육은 지방적 수준과 글로벌 수준의 연관성을 염두에 두면서 정치·경제·사회·문화의 구체적인 학습대상(주제)을 적실성이 있는 이론이나 모형과 관련시키면서 살펴보고, 과거와 현재를 통해 확인할 수 있는 여러 가지 서로 다른 입장이나 관점을 비평적으로 다루면서 학습자가 자신의 사고·판단·행위능력을 함양·신장시킬 수 있도록 도와주어야 한다.

넷째, 다중관점 지향 세계시민교육의 구체화 방안을 간문화교육과 다양성교육의 두 가지 측면에서 모색할 필요가 있다. 세계화의 조건하에서 문화적인 생활형태가 심각한 변화를 겪고 있으며 경우에 따라서는 여러 가지 갈등적인 상황과 위기를 수반하고 있음을 고려할 때, 간문화교육을 통해 서로 다른 문화 사이의 상호이해 혹은 해석학적 이해를 활성화하는 데 기여해야 한다. 이때 낯섦의 경험과 타자에 대한 이해는 언제나 역동적인 사이공간에서 움직인다는 점에 유의하고, 이 사이공간에 영향을 미치는 요인(① 관찰자로서의 나(주체), ② 내가 인지하는 대상(객체), 그리고 ③ 나의 인지를 각인시키는 사회적·문화적 맥락에의 결부)을 고려할 필요가 있다.

다섯째, 세계시민교육의 일환으로 행해지는 간문화교육에서는 특히 상기한 세 가지 구성요소를 염두에 두면서 역동적인 간문화적 사이공간의 구체적인 사례나 주제에 대하여 분석·판단·행위의 학습과정을 거치도록 하는 것이 바람직하다. 이러한 학습과정을 거치면서 상호적인 관점취득과 여기에 기초한 합리적 판단형성을 통하여 간문화적인 소통적 이해에 도달할 수 있을 것으로 기대된다.

여섯째, 간문화교육과 밀접한 연관성이 있으면서, 특히 차이·다양성을 적절하게 다루기 위한 교육적 방책인 다양성교육의 접근방안에 대해서 지적하자면, 다양성교육의 기본구조와 요소를 고려하면서 적절한 실천방안을 모색할 필요가 있다. 생활방식의 다원성을 인정해주고자 하는 바람과 더불어 모든 수준에서 상이성을 인정해주고자 하는 바람은 다양성교육의 근거가 되는 중요한 계기이다. 이 맥락에서 특히 교차성의 접근방안을 통해서 이질성차원의 중첩에 유의할 필요가 있으며, 여러 가지 차원을 동시에 고려하고 그 차원들 사이의 상호연관성을 고려할 필요가 있다.

요 약
abstract

다중관점에 지향을 둔 세계시민교육의 도전과 과제

이 장은 다중관점에 지향을 둔 세계시민교육의 도전과 과제에 대해 성찰하고 보다 더 구체적인 교육적 대안을 제시하는 데 목적을 두었다. 이 글에서 강조하고자 하는 사항은 다음과 같이 몇 가지 명제로 정식화하여 제시할 수 있다. 첫째, 세계시민교육은 관점의 탈중심화에 기여할 수 있는 방안과 다중관점의 능력을 함양·신장하기 위한 방안을 강구해야 한다. 둘째, 다중관점에 입각한 시민교육은 논쟁점 반영의 원칙을 구현하고자 하며, 관점취득과 관점변경, 그리고 차이와 다양성을 더 많이 고려하고자 한다. 셋째, 다중관점에 지향을 둔 세계시민교육의 핵심적인 과제는 민주적 스펙트럼의 내에서 혹은 자유민주적 기본질서에 위배되지 않는 범위 내에서 가능하면 관점의 다양성을 제한하지 말고 오히려 권장하는 데 놓여 있다. 넷째, 다중관점 지향 세계시민교육의 구체화 방안을 간문화교육과 다양성교육의 두 가지 측면에서 모색할 필요가 있다. 간문화교육을 통해 서로 다른 문화 사이의 상호이해 혹은 해석학적 이해를 활성화하는 데 기여해야 하며, 간문화적 사이공간의 구체적인 사례나 주제에 대하여 분석·판단·행위의 학습 과정을 거치도록 하는 것이 바람직하다. 다섯째, 특히 차이·다양성을 적절하게 다루기 위한 교육적 방책인 다양성교육에서는 기본구조와 요소를 고려하면서 적절한 실천방안을 모색할 필요가 있다.

Chapter. 06

세계화시대의 세계시민교육

1. 세계화와 세계시민
2. 세계시민교육의 개념과 의미
3. 세계시민교육의 주제영역
4. 세계시민교육의 방법

Chapter. 06

세계화시대의 세계시민교육*

현대사회의 변동과정을 특징짓는 개념은 여러 가지가 있겠지만, 아마도 세계화·정보화·다원화가 우리가 가장 많이 듣고 있는 말에 속할 것이다. 지구촌이라는 용어는 이미 50여 년 전부터 사용되어 왔으며, 최근에는 지상문명에 대한 대조개념으로서 위성문명이라는 말도 있으며, 세계적 데이터 고속도로니 지구적 정보화 사회니 하는 용어도 회자(膾炙)되고 있다. 어쨌든 지구가 '촌'이 되고 있는 만큼, 거기에 적응하기 위해서는 적어도 우리 자신이 구태의연한 '촌티'를 벗으려고 노력해야 할 것이다.

이러한 배경과 맥락에서 출발하여 이 글은 세계화시대에 부응할 수 있는 시민교육에 초점을 맞추어 세계시민교육의 개념과 의미를 파악하고, 주제영역과 방법적 접근방안을 논의하는 데 주된 목적을 두고 있다. 이러한 목적에 도달하기 위하여 우선 세계화와 세계시민의 관계를 다룬다. 이어서 세계시민의식을 갖추기 위한 교육적 방책인 세계시민교육의 개념과 의미를 논의한다. 그 다음 세계시민교육에서 기본적이고 중요한 주제영역을 서술하고, 세계시민교육의 구체적 실현을 위한 방법적 접근방안을 예시하기로 한다.

---

* 제6장의 내용은 『2016 세계시민교육 역량강화 연수회 자료집』(경상북도교육청; 2016.6.)에 게재한 필자의 글을 부분적으로 수정·보완한 것임.

1. 세계화와 세계시민

(1) 사회변동의 관점에서 본 세계시민

세계화·정보화·다원화라고 하는 거시적인 사회변동 과정에 부응할 수 있는 세계시민교육의 관점에서 볼 때, 여러 가지 필요한 과제를 수행하기 위해서는 희망의 원리와 책임의 원리에서 출발해야 한다. 이런 전제에서 출발하여, 미래지향적인 의미에서 민주시민이 갖추어야 할 능력과 자질을 다음과 같이 제시할 수 있다. ① 인권과 민주주의에 대한 의식의 확립을 위해 역사적 능력이 필요하다. ② 지구적 수준의 미래과제에 대한 의식과 실천, 즉 지구적 능력을 길러야 한다. 여기에는 생태적 능력도 포함된다고 볼 수 있다. ③ 정보화 사회에 적응하고 창의적인 발상을 할 수 있는 디지털능력이 요구된다. 여기에는 미디어능력과 네트워킹능력이 포함된다. ④ 개인·집단·사회 전체의 이해관계 혹은 이익을 조화시킬 수 있는 공동체의식이 요청된다. 여기에는 참여·의사소통·협동·연대능력이 포함되며, 이를 위해서는 특히 민주적인 갈등문화 혹은 대화문화의 정착이 필요하다. ⑤ 서로 다른 문화들 사이의 평화로운 공동생활을 지향하는 간(間)문화능력이 요청된다(허영식, 2004: 139–140).

표 6-1 사회변동과 거기에 부응하는 시민상 및 시민능력

<table>
<tr><th>사회변동의 차원</th><th>시민상</th><th>시민능력</th></tr>
<tr><td rowspan="2">세계화
(세방화(世方化))</td><td rowspan="2">세계시민
(global citizen)</td><td>역사적 능력</td></tr>
<tr><td>지구적 능력</td></tr>
<tr><td rowspan="2">정보화
(디지털화)</td><td rowspan="2">사이버시민
(cybercitizen)</td><td>디지털 능력</td></tr>
<tr><td rowspan="2">참여·협동능력</td></tr>
<tr><td rowspan="2">다원화
(개인화)</td><td rowspan="2">열린 시민
(open citizen)</td></tr>
<tr><td>간문화능력</td></tr>
</table>

여기에 더하여 가치교육의 목표로서 거론되고 있는 시민의 덕목을 자유·대화·공동체 지향의 세 가지 차원으로 범주화하고 체계화한 틀을 소개하기로 한다.

표 6-2 가치교육의 목표로서 시민의 덕목

자유 지향 시민덕목	대화 지향 시민덕목	공동체 지향 시민덕목
• 관용: 윤리적인 차이를 참거나 견딜 수 있는 능력 • 공정(공평): 남을 속여 부당하게 이득을 취하지 않도록 하는 규칙에 합의를 보고 이를 준수할 수 있는 능력과 자세 • 시민적 용기: 위험요소에 대하여 공동체를 지킬 수 있는 자세	• 의사소통 및 갈등(해결) 능력: 이해관계와 행위의 갈등을 해결하거나 해소할 수 있는 능력 • 비판(비평)능력: 사물과 사태에 대하여 합리적으로 검토를 하면서 입장을 취할 수 있고, 기존의 권위에 대하여 비평적인 거리를 유지할 수 있는 능력과 자세	• 참여: 공동의 사안을 조정하거나 규율하는 데 참여하거나 관여할 수 있는 능력과 자세 • 책임감: 행위의 결과에 대하여 책임을 지려는 자세와 능력 • 관점취득: 타자의 관점을 대변하고, 타자의 요구사항을 이해할 수 있는 능력과 자세 • 연대: 타자의 안녕과 복지를 위하여 관여하고 염려(배려)하려는 자세와 능력 • 충성: 공동체에 대한 인지적·정의적 의무나 애착

(2) 민족의식과 세계시민의식

① 민주와 민족의 관계

민족과 민주의 관계에 대해서는 이념형 수준에서 다음과 같이 세 가지 준거모형을 구분할 수 있다. 민주적 가치준거와 민족적 가치준거의 바람직한 관계를 설정하기 위해서는 일단 보편적 민주주의와 개방적·다원적 민족주의의 조화와 균형에 기초한 준거모형 ②에 따라야 할 것이다. 여기서는 민족(ethnos)이라는 특정문화 혹은 집단의 특수성과 '민중(demos)의 지배'라는 민주주의의 보편성, 그리고 동포애나 민족애에 호소하는 정서적인 측면과 인간의 이성에 호소하는 합리적인 측면의 긴장관계를 적절하게 유지하면서 민주주의의 기본가치를 지켜야 한다는 규범적인 과제가 이미 내포되어 있다.

준거모형 ②의 특징을 좀 더 구체적으로 기술하자면, 건전한 민족의식에 대한 믿음은 이를테면 외국인에 대한 관용, 세계에 대한 개방성, 인권존중, 약자에 대한 연대의식, 국제기구와 같은 초국가조직에 대한 민족적 권리의 양도 등을 포괄한다. 그렇지만 다른 한편으로 그것은 민족문화와 언어의 보호 및 장려, 향토의식, 건전한 애국심과 민족적 이해관계의 옹호 등도 포함하고 있다. 밖을 향한 개방과 관용은 내면적인 자기 확신이 없이는 불가능하다(허영식, 2004: 143-145).

그림 6-1 민주와 민족의 관계

		③ 폐쇄적·배타적 민족주의에 기초한 준거모형(민족)
	② 보편적 민주주의와 개방적·다원적 민족주의의 균형에 기초한 준거모형	
① 보편적 민주주의에 기초한 준거모형(민주)		

② 세계시민의식의 구성요소

환경과 세계화는 우리 시대에 존재하는 기본적인 갈등의 두 가지 측면을 극명하게 보여주고 있다. 한편에서는 지구의 생태적 한계가 두드러지게 나타나는 반면에, 다른 한편에서는 경제적 세계화의 역동성이 모든 정치적·문화적 공간의 탈경계화 혹은 경계파괴를 요구하기 때문이다. 이 갈등이 어떻게 끝나느냐에 따라서 21세기의 모습이 결정될 것으로 추측된다. 환경과 세계화의 갈등관계를 보면 어렵지 않게 도출할 수 있는 사항이지만, 세계화시대에는 지구전체를 고려하는 지구적 세계관 또는 지구적 관점이 요청된다. 이것을 중심으로 하여 세계시민의식의 구성요소를 도식화하여 제시하면 다음과 같다(허영식, 2004: 200-211).

표 6-3 세계시민의식의 구성요소

(1) 지구적 세계관	① 국경을 넘어서는 사고	여기서는 어느 한 나라와 세계의 다른 나라들과의 다양한 관련성이 중요한 문제가 된다.
	② 초국가적 사고	인류의 공동이익을 위해 내려야 할 세계적 차원의 결정을 위해 국가주권의 권한 중 어떤 분야를 부분적으로 포기할 것인가에 대하여 논의가 이루어져야 한다.
	③ 상호의존적·구조적 사고	지구촌문제의 상호의존관계 혹은 상호연결의 망(네트워크)을 고려할 필요가 있다.
	④ 조망적 사고	세계의 유한성과 인류의 생존이익에 대한 통찰을 바탕으로 하여 자연과의 새로운 공생관계를 발전시킬 수 있는 생활방식을 찾아야 한다.
(2) 인권과 다양성 존중		권리와 의무, 권리와 책임의 연관성을 강조할 필요가 있으며, 인권과 관용의 관계도 명료화해야 한다. 인권개념 속에는 이미 관용의 개념이 내포되어 있다. 인권과 관용의 내재적인 관계를 이해하기 위해서는 평등의 인정과 다양성·차이의 허용을 연결시키는 일이 중요하다.
(3) 배려와 평화적 갈등해결		타인에 대한 배려, 친사회적 기능(技能), 간문화적 공감능력이 요구된다. 간문화적 공감능력은 간문화적 상황(문화와 문화 사이의 국제교류, 한 사회 내에서 여러 문화와 민족이 공동생활을 하는 상황)에서 요구된다. 타인의 시각으로 바라볼 수 있는 자세와 능력(배려와 정의감)은 서로 다른 문화·국가·민족·인종에 속하거나, 서로 다른 피부색·종교 등을 가진 사람들이 평화롭게 공동생활을 하고, 이해관계와 가치관의 차이로 인하여 갈등이 발생할 경우, 이것을 평화적으로 해결하기 위한 전제조건에 속한다.

2. 세계시민교육의 개념과 의미

(1) 세계시민교육의 기본틀

세계시민교육이 전제로 삼고 있는 글로벌사회에서 '글로벌'이란 용어의 의미는 '세계적인' 측면과 더불어 '총체적인' 측면을 포함하고 있기 때문에, 세계시민교육은 여러 교과나 주제영역을 통합시키는 성격이 강하며, 동시에 여러 차원에서 이루어질 수 있다. 세계시민교육의 배경을 이루는 세계화현상의 차원과 그 함축의미에서 출발하여, 세계위험사회, 세계시민사회, 지속가능한 개발, 네트워크 세계의 측면을 도출할 수 있다. 물론 타문화나 타민족에 대한 사회적 인지, 세계지도, 영상매체와 대중매체, 세계여행과 관광, 스포츠 등도 세계시민교육에서 다룰 수 있는 주제영역이 될 수 있다. 세계시민교육의 기본틀을 도식화하여 제시하면 다음과 같다(허영식, 2004: 227-228 재구성).

그림 6-2 세계시민교육의 기본틀

세계시민교육						
⬆ ⬇						
평화교육	환경교육	인권교육	개발교육	간문화교육 (다문화교육)	미디어교육	경제교육
⬆ ⬇						

세계화	세계위험사회 (지구촌문제)	세계시민사회	지속가능한 개발(발전)	네트워크 세계

그림 6-3 지속가능개발(발전)목표(의제 2030)

1 End poverty in all its forms everywhere
2 End hunger, achieve food security and improved nutrition and promote sustainable agriculture
3 Ensure healthy lives and promote well-being for all at all ages
4 Ensure inclusive and equitable education and promote lifelong learning opportunities for all
5 Achieve gender equality and empower all women and girls
6 Ensure availability and sustainable management of water and sanitation for all
7 Ensure access to affordable, reliable, sustainable and modern energy for all
8 Promote sustained, inclusive and sustainable economic growth, full and productive employment and decent work for all
9 Build resilient infrastructure, promote inclusive and sustainable industrialization and foster innovation
10 Reduce inequality within and among countries
11 Make cities and human settlements inclusive, safe, resilient and sustainable
12 Ensure sustainable consumption and production patterns
13 Take urgent action to combat climate change and its impacts
14 Conserve and sustainably use the oceans, seas and marine resources for sustainable development
15 Protect, restore and promote sustainable use of terrestrial ecosystems, sustainably manage forests, combat desertification, and halt and reverse land degradation and halt biodiversity loss
16 Promote peaceful and inclusive societies for sustainable development, provide access to justice for all and build effective, accountable and inclusive institutions at all levels
17 Strengthen the means of implementation and revitalize the global partnership for sustainable development

출처: Steffen, 2016: 1; Walker, 2016: 1-2

(2) 세계시민교육의 특징

세계시민교육의 이념과 특징, 교수법 요소를 전통적인 학습과 이분법적으로 비교하여 간단히 제시한다면 다음과 같이 나타낼 수 있다(허영식, 2004: 231-232 재구성).

표 6-4 전통적 학습과 세계시민교육

전통적 학습	세계시민교육
• 지역중심적 세계관	• 지구적 세계관
• (지리적으로) 가까운 곳에서 먼 곳으로	• 지방수준과 세계수준의 연결
• 넓은 세계는 개인적인 경험영역과 멀리 떨어진 것으로 간주됨	• 넓은 세계는 생활공간과 연결되어 있는 것으로 간주됨
• 지식은 교과 또는 부분영역에서 전달됨	• 맥락과 체제를 고려하는 사고가 중요시됨
• 학습자: 수동적인 역할	• 학습자: 능동적인 역할
• 추상적인 지식의 전달	• 학습자 자신의 경험 중요시
• 합리성이 우선	• 상상·창의성·정서의 장려
• 경쟁과 대항	• 협동과 연대

3. 세계시민교육의 주제영역

(1) 세계화

세계화는 한편으로는 ① 불가피성, ② 양면성(기회요소와 위험요소), ③ 정확한 예측의 곤란성을 함축하고 있으면서, 다른 한편에서는 ④ 어느 정도 조정이 가능하다는 측면을 포함하고 있다. 특히 어느 정도 조정이 가능하다는 명제와 관련하여 지구촌수준에서의 사회계약, 즉 '지구촌계약'이 요구되고 있다. 지구촌계약은 적어도 기본적인 필요와 소망의 충족, 문화들 사이의 상호인정과 유익한 교류, 지구촌운영을 위한 도구의 창출, 그리고 생태적 자원의 보전이라는 네 가지 차원으로 풀이할 수 있다(허영식, 2004: 244-245).

그림 6-4 2016년 유럽연합에서 발생한 가장 큰 사건 중의 하나인 브렉시트(Brexit)를 상징적으로 보여주는 영상텍스트 자료; 주로 세계화의 패자들(민족주의자·포퓰리스트·EU반대자)이 허위보도(fake-news)를 이용하여 영국의 유럽연합탈퇴를 이끌었다는 진단 및 평가가 많음

출처: Riegert, 2016: 1

(2) 세계위험사회

지구적 위험요인은 인간에 의해 야기된 것으로서 오늘날 살고 있는 사람들과 장래세대의 다수에게 적어도 지구의 두 지역에서 동시에 위협을 주는 것을 가리킨다. 지구적 위험요인은 부(富)로 인한 생태적 파괴, 빈곤으로 인한 생태적 파괴, 대량살상무기의 확산, '후속개발' 실패의 결과라는 네 가지 범주로 구분할 수 있다. 지구적 위험요인을 안고 있는 세계위험사회의 특징으로는 ① 모두가 관련됨, ② 세계성(또는 지구성), ③ 총체성, ④ 눈에 보이지 않음, ⑤ 초국가성, ⑥ 계산할 수 없음, ⑦ 규범성, 그리고 ⑧ 지식에의 의존성을 들 수 있다. 그리고 세계위험사회의 징후를 나타내는 지구촌문제로는 인구증가, 세계보건상태, 인권, 여성, 난민, 안보와 평화, 환경(기후·물·토양), 식량, 세계무역관계, 국제원료무역, 에너지 등을 지적할 수 있다(허영식, 2004: 247-249).

그림 6-5 크로아티아와 세르비아 국경 부근에서 난민이 처한 어려운 상황(2015년 9월 당시)을 보여주는 사진자료

출처: Baumann, 2016: 2

그림 6-6 새로운 고향이 된 '난민의 나라(Refugistan)'; 시리아 내전난민을 위해 유엔난민기구(UNHCR)가 요르단에 설치한 아스락(Asrak) 캠프의 모습; 이론적으로 난민수용소는 임시로 머무는 곳이지만 실제로 난민이 수용소에서 보내는 기간은 평균 17년에 달한다고 함

출처: "Willkommen in Refugistan...", 2016: 1

(3) 세계시민사회

세계화와 더불어 '글로벌세계'의 중요한 요소로 등장한 것이 글로벌시민사회 혹은 세계시민사회이다. 세계시민사회는 지방·국가·세계수준에서 사회의 여러 다른 영역에서 활동하는 단체와 기구(협회·시민운동단체·비정부기구)의 총칭이다. 세계시민사회는 세 가지 근본적인 과제와 관련하여 중요한 역할을 수행하고 있다. ① 그것은 스스로 개발되는 지구적 양심 혹은 도덕의식의 기능을 떠맡고 있다. ② 시민사회는 지구적 필요·소망·목표를 함께 구성하고, 우리가 '사회적인 것에 대한 지구적 수요'라고 부를 수 있는 것을 위한 대변자 노릇을 한다. ③ 세계시민사회는 혁신적인 정치적 행동방식에 대해서 지구적 활동공간을 제공한다(허영식, 2004: 249–250).

그림 6-7 난민과 이주민을 위해 유럽에 관한 정보를 소개하는 도서(2016년 말 발간)의 표지

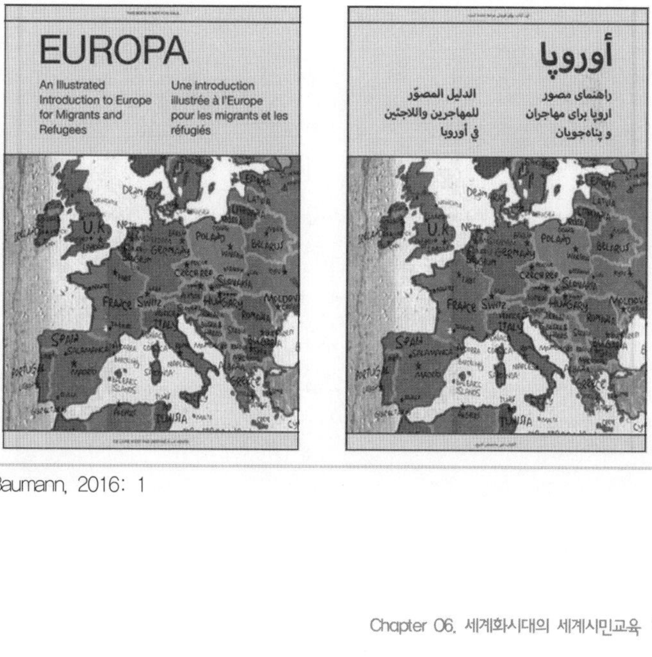

출처: Baumann, 2016: 1

(4) 지속가능한 개발(발전)

1992년에 브라질 리우(Rio)에서 개최된 세계환경개발회의(UNCED)와 2002년 남아공 요하네스버그에서 개최된 지구정상회의(일명 '리우+10' 회의)의 핵심적인 단어는 '지속가능한 개발'이다. 1987년에 소위 '브룬트란트(Brundtland)위원회'는 이 개념을 정치와 공론장의 시야로 끌어들이는 데 많은 기여를 하였고, 1992년 리우 환경개발회의('의제 21': Agenda 21) 이래 지방수준('지방의제 21')에까지 미치는 일련의 실행 프로그램이 등장하였다. 지속가능한 개발에 대한 개념정의에 따르면, 그것은 ① 인간의 필요와 자연의 지탱능력 사이의 조정(연결문제), ② 현재세대의 필요와 장래세대의 필요 사이의 조정(세대간 정의(正義)문제), ③ 가지지 못한 자의 필요와 가진 자의 필요 사이의 조정(세대내의 정의문제)이라는 의미를 함축하고 있다. 간단히 말해서, 지속가능한 개발은 환경의 지탱능력 속에서 삶의 질을 지속적으로 향상시키는 것이다(허영식, 2004: 251-253).

그림 6-8 2016년 11월 모로코 마라케시에서 개최된 유엔기후변화회의

출처: Thurau, 2016a: 1

그림 6-9 기후변화를 중국이나 생태마피아가 만들어낸 것이라고 간주하고 있는 미국의 트럼프 대통령 당선자에 대항하여, 모로코에서 개최된 유엔기후변화회의에 즈음하여, 화석연료에서 벗어난 미래를 향해 모든 이해관계자가 협력하자는 메시지를 담고 있는 사진자료

출처: Thurau, 2016b: 1

(5) 네트워크 세계

산업사회에서 정보화사회로 이행하는 과정에서 앞으로의 도약은 투자의 몫보다는 오히려 정보의 몫에 의거하여 측정할 수 있을 것이다. 여기서 "시간은 돈이다(Time is money)."라는 격언이 새로운 의미를 띠게 된다. 원격통신·정보·미디어·오락분야를 총괄하여 부르는 약어인 T.I.M.E.(telecommunication, information, media, entertainment)이 세계적으로 가장 활발한 인간의 활동분야가 될 것으로 많은 사람들이 예측하고 있다. 지구적 시민사회의 형성이라고 하는 관점에서 인터넷의 성장은 특히 평화·환경·개발의 영역에서 지속적으로 영향을 미치고 있으며, 이런 영역에서의 장래활동도 역시 인터넷으로의 통합을 지향하고 있다. 그런데 인터넷은 정보의 홍수라는 문제와 더불어 의사소통의 미래에 대한 근본적인 물음

을 제기한다. 예를 들면, 정보통제와 조작의 새로운 가능성을 누가 이용할 것인가? 중요한 정보와 그렇지 않은 정보를 누가 구분해서 선정할 것이며, 어떤 목적을 가지고 그렇게 할 것인가? 이러한 물음을 고려하는 일 자체가 세계시민교육의 대상이 된다(허영식, 2004: 255-258).

그림 6-10 독일어학회가 '2016년의 단어'로 선정한 '포스트팍티쉬(postfaktisch)'; 소셜미디어(social media) 시대에 허위보도(fake-news)가 범람하고 사람들이 사실보다는 감정(감성)을 더 많이 따르는 현상을 가리키는 말; 영국의 옥스퍼드사전은 이에 대응하는 개념인 '포스트사실' 혹은 '포스트진리(post-truth)'를 국제적인 '올해(2016)의 단어'로 선정함

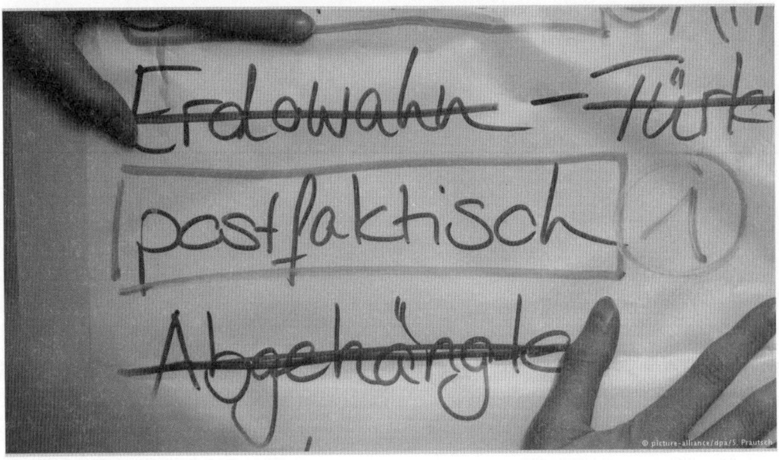

출처: Muno, 2016: 1

4. 세계시민교육의 방법

여기서는 '세계화와 지구촌문제'의 주제영역을 중심으로 하여 일부 방법·기법의 적용가능성을 예시하기로 한다. 방법적 측면에서 핵심적인 역할을 수행하는 큰 틀은 활동지향학습과 문제지향학습이며, 이러한 틀 속에서 브레인스토밍, 마인드맵, 내용분석모형, 미래워크숍(혹은 환상여행) 등의 방법·기법을 적용할 수 있을 것이다.

(1) 지구촌문제

① 지구촌문제를 나타내는 그림이나 사진 자료를 보고 지구촌문제에 포함되는 것들을 브레인스토밍 방식으로 생각해 보고, 그 결과를 마인드맵으로 그려보자.

② 생각한 것들을 이를테면 평화 및 안보문제, 인권문제, 환경문제, 남북문제, 빈곤문제, 인구문제, 난민과 이주문제 등으로 분류하여 보자.

③ 모둠별로 분담을 하여 각 문제영역의 구체적인 사례에 해당하는 자료를 수집하여, 다음 표와 같이 법과 제도적 측면, 문제와 과제 측면, 그리고 논의과정 측면으로 구분하여 자료내용을 분석하여 발표해 보자.

관련된 법과 제도는 무엇인가?	
무엇이 문제이며, 그것을 해결하기 위한 과제는 무엇인가?	
그 문제는 어떻게 논의되고 있는가? (관련된 행위자, 갈등조정, 의사결정과정 등)	

(2) 세계화의 차원

의사소통	경제	사회	안전
네트워크 세계	세계시장	지구촌으로서의 세계	위험공동체로서의 세계
특징			
전자 및 원격통신 기술의 혁신	무역장벽의 철폐, 자본의 이동성, 거래비용의 절감	국민국가와 국가적 자주성의 의미상실	지구적 위험요인이 인류를 위협
기회(+)와 위험(-)			
(+)세계적 규모의 의사소통에 참여 (+)국제적 접촉과 관계의 심화 (+)세계에 대한 더 많은 지식; 정보의 급속한 전파 (+)편견의 축소 (-)정보 엘리트의 발생; 정보격차(digital divide) 발생 (-)정보의 홍수; 정보 스모그(infosmog)	(+)세계적인 규모에서의 일자리 창출 (+)생산비의 절감 (-)세계시장에서의 경쟁 (-)지역 및 부문별 일자리의 상실; 사회적 불안전 (-)개도국 착취의 심화 (-)연대(의식)의 상실 (-)환경파괴	(+)민주화 (+)공동소속감('하나의 세계') (+)사회집단의 지구적 활동 가능성 (-)정체성과 향토의 상실 (-)저항운동으로서의 신(新)민족주의 (-)반(反)세계화 저항운동 (-)정치적 결정에 대한 다국적 기업이나 국제기구의 영향력 증가; 통제 불가능성	(+)'세계는 하나'라는 인식 (+)협동하지 않을 수 없음 (-)문제의 복합성 (-)개별정부에 대한 무리한 요구 (-)한번 훼손되면 원래 상태로 되돌릴 수 없음 (-)책임의 전가 (-)생태적 문제, 질병, 마약, 국제범죄, 국제테러, 대량살상무기 및 운반기술의 확산 혹은 파급

출처: 허영식, 2004: 243

① 세계화는 여러 가지 측면을 갖고 있다. 그것은 부정적인 영향을 줄 수도 있고(보기: 일자리에 대한 걱정) 긍정적인 영향을 줄 수도 있다(보기: 세계적인 의사소통의 가능성). 세계화의 측면들이 여러분의 일상생활에서 어떻게 나타나고 있는가? 여러분은 이러한 전개과정을 어떻게 느끼고 있는가? 나의 일상생활에서 세계화가 수반하는 기회요소와 위험요소를 생각

해 보고 다음 빈칸을 채워보자.

(보기: 의사소통차원)

(+) 국내 인터넷사이트를 활용하여 학습이나 과제처리에 많은 도움을 받을 수 있다.

(–) 하지만 어학실력이 모자라 외국어로 된 인터넷사이트에는 접근하기가 겁이 난다.

(자신의) 일상 생활과의 관련성	의사소통	경제	사회	안전
기회요소(+)				
위험요소(–)				

② 위에 제시한 표를 보면서 세계화의 기회요소와 위험요소에 관해 좀 더 자세하게 토의를 해보자. 그리고 세계화의 차원을 고려하면서 각각의 요소에 해당하는 구체적인 보기나 사례를 들어보자.

③ '남북문제' 혹은 '세계적인 빈부격차'의 문제나 '21세기의 환경문제' 등과 관련된 그림이나 도표 자료를 찾아보고(이때 강사나 교사가 자료를 미리 찾아 제시해도 좋다.), 세계화가 어떻게 영향을 미치는지 좀 더 자세하게 알아보자.

(3) 대안세계화

① 반세계화 시위: "다른 세계가 가능하다!"라는 슬로건은 세계화에 대한 비판가들이 흔히 사용하는 표어이다. 반세계화 시위장면을 담고 있는 자료를 찾아본 다음(이때 강사나 교사가 자료를 미리 찾아 제시해도 좋다.), "다른 세계가 가능하다!"를 위하여 여러분의 요구사항을 플래카드에 적는다고 가정하고 적합한 말을 생각해 보자. 여러분이 생각하기에 보다

더 살기 좋은 다른 세계를 상상해 보고, 그러한 세계가 어떤 모습으로 우리 눈앞에 나타날 것인지 말해 보자. 이때 5개 정도의 비전(전망)을 제시해 보자.

② 시위와 계몽: '수자원(물) 부족 문제', '에이즈 퇴치를 계몽운동', '광우병·조류독감·메르스·지카바이러스' 등을 다룬 자료(글·그림·사진 등)를 찾아보고(이때 강사나 교사가 자료를 미리 찾아 제시해도 좋다.), 그러한 주제가 세계화와 무슨 상관이 있는지 생각해 보자.

③ 근로조건: 다른 나라에서 사람들이 일하는 조건을 나타낸 자료를 찾아보고(이때 강사나 교사가 자료를 미리 찾아 제시해도 좋다.), 그 사람들의 입장을 취해 보자. 그런 다음 지금과는 '다른' 세계에 대하여 그들이 나름대로 어떤 비전(전망)을 갖고 있을지 생각해 보고 말해 보자.

이상의 논의를 바탕으로 하여, 이 부분에서는 미래지향적인 세계시민교육의 목표와 과제에 대하여 정리해 보기로 한다.

첫째, 자유와 책임 혹은 자유와 질서의 긴장관계를 분명히 깨달아야 한다. 자율이라는 개념 속에는 이미 개인의 자유와 동시에 책임(또는 규칙의 존중)의식이 함축되어 있다.

둘째, 공공의식 또는 공동체의식의 함양이 요구된다. 여기서는 특히 자신의 이해관계와 더불어 다른 사람의 이해관계와 일반이익(또는 공익)을 동시에 고려할 수 있는 능력과 태도가 중요하다. 이해관계의 개념은 개개인 자신의 이해관계, 타인의 이해관계(이것을 고려하기 위해서는 공감의 능력이 필요하다.), 그리고 사회전체에 대한 공동책임의 세 수준으로 분석할 필요가 있다.

셋째, 관용, 특히 모호성에 대한 관용의 자세를 갖추어야 한다. 관용이란 "아무래도 좋다."는 식으로 임의성을 뜻하는 것이 아니라, 다른 시각(또는 관점)이 타인을 위해 가질 수 있는 정당한 권한 및 특별한 의미가 있다는 것을 알기 때문에 그 다른 시각을 인정하는 것이다. 이러한 관용의 태도를 보여주려면 내면적으로 열린 자아의 바탕을 갖추고 있어야 한다.

넷째, 자기가 살고 있는 지역이나 나라에 대한 애착심, 즉 향토애나 애국심도 중요하지만, 이와 세계시민의식 또는 지구촌 시민의식의 함양도 역시 중요하다. 세계적인 수준에서의 상호관계와 지구촌문제에 관하여 개방적인 관심을 가져야 하며, 타문화 출신의 사람들과 상호이해를 추구하고 갈등을 건설적으로 처리하고 해결할 수 있는 간문화능력을 갖추어야 한다.

다섯째, 지식기반사회와 평생학습사회, 혹은 정보화로 지칭되는 후기산업사회에서 사람들은 개관할 수 없는 데이터·사실·정보의 홍수로 인해 불안을 느끼고 쉽다. 개개인은 정보의 거인으로 발달하는 것 같지만, 교육의 소인으로 남아 있기 쉽다. 이러한 맥락에서 우리 모두는 다른 사람에 대한 교육뿐만 아니라 자기교육에도 주의를 기울여야 한다.

여섯째, 지구촌시대의 세계시민교육 과제를 수행하기 위해서는 희망의 원리와 책임의 원리에서 출발해야 한다. 공간 축에서는 나·지방·지역·국가·세계·우주의 상호관계에 주의를 기울여, 지구적 수준에서 생각하면서 지방적 수준에서 행동할 수 있어야 하며, 시간 축에서는 과거·현재·미래의 상관성에 대해 관심을 가지고, 미래를 생각하면서 현재를 구성할 수 있어야 한다. 특히 현재의 나에서 과거의 나를 바라볼 뿐만 아니라, 미래의 나에서 현재의 나를 바라볼 수 있는 안목을 갖춤으로써 미래의 과거로서의 현재가 갖고 있는 의미와 중요성을 성찰할 필요가 있다(허영식, 2004: 258-260).

요 약
abstract

이 장은 세계화시대에 부응할 수 있는 시민교육에 초점을 맞추어 세계시민교육의 개념과 의미를 파악하고, 세계시민교육의 주제영역과 방법적 접근방안을 논의한 다음, 여기에 기초하여 미래지향적인 세계시민교육의 목표와 과제를 제시하는 데 목적을 두고 있다. 이러한 목적에 부응하기 위하여 배경설명으로서 우선 세계화와 세계시민의 관계를 다룬다. 여기서는 특히 사회변동의 관점에서 바라본 세계시민, 그리고 민족의식과 세계시민의식 사이의 관계에 초점을 맞춘다. 이어서 세계시민교육의 개념과 의미를 논의한다. 여기서는 세계시민교육의 기본틀, 세계시민교육의 특징에 관해 좀 더 자세히 살펴본다. 그 다음 세계시민교육에서 다루어야 할 기본적이고 중요한 주제영역을 서술한다. 여기서는 세계시민교육의 시대적·사회적 배경을 가리키는 핵심개념인 세계화현상을 기술하고, 세계시민교육의 필요성과 정당성을 위한 기본적인 전제조건이 되는 세계위험사회의 관점을 제시한다. 이어서 이에 대응하기 위한 사람들의 시도와 노력을 세계시민사회의 측면에서 살펴보고, 세계시민사회와의 연장선상에서 지속가능한 개발에 관하여 부연 설명한다. 그리고 지구적 수준에서의 정보화와 관련하여 네트워크 세계에 관하여 논의한다. 그 다음 세계시민교육을 실현하기 위한 방법적 접근방안을 모색하는 데 있어서 지구촌문제, 세계화의 차원, 대안세계화의 세 가지 주제를 보기로 하여 일부 수업기법의 적용 가능성을 예시한다. 끝으로 결어부분에서는 세계화시대에 적합한 세계시민교육의 목표와 과제에 대한 성찰을 정리한다.

〈부록〉 세계시민교육 수업개요 사례

세계시민교육을 위한 방법적 접근방안으로서 특별히 사회적 관점취득(SPT: social perspective-taking)과 미래지향적 학습방법인 미래워크숍(future workshop)과 시나리오를 권장할 만하다. 이러한 방법을 학교현장에서 적용한 수업사례가 포함된 연구결과를 소개하면 다음과 같다.

김시범(2012). "사회적 관점취득(SPT)의 방법을 적용한 인종차별철폐 수업방안". 청주교육대학교 석사학위논문. / 김지선(2010). "공감적 이해의 적용을 통한 지구촌문제 수업방안 연구". 청주교육대학교 석사학위논문. / 오미정(2017). "사회적 관점취득을 적용한 문화 다양성 수업방안". 청주교육대학교 석사학위논문. / 오승민(2011). "시나리오 기법을 적용한 지구온난화 문제 수업의 설계 및 분석". 청주교육대학교 석사학위논문. / 이윤복(2009). "사회적 관점취득(SPT) 전략을 통한 통일교육의 효과 분석". 청주교육대학교 석사학위논문. / 조배근(2003). "초등사회과에서 미래워크숍 방법의 적용 방안". 청주교육대학교 석사학위논문. / 진인영(2009). "초등사회과 STS 관련내용에 대한 미래워크숍 적용방안: 사회 5-2 '정보화 시대의 생활과 산업' 중심으로". 청주교육대학교 석사학위논문.

1. 사회적 관점취득을 적용한 지구촌문제(난민문제) 수업개요 사례

단계	내용
도입	출발점 확인
	• 지적 호기심, 관점, 학습능력 확인, 생각과 선입견 점검(설문조사 활용)
전개	안 내
	- 교과서에 제시된 지구촌에서 발생하는 다양한 문제들 안내, 사례 제시 
	사회적 관점취득(1) - 타자의 마음(사고와 감정) 속으로 들어가기 - '나라면 어떻게 느끼게 될까?' '어떤 생각이 들까?' - 타인이 처한 상황을 생각하면서 그 마음 속으로 들어가도록 하는 과정. 사회적 관점취득(2) - 타자의 관점이나 입장에서 바라보기 - 학습자 자신이 타자가 되었다고 가정하고, 타자의 처지(상황)에서 생각한 것을 표현하고 행동하도록 하는 과정. 
	추상적 사고
	- 사회적·정치적·구조적 관점에서 체계적인 분석과 사고를 하는 과정
정리	반성 및 일반화
	- 관점변경 여부 확인 - 소감발표 - 내용정리 

2. 미래워크숍을 적용한 세계안전·환경문제 수업개요 사례

단계	내용적 특징 및 학습 활동	자료(매체)
1. 준비국면 1-1. 참여자 및 주제 소개	후쿠시마 원전사고와 관련한 사진 및 영상을 살펴보고 사건의 현상과 원인 및 결과 살펴보기	사진 및 영상자료
2. 비판 2-1. 비판점 수집	신문을 읽고, 후쿠시마 원전사고의 원인과 이에 따른 문제점을 포스트잇에 키워드 중심으로 적고 발표하기	직접 준비한 후쿠시마 원전사고에 대한 신문기사, 포스트잇, 전지
2-2. 구조화 및 심화	포스트잇에 적힌 내용을 토대로 문제에 대해 주제별로 범주화하기(주서 달기)	주서 달기 위한 색지
2-3. 평가 및 선정	범주화된 후쿠시마 원전사고의 문제점 중 가장 심각하다고 여기는 것에 우선순위를 두고 스티커 붙이기	빨간색 스티커(개인당 3개)
3. 상상(유토피아) 3-1. 비판점을 긍정적 표현으로 재정식화	후쿠시마 원전사고의 문제가 완전히 해결된 유토피아 상황을 상상하여 포스트잇에 적고 전지에 붙이기	포스트잇, 전지
3-2. 구조화 및 심화	모둠별로 기발하거나 흥미로운 아이디어라고 생각하는 것을 골라 파란색 스티커를 붙이고, 선정한 아이디어를 중심으로 이상적인 세계의 모습에 대해 구체적으로 표현하여 작품 만들기	파란색 스티커(개인당 3개), 전지, 활동지
3-3. 평가 및 선정	아이디어 발표 및 평가하기	초록색 스티커(개인당 3개), 활동지
4. 현실화 4-1. 유토피아적 설계에 대한 비판적 검토	평가 기준표를 활용하여 현실적으로 가능한 것과 가능하지 않을 것 같은 대안을 비판적으로 검토하기	활동지(평가 기준표)
4-2. 구조화 및 심화	후쿠시마 원전사고를 해결할 수 있는 방안에 대하여 구체화하기	전지, 활동지
4-3. 평가 및 선정	각 대안에 대하여 학생들이 평가해보고 실천 가능한 대안 선정하기	
5. 정리국면	후쿠시마 원전사고에 대해 학습 내용 정리하고, 실천 선언문 작성하여 세계 안전을 위한 실천을 다짐하기	활동지(실천 선언문, 마인드맵)

그림 6-11 미래워크숍의 주요 세 단계를 보여주는 영상텍스트 자료

출처: "future workshop 관련 이미지", 2016: 1

Chapter. 07

사회통합과 세계시민교육

1. 독일통일에 비추어 본 사회통합의 과제
2. 사회통합에 기여할 수 있는 세계시민교육의 목표와 과제
3. 지속가능개발목표(SDGs)와 세계시민교육

Chapter. 07
사회통합과 세계시민교육

1. 독일통일에 비추어 본 사회통합의 과제

1989년 11월 9일 베를린장벽이 무너지고 그 이듬해인 1990년 10월 3일 공식적으로 독일통일이 이루어진 이후 25년 이상이 지났다. 독일통일을 기념하는 연설에서 독일의 정치적 지도자들은 서로 다른 생활방식과 다양성을 인정 및 존중할 것을 새삼스럽게 강조하곤 한다. 이러한 점에서 출발할 때, 우리가 살고 있는 사회와 국가, 그리고 한반도의 장래를 다시 생각해 보게 된다. 다시 말하면, 개방사회와 다문화사회에서 사회통합을 위해 요청되는 태도와 생활방식이 무엇인가에 대해 다시 생각해 보게 된다.

독일통일의 시대적 배경을 회상해 볼 때, 당시 독일과 유럽에서는 큰 변혁의 시대가 다가오고 있음을 체험할 수 있었다. 동구권이 이른바 '내폭(implosion)'을 겪으면서 스스로 무너지기 시작했으며, 이 와중에서 독일은 거의 어리둥절한 상태에서 예기치 않게 통일이라는 역사적 선물을 받았다. 물론 여기서 비유적으로 표현한 '역사적 선물'이라고 해서 통일을 위해 그동안 많은 사람들이 기울였던 의도적인 관심과 노력을 무시하려는 것은 아니다.

그 당시 동독과 서독이 통일되는 과정을 바라보면서 어느 독일학자가 '통합'과 '동화'의 개념을 엄격하게 구분할 필요가 있다고 역설한 것이 아직도 기억에 남아 있다. 그런데 이러한 구분은 분단된 상황을 아직 극복하지 못하고 있는 한반도와 여기서 살고 있는 우리 자신들에게도 여전히 중요한 의미를 지니고 있다고 본다. 이것은 또한 분단·통일문제와 더불어 다문화사회에 대비한 사회통합의 복합적인 과제를 안고 있는 우리들에게 중요한 단서를 제공해 준다고 한다고 볼 수 있다.

지난 몇 십 년 동안 우리가 살고 있는 세계와 우리 생활의 전개과정에 대한 공공적인 토론과 담론에 있어서 특히 세계화와 문명충돌의 두 가지 유행어가 회자되고 있다. 그리고 통합과 게토(ghetto)화(사회적 고립화), 세속화와 종교생활, 또는 선과 악의 대결이 이 두 가지 키워드와 밀접하게 연결되어 있다. 하지만 유감스럽게도 외관상 서로 대립하는 것처럼 보이는 이 양극은 동시에 서로 포함하고 있다는 데 바로 문제의 복합성과 아이러니가 놓여 있는 것이다.

이와 같은 시대진단을 배경으로 삼고 적어도 다문화사회(multicultural society)와 간문화성(interculturality)의 관점에서 바라볼 때 정책과 교육에 부여되는 과제는 다양성과 통일성의 미묘한 긴장관계를 고려하면서 평화로운 공동생활을 가능하게 만들고 확보하기 위하여 공동체적 연대의식을 확고하게 수립하는 일이다. 이 맥락에서 우리는 '비동시적인 것들의 동시성'에 특별한 주의를 기울일 필요가 있다. 이것은 서로 다른 여러 민족과 문화를 포함하고 있는 다문화사회에서 서로 다른 위치에 있는 여러 사회구성체의 융합과 조화를 뜻한다. 이 여러 사회구성체는 그들의 현실적인 문제수준과 사회적·경제적·심리적·문화적 문제의 지평에 있어서 비록 동시에 살고는 있지만, 그러나 동일한 시대적 상황에서 살고 있지 않은 것이다.

여기서 '통합'과 '동화'의 개념을 구분할 필요가 있다. 통합이란 통일을 이루면서도 상이한 점들을 보존하는 관계, 상이한 체제 사이의 관계를 가리키며, 동화란 다른 한쪽이 그들 고유의 정체성을 완전히 포기하고 우리 쪽과 같이 되어야 한다는 요구를 암시하고 있다. 이 구분에 있어서 또한 편협한 통합개념, 즉 외견상 통합을 말하지만, 자세히 살펴보면 동화를 의미하는 그러한 통합의 개념과 거리를 두어야 한다. 진정한 통합이란 상이한 상태에서 동등한 권리와 동등한 인정을 가능케 하는 상호관계를 의미한다. 어쨌든 다문화사회의 전개과정에 있어서 사회문화적 비동시성은 내적인 통일의 과정, 즉 공동의 집단정체성 수립을 위한 과정에 있어서 거쳐야 할 중간단계라고 할 수 있다.

여기서 말하는 통합의 실현에 기여하기 위해서 개인적 수준에서는 사회구성원으로서의 개개인은 특히 공감, 역할거리, 모호성에 대한 관용(toleration of ambiguity), 소통능력을 함양하고 신장시킬 필요가 있다. 그리고 사회적 수준에서는 특히 시민사회에서 제도화된 도덕·윤리와 담론형태에 지향을 둘 필요가 있다. 일반성과 보편성을 위해 노력하는 소위 초문화(transculture)의 상태에서만 비로소 우리는 서로 다른 여러 문화·민족·인종에 속하는 사람들이 서로를 자유롭고 평등한 주체로 인정할 수 있을 것이라고 기대할 수 있다.

2. 사회통합에 기여할 수 있는 세계시민교육의 목표와 과제*

사회통합을 위한 전제조건으로서 우리는 결코 신뢰를 포기할 수 없다. 신뢰는 서로 다른 가치와 이해관계 또는 다양한 사고방식과 생활방식을 갖고 있는 사람들이 모여 사는 사회에서 평화로운 공동생활을 위해 매우 중요한 가치이지만, 결코 자연발생적으로 혹은 저절로 생겨나

* 제2절의 내용은 『교육과 사색』 제18호(2014.4.)에 게재한 필자의 글을 부분적으로 수정·보완한 것임.

거나 유지되는 것이 아니라, 우리가 언제나 계속에서 돌보면서 가꾸어야 할 성질의 것이다. 이와 같은 신뢰에 기반을 둔 사회, 즉 신뢰받는 사회를 만들어가는 데 있어서 학습자와 시민을 위한 교육적 방안은 무엇인가? 이러한 문제제기에서 출발하여, 이 글에서는 우선 신뢰받는 사회의 모습을 간단히 개관하고, 이어서 그러한 사회의 유지와 발전에 기여할 수 있는 방책인 세계시민교육의 목표와 과제에 대해 살펴보고자 한다.

신뢰받는 사회의 모습과 관련하여, 시민교육의 관점에서 바라볼 때, 미래지향적인 비전은 보다 더 바람직한 인간관계와 사회를 구체적으로 실현할 수 있는 방안을 모색하는 데에서 찾아야 할 것이다. 이 맥락에서 신뢰받는 사회의 모습을 생각해 본다면, 가능한 한 많은 사람들이 인간으로서의 존엄성을 느낄 수 있는 사회, 즉 인간다운 삶을 보장하는 사회, 민주사회, 복지사회, 정의로운 사회, 그리고 지속가능한 사회로 특징지을 수 있을 것이다.

특히 세계화·다문화시대에 적절하게 부응할 수 있는 시민교육의 과제를 염두에 둘 때, 우리는 희망과 책임의 원리에서 출발해야 한다. 공간 축에서는 나-지방-지역-국가-세계의 상호관계에 주의를 기울여, 지구적 수준에서 생각하면서 지방적 수준에서 행동할 수 있어야 하며, 시간 축에서는 과거-현재-미래의 상관성에 대해 관심을 가지고, 미래를 생각하면서 현재를 구성할 수 있어야 한다. 그리고 크고 넓게 생각하되, 작은 것, 즉 실천 가능한 것부터 시작하는 자세를 가져야 한다.

그리고 집합적 수준에서 제시한 신뢰받는 사회의 비전에 부응하기 위해서 이제 자유민주사회의 구성원인 개개인의 수준에서 비전을 그려본다면, 학습자와 시민은 다음과 같은 기본소양(능력과 자질)을 갖추어야 할 것이다. ① 인권과 민주주의에 대한 의식의 확립을 위해 역사적 능력이 필요하다. ② 지구적 수준의 미래과제에 대한 의식과 실천, 즉 지구적 능력을 갖추어야 한다. ③ 정보화사회에 적응하고 창의적인 발상을 할 수 있는 디지털 능력이 요청된다. ④ 개인·집단·사회 전체의 이해관계를 조화시킬 수 있는 공동체의식을 전제로 한 참여능력(소통·협동·연대능력, 갈등·논쟁문화요소 포함)이 요청된다. ⑤ 평화로운 공동생활을 지향하면서 문화적 차이와 다양성을 적절하게 다룰 수 있는 간(間)문화능력(intercultural competence)이 요청된다.

세계화와 인구통계학적 변동(이주운동의 증가 포함)으로 인하여 다양성과 차이가 증가하고 있으며, 이것은 다시 교육기관과 시민에게 적절한 대응을 요청하고 있다. 이와 관련하여 사실적 수준에서 주어진 현상으로서의 다원화·다문화사회에 적절히 대처하기 위한 대안으로서 규범적 수준에서 점점 더 많이 간문화적 소통 혹은 접근방안이 요청되고 있으며, 이에 부응할 수 있는 적절한 매개변수 혹은 실행전략으로서 시민교육이 중요한 의제로 거론되고 있다.

다원화·세계화시대에 부응할 수 있는 시민교육을 생각해 볼 때, 그것은 세계시민교육으로 시야를 확장해야 하며, 이 틀 속에서 바라볼 때, 특히 간문화능력의 함양·신장을 목표로 한 시민교육에 주의를 기울여야 한다. 세계시민교육은 그동안 영역별로 전개되어 왔던 평화교육·환경교육·인권교육·개발교육·경제교육·간문화교육(다문화교육)·미디어교육의 여러 가지 차원을 포괄적으로 아우르는, 말하자면 '우산'과 같은 역할을 수행하기 위한 교육적 방책이며, 따라서 여러 가지 차원을 가능하면 복합적·통합적으로 연결시키는 다중관점의 필요성을 강조한다. 이런 전제에서 출발할 때, 다원화·다양성시대에 요청되는 세계시민교육의 목표와 과제는 다음과 같이 제시할 수 있다.

① 주변화·차별·권력관계(보기: 다수집단·소수집단, 여성·남성)를 분석한다. ② 편견과 고정관념에 대한 문제의식을 갖춘다. ③ 다른 것에 대한 지각과 타자에 대한 생각을 검토한다. ④ 평등과 다양성 사이의 연결을 탐구한다. ⑤ 다양성과 관련하여 교육의 내용을 재고·조절·개정하고, 필요한 교육과정 개정을 지향하며 작업한다. ⑥ 학교제도 안팎에서 관찰

할 수 있는 교육적 배제의 현상을 분석하고 그러한 현상의 퇴치를 위해 노력한다. ⑦ 교육에 대한 보편적인 접근을 위해 애를 쓴다. ⑧ 지방·국가·지역·국제사회의 수준에서 차이를 받아들이고 존중할 수 있는 여건을 마련하는 데 있어서 나름대로 기여한다. ⑨ 국민 전체를 다양하고 포용적인 공동체로 간주한다.

상기한 세계시민교육의 목표와 과제에 부응하는 차원에서 일상생활에서 실행에 옮길 수 있는 실천과제로서는 우선적으로 다음과 같은 규범적 요구사항을 들 수 있다.

첫째, 위해(危害)금지의 원칙(principle of nil nocere)에 따라 다른 사람에게 피해를 주지 않도록 해야 하며, 자신의 이익을 추구하기 위하여 다른 사람을 단순한 수단이나 도구로 이용하지 않도록 해야 한다. 또한 황금률에 따라 '다른 사람이 당신에게 행하지 않기를 바라는 것을 그에게 행하지 말라.'는 원칙을 가능하면 준수해야 한다. 이것을 긍정적으로 표현하면, '다른 사람이 당신에게 행하기를 바라는 것을 그에게 행하라.'는 원칙을 지켜야 한다. 이것은 대인관계와 제도, 가정과 공동체, 인종과 민족, 종교 등 인간의 모든 생활영역에서 지켜야 할 규범이며 덕목이다.

둘째, 상기한 황금률에서 한 걸음 더 나아가 다양성관리(diversity management)의 준칙을 고려할 필요가 있다. 즉, '당신 자신이 대우받고 싶은 바와 같은 방식으로 다른 사람을 대우하는 데 그치지 않고, 더 나아가서 가능하면 그 사람이 원하거나 좋아하는 것에 부응할 수 있도록 그렇게 행동하라.' 이것은 황금률보다 더 적극적이고 능동적인 행동규범의 요소를 함축하고 있다.

셋째, 민주적 갈등문화(논쟁문화, 대화문화)를 만드는 데 기여해야 한다. 민주주의에서는 다른 대안이 없다는 말보다 더 해로운 것은 없다. 자유로운 민주사회에서는 언제나 대안이 존재하며, 최선의 대안을 찾기 위하여 평화로운 논쟁과 열정적인 논쟁을 필요로 한다. 여기서 갈등(해소)문화의 개념은 논쟁의 일반적인 규칙이 있다는 점, 그리고 논쟁의 당사자들이 서로를 인정하고, 자신들만이 진리를 소유하고 있다는 착각에 빠지지 않는다는 점을 지향하고 있다. 다시 말하면, 자기 자신의 입장이 언제든지 잘못된 것일 수도 있다는 인식과 통찰이 민주적 갈등문화의 근본적인 토대이다. 따라서 여기서는 관점취득과 관점변경의 능력이 그만큼 더 중요하다.

넷째, 상기한 사항과 연결하여 공감능력을 핵심요소로 함축하고 있는 사회적 관점취득에 주의를 기울일 필요가 있다. 공감은 다른 사람의 마음속으로 들어가, 그 사람의 감정을 추체험(追體驗)하고, 그렇게 함으로써 그의 행위를 이해하거나 명료화할 수 있는 능력을 가리킨다. 따라서 공감은 감정이입할 수 있는 능력으로 간주할 수 있다. 사회심리학에서는 관점취득의 기법이 많이 알려져 있으며, 여기서는 다른 사람의 역할을 취득하거나 그의 입장·위치로 들어가서 그 사람의 시각에서 세계를 바라보려는 시도를 하는 것이 강조되고 있다.

3. 지속가능개발목표(SDGs)와 세계시민교육

(1) 지속가능개발목표(SDGs)와 세계시민교육의 공통점

세계시민교육과 지속가능개발목표의 공통적인 목표개념으로서 세계시민성 혹은 세계시민의식(global citizenship, cosmopolitan citizenship)을 들 수 있다. 이 개념에 초점을 맞추어 본다면, 자유민주주의 사회에서 그것은 국민국가의 시민성이라는 의미에서 공민에 대한 대안이 결코 아니며, 반드시 공민과 어떤 긴장관계에 놓인 상태에서 존재할 필요도 없다. 세계시민성은 오히려 지방·지역·국가·세계의 어느 수준에서도 시민으로서 살아가고 존재할 수 있는 방식을 가리킨다. 그것은 다른 동료로서의 사람들이 어느 위치에 처해 있든 관계없이 그들과 연대의식을 공유할 수 있다는 감정에 기반을 두고 있다.

그것은 지평을 확대하며, 국적과 시민성을 편협하게 그리고 배타적으로 파악하고 규정하려는 시도에 반대한다. 세계시민성의 함양과 신장에 지향을 둔 세계시민교육은 결국 민족정체성 혹은 국민적 정체성을 보다 폭넓게 이해한다는 것을 함축하고 있다. 그것은 예를 들어 한국(인)의 정체성을 서로 다른 사람들이 서로 다르게 경험할 수도 있다는 것을 인정하도록 요구한다. 다시 말하면, 그 특정한 정체성이 서로 다른 사람들에게 서로 다른 것을 의미할 수도 있다는 것을 인정하도록 요청한다.

그러면 이제 세계시민교육을 받은 사람이 갖출 것이라고 기대할 수 있는 세계시민성은 무엇으로 구성되어 있을까? 이러한 질문에 답하기 위하여 여기서는 유네스코가 이미 1990년대에 발간한 시민교육 관련 문서(UNESCO, 1995)에서 제시한 방안을 원용하고자 한다. 교육을 받은 세계시민은 그들 자신의 정체성에 대하여 신뢰감을 지니고, 지역사회에서 그리고 지구적 수준에서 평화·인권·민주주의를 달성하기 위하여 일할 것으로 기대된다. 이를 좀 더 구체적으로 분화시켜 표현하면 다음과 같다.

표 7-1 세계시민성의 구성요소

① 개인적인 책임을 받아들이고 시민적 관여와 헌신의 중요성을 깨닫는다.
② 문제를 해결하고, 정의롭고 평화로운 그리고 민주적인 지역사회(혹은 공동체)를 달성하기 위하여 다른 사람들과 협력한다.
③ 성별·민족·문화 측면에서 사람들 사이에 존재하는 다양성을 인정하고 존중한다.
④ 그들 자신의 세계관이 개인적·사회적 역사와 문화적 전통에 의해 이미 형성되었거나 형성되고 있다는 것을 깨닫는다.
⑤ 문화유산을 존중하고 환경보호에 동참한다.
⑥ 국가적 수준과 국제적 수준에서 연대와 형평성(공평과 정의)을 증진시키는 데 기여한다.

세계화된 세계에서 세계시민교육은 평화·인권·민주주의의 구현에 주된 관심을 두고 있으며, 세계에 존재하는 여러 가지 불평등과 차별의 문제에 특별한 주의를 기울인다. 그것은 청소년과 시민들로 하여금 세계를 바람직한 방향으로 변화시키는 데 있어서 요청되는 지식·기능·태도를 갖추도록 하는 데 유의한다. 그것은 지방적 수준에서 지구적 수준에 이르는 모든 수준에서 세계를 형성하고 구성하는 데 있어서 젊은이와 시민들이 능동적인 역할을 수행할 수 있도록 준비시키려는 시도와 노력을 하며, 그런 점에서 미래지향적인 과제를 안고 있다. 그리고 특히 세계화의 과정과 귀결이 이러한 과제의 중요성을 더욱 부각시키고 있다(허영식, 2010: 72-74).

방법적 측면에서 바라볼 때, 세계시민교육과 지속가능개발목표는 모두 방법론적 민족주의에서 세계시민주의로의 전환에 지향을 두고 있다. 그동안 국민·국가·사회를 근대사회의 자연스러운 사회적·정치적 형태로 간주하려는 방법론적 민족주의가 지배적인 원칙으로서 기능을 수행해 왔다. 이에 대한 대안으로서 세계화시대에 적절한 접근방안으로서 방법론적 세계시민주의로의 전환이 점점 더 많이 요청되고 있다. 이에 입각한 세계시민교육과 지속가능개발목표는 세계수준과 지방수준, 국가수준과 국제수준, 우리와 타자의 명백한 구별을 지양하고, 그 두 가지 준거의 결합·융합·혼합·교차 따위를 경험적으로 분석하려는 시도를 한다.

(2) 지속가능개발목표(SDGs)와 세계시민교육의 차이점

세계시민교육과 지속가능개발목표는 목표와 주제 측면에서 서로 연계할 수 있는 가능성을 상당히 많이 포함하고 있지만, 다른 한편에서 바라볼 때, 그 두 가지 준거 사이에 놓여 있는 근본적인 차이점과 더불어 긴장관계도 역시 명료화할 필요가 있다.

이제까지 비교적 소홀히 다루어진 어려운 문제는 한편으로 세계시민교육이 전제로 삼고 있는 대의민주주의와 다른 한편으로 지속가능개발목표가 출발점으로 삼고 있는 지구 행성의 필요에 지향을 둔 사고방식(즉, 지구자원의 유한성을 주어진 상수로 간주하는 프로그램)을 도대체 어떻게 서로 조화시키거나 아니면 적어도 서로 양립가능하게 만들 것인가 하는 데 놓여 있다. 대의민주주의 체제는 주권재민사상에 따라 일단 유권자인 국민에게 지지기반을 두고 있는데, 바로 이 국민은 소비주의 문화에서 벗어나지 못하고 있으며 그러한 문화를 쉽게 포기하지 않으려고 한다. 이런 상태에서 이제 자원이 제한된 세계를 상정하고 여기서 도출된 생태학적 요구사항에 부응하기 위해서는 일정한 사회·정치적 의제나 정책을 거부하거나 배척해야 할 것이다. 그런데 만약 생태적인 요구사항에 부응하기 위하여 심지어 이른바 생태독재(eco-dictatorship, Oekodiktatur)를 선택하게 된다면, 이것은 관점과 시각의 다양성을 인정하고 존중해주는 자유민주주의체제와 모순관계에 놓이게 된다. 이제까지 (세계)시민교육이 대체로 시장경제의 원리에 지향을 둔 대의민주주의에 중점을 두고 있다는 점에서 출발할 때, 이것은 실질적으로 지속가능한 정책이라는 의미에서 가혹하고 엄격한 국가개입과 양립하기 어렵게 된다. 이러한 딜레마 상황에서 부분적으로 벗어날 수 있는 가능성으로는 기껏해야 지역수준에서 어느 정도 실현할 수 있는 자급자족경제(sustenance economy, Subsistenzoekonomoe)를 들 수 있다. 즉, 진정한 의미에서 지속가능한 '개발 혹은 발전(development)'보다는 오히려 지속가능한 '절제 혹은 제한(contraction)'이 더 적절한 대안이 될 수 있다는 것이다(Selby, 2009: 293-296).

(3) 지속가능개발목표와 세계시민교육의 연계 가능성

지속가능개발의 개념은 다음과 같은 세 가지 관계에서의 조정을 목표로 하고 있다. ① 인간의 필요와 자연·생태의 지탱능력 사이의 조정

(연결문제), ② 현재세대의 필요와 장래세대의 필요 사이의 조정(세대간 정의(正義)문제), ③ 가지지 못한 자의 필요와 가진 자의 필요 사이의 조정(세대내의 정의문제). 간단히 말해서, 지속가능개발은 환경·생태의 지탱능력 속에서 인간의 삶의 질을 지속적으로 향상시키는 것이다.

지속가능개발의 개념이 함축하고 있는 이 세 가지 요소에 비추어볼 때, 지속가능개발목표가 추구하는 핵심가치와 더불어 핵심주제는 대체로 세계시민교육과 자연스럽게 연계될 수 있을 것으로 기대된다. 왜냐하면 세계시민교육도 역시 더 포괄적인 맥락에서 글로벌 수준의 상호의존과 세계위험사회의 도전(지구촌문제)을 고려할 때 지구상의 모든 사람이 연결되어 있다는 점을 분명히 하고, 또한 정의와 연대의 정신을 가지고 세계사회를 구성할 기회가 있다는 점을 명료화해야 한다는 기본적인 과제를 떠맡고 있기 때문이다.

연계의 형식에 대해 언급하자면, 물론 관점과 입장 혹은 해석에 따라 한편으로 지속가능개발목표 중심 세계시민교육도 가능하고, 거꾸로 세계시민교육 중심 지속가능개발목표도 가능할 것으로 보인다. 달리 표현하면, 세계시민교육이 지속가능개발목표의 일부분이 될 수도 있고, 지속가능개발목표가 세계시민교육의 일부분이 될 수도 있다. 하지만 그동안 국제기구나 관련된 단체에서 제시한 여러 가지 접근방안을 종합적으로 고려할 때, 일단 세계시민교육이 더 포괄적인 개념이라고 판단할 수 있다.

그동안 세계시민교육은 상당 부분 개발정책과 관련된 교육의 전통을 따르고 있으며, 이와 동시에 평화교육과 환경교육, 그리고 인권교육과 다문화교육(간문화교육)의 주제영역도 역시 포괄하고 있다. 그런데 지속가능개발목표를 중심어로 삼고 살펴보면, 세계시민교육이 포괄하고 있는 여러 가지 교육적 방책이 이러저러한 방식으로 서로 연결될 수 있다. 그렇지만 지속가능개발목표의 핵심적인 요소 혹은 측면에 초점을 맞춘다면, 지구 행성이 지탱하고 있는 자원의 유한성에서 출발한다는 점에서 환경·생태·개발에 일차적인 비중이 놓여 있다는 것은 부인하기 어려울 것이다.

(4) 지속가능개발목표와 연계한 세계시민교육의 행위주체

지속가능개발목표와 연계한 세계시민교육의 행위주체와 관련하여 다음과 같은 도식화에서 출발할 수 있다.

그림 7-1 지속가능개발목표와 연계한 세계시민교육의 행위주체와 그 관계

정부와 지방자치단체(집행기관)		
절차: 세계시민교육과 연계한 지속가능개발목표를 위한 대화·협의·합의도출	**지속가능성의 확보와 유지**	목표: 세계시민교육과 연계한 지속가능개발목표를 위한 중장기적인 실행계획의 구안 및 실행
주민·시민단체·경제관련단체		

각 행위주체의 역할에 대해 좀 더 구체적으로 진술하자면, 우선 정부와 지방자치단체는 재정적·인적·이념적으로 지원을 해줄 수 있는 교육인프라를 구축할 필요가 있다. 교육청은 학교에 대한 장학활동과 더불어 예비교사를 위한 교육 및 현직교사를 위한 연수를 활성화할 필요가 있다. 학교에서는 일차원적인 사고 대신에 맥락을 고려하는 사고 혹은 네트워크 사고를 연습시켜야 한다. 그리고 아동과 청소년이 그들의 흥미·관심과 이해관계를 미래에 관한 토론에 끌고 들어올 수 있도록 그들을 뒷받침할 수 있다. 지속가능개발목표의 취지를 반영하는 데 있어서 지역사회에서 협력의 동반자가 될 수 있는 사람이나 집단에 주의를 기울일 필요가 있다. 교육청과 학교가 지역사회를 지속가능개발을 위한 구성공간으로 이해할 경우, 지속가능개발목표는 교육기관 내에서의 교

육에만 국한시킬 필요가 없다. 학습은 지역사회의 여러 곳에서 이루어질 수 있기 때문에, 학교는 지속가능개발의 관점에서 위상을 새로 정립할 필요가 있다. 그리고 시민단체는 지속가능개발목표의 실천적 측면을 위하여 토론을 위한 포럼과 공동구성의 장을 제공할 수 있다. 이러한 역할은 능동적이고 자기주도적으로 이루어질 수 있다. 하지만 시민단체는 종종 인적·행정적·정치적·재정적 측면에서 그들의 힘에 부치는 상황에 처하거나 예기치 못한 갈등상황에 빠지곤 한다. 따라서 지방자치단체나 교육관련기관은 지도와 훈련을 통해서 이런 시민단체에게 필요한 지원을 할 수 있다. 지역수준을 넘어서는 과제를 실현하기 위해서는 지속가능개발목표와 관련된 활동을 주업으로 하거나 부업으로 하는 사람들에게 계속교육을 실시해야 한다. 이렇게 하기 위해서는 지역간 시민교육네트워크가 결성되어 상호 조율해야 할 것이다.

그림 7-2 다른 사람의 권리를 위해 일어서자는 메시지를 담고 있는 인권의 날 기념 포스터(국제연합 인권이사회의 홍보자료)

출처: Jeppesen, 2016a: 1

그림 7-3 1948년 12월 10일 세계인권선언이 유엔총회를 통과한 것을 기념하는 사진자료

출처: Jeppesen, 2016b: 1

그림 7-4 인종차별주의에 반대하고 인권과 다양성을 위해 모두 손에 손을 잡고 협력하자는 메시지를 담고 있는 인권의 날 기념행사 장면

출처: Jeppesen, 2016c: 1

그림 7-5 지속가능개발목표(SDGs)는 새로운 사회계약이라는 점을 강조하는 행사 장면

출처: Jeppesen, 2016d: 1

그림 7-6 지속가능개발목표(SDGs)의 달성을 위한 실천과제로서 2030년까지 세계적으로 절대빈곤을 철폐하자는 취지의 사진자료

출처: Jeppesen, 2016d: 2

요 약

abstract

이 장에서는 우선 독일통일에 비추어 본 사회통합의 과제를 성찰하는 차원에서, 통합과 동화의 개념을 구분할 필요가 있다는 전제에서 출발하고 있다. 통합의 실현에 기여하기 위해서 개인적 수준에서는 공감, 역할거리, 모호성에 대한 관용, 소통능력을 함양하고 신장시킬 필요가 있다. 사회적 수준에서는 시민사회에서 제도화된 도덕·윤리와 담론형태 혹은 초문화에 지향을 둘 필요가 있다. 왜냐하면 일반성과 보편성을 위해 노력하는 초문화의 상태에서 비로소 서로 다른 여러 문화·민족·인종에 속하는 사람들이 서로를 자유롭고 평등한 주체로 인정할 수 있을 것이라고 기대할 수 있기 때문이다. 다원화·다양성사회의 통합을 위해 요청되는 세계시민교육의 목표와 과제를 염두에 두면서, 이에 부응하는 차원에서 일상생활에서 실행에 옮길 수 있는 실천과제로서는 다음과 같은 규범적 요구사항을 들 수 있다. 첫째, 위해금지의 원칙 혹은 황금률에 따라 다른 사람에게 피해를 주지 않도록 해야 한다. 둘째, 상기한 황금률에서 한 걸음 더 나아가 다양성관리의 준칙을 고려할 필요가 있다. 셋째, 민주적 갈등문화(논쟁문화, 대화문화)를 만드는데 기여해야 한다. 넷째, 상기한 사항과 연결하여 공감능력을 핵심요소로 함축하고 있는 사회적 관점취득에 주의를 기울일 필요가 있다. 글로벌 수준에서의 사회통합문제를 해결하기 위한 방안으로 등장한 지속가능개별목표에 비추어 세계시민교육을 바라볼 때, 우선 두 가지 준거 사이의 공통점(유사점)과 차이점을 명료화하고, 이에 입각하여 그 두 준거의 연계 가능성을 모색할 필요가 있다. 이때 두 가지 준거 사이에 놓여 있는 근본적인 차이점과 더불어 긴장관계를 시야에서 놓쳐서는 안 될 것으로 보인다.

Chapter. 08

페기다(Pegida)의 사례를 중심으로 살펴본 다문화와 사회통합의 문제

1. 페기다의 개념과 개요
2. 페기다운동에 대한 반응과 입장
3. 다문화사회의 통합문제로서 페기다현상에 대한 담론과 논쟁

Chapter. 08

페기다(Pegida)의 사례를 중심으로 살펴본 다문화와 사회통합의 문제*

다문화사회로의 변동과정에서는 이주민의 사회통합이 비교적 약하고 허술한 형태를 취할 수 있다. 이 약하고 허술한 사회통합의 형태에서는 특정 영토나 지역에 거주하고 있는 정주민이 어느 정도 관용적인 태도를 보여줄 경우, 이주민들이 나름대로 자신들의 문화정체성을 유지할 수 있다. 이때 소수민족 집단 내에서는 내부통합이 상당한 결속력을 갖출 수 있다. 그리고 그러한 곳에서는 특정한 문화권에 고립된 이종문화권 혹은 평행사회, 평행문화, 평행생활, 평행세계, 하위사회, 하위문화, 민족식민지 따위가 형성될 수 있다(Finkelstein, 2006: 57–62, 196–197; Gerlach, 2006: 213–214; 허영식·정창화, 2012a: 110). 평행사회의 개념을 중심으로 하여 다문화사회의 사회통합과 관련된 기본개념 간의 긴장관계는 다음과 같이 도식화하여 제시할 수 있다.

---

* 제8장의 내용은 『한독사회과학논총』 제25권 제1호(2015.3.)에 게재한 필자의 글을 부분적으로 수정·보완한 것임.

그림 8-1 사회통합과 관련된 기본개념 사이의 긴장관계

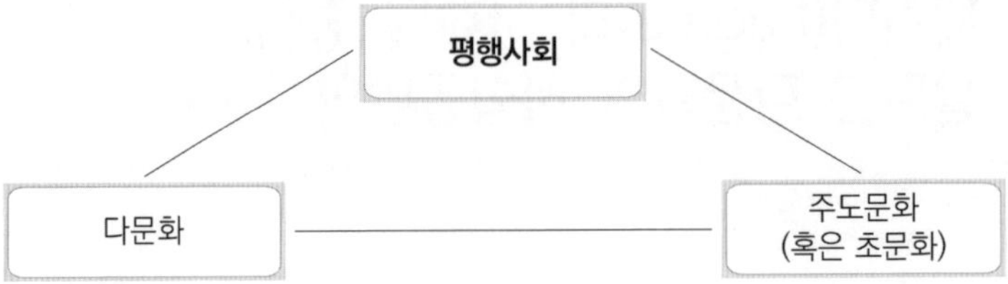

출처: 허영식·정창화, 2012a: 111

평행사회는 다문화사회 혹은 다문화주의의 부작용이나 아니면 의도하지 않은 부수결과로 볼 수 있다. 다문화사회 혹은 다문화주의가 평행사회라고 하는 퇴행적 현상을 수반할 경우, 그것은 서로 다른 민족집단이나 인구집단이 따로 떨어져 사는 것, 즉 과거에 남아공화국에서 존재했던 인종차별주의와 별 차이가 없다고 간주할 수도 있다. 사회통합의 관점에서 살펴볼 때 평행사회와 같은 현상을 경계하면서 그것을 저지하거나 미리 예방하기 위하여 나온 대안이 초문화주의 혹은 주도문화의 입장이다. 그런데 정교분리주의(세속주의)를 상대적으로 더 많이 강조하는 프랑스의 초문화적 입장(공화주의적 보편주의)과 주도문화에 따른 통합을 지향하는 독일의 경향 사이에 미묘한 차이가 존재한다. 이러한 차이는 국민의 개념에 대한 상반된 해석에서도 부분적으로 확인할 수 있다. 국민의 개념은 민족(ethnos)의 요인과 민중(demos)의 요인 중 상대적으로 어느 것에 더 큰 비중을 두는가에 따라서 정책과 조치, 그리고 사회적 실천의 방향이 달라질 수 있다(허영식·정창화, 2012a: 111-112).

다문화주의의 관점이나 또는 소수집단의 입장에서 바라보면, 주도문화는 소수집단이나 이주자에 대한 동화를 촉구하는 압력으로 간주될 수 있다. 이러한 긴장관계를 상징적으로 보여주는 사례로는 "서구는 유럽의 주도문화를 계몽적 차원에서 적극적으로 보급·확산시켜야 하지만, 독일은 (무슬림) 여교사가 히잡(두건)을 착용할 수 있도록 허용해 주어야 한

다."라는 명제를 들 수 있다(Kermani, 2009: 157-171; Klausen, 2006: 172; Keskin, 2006: 92-96). 하지만 다른 한편으로 초문화나 주도문화의 입장을 고수하는 다수집단 혹은 주류사회는 소수집단이나 이주자가 평행사회와 같은 퇴행적 현상으로 빠져들지 말고, 평화로운 공존을 지향하면서 사회 전체의 통합에 실질적으로 기여할 수 있도록 가치·태도·행동의 변화를 보여줄 것을 기대하려는 경향이 있다(허영식·정창화, 2012a: 113). 이 글에서 특별히 주의를 기울이고자 하는 소위 페기다운동 혹은 페기다현상은 크게 보면 상기한 다문화사회의 통합문제라는 담론과 맥락 속에서 위상을 설정할 수 있는 구체적인 사례이다.

페기다운동에 참여한 사람들이 표출하고 있는 반감이나 불편한 감정은 특히 끊임없는 이주로 인한 걱정과 염려, 그리고 이슬람 평행사회로 인한 두려움과 관련된다. 이 맥락에서 페기다운동은 이주정책과 관련하여 형을 받아야 하거나 범죄를 저지른 망명신청자와 이주자에 대하여 무관용정책을 취할 것을 옹호한다. 또한 이슬람 평행사회와 관련하여 페기다운동은 독일 혹은 유럽의 주도문화라는 의미에서 기독교·유대교에 기반을 둔 서양문화를 유지하고 보호하고자 한다. 이와 같은 맥락에서 대체로 '과도한 외국 영향(Ueberfremdung)'에 반대하며, 특별히 샤리아법원·샤리아경찰·평화판사(분쟁중재자) 등을 포함한 이슬람 평행사회와 평행법원(평행사법)을 허용하는 것에 강력하게 반대한다(Dege, 2015: 1-3; Wagener, 2015a: 1-2; Hamann, 2014: 1; "Patriotische...", 2014: 3; Roy, 2006: 323-331; Roy, 2010: 25-30; Kaddor, 2010: 26-30; 허영식·정창화, 2012a: 157-164).

이와 같은 이론적·실천적 배경을 염두에 두면서 이 장에서는 다문화와 사회통합의 문제와 관련하여 소위 페기다와 같은 현재진행형으로서의 사회운동을 어떻게 이해해야 할 것인가, 거꾸로 페기다운동의 사례를 통해 다문화와 사회통합의 문제를 어떻게 이해하고 해석해야 할 것인가 하는 문제제기에서 출발하고자 한다. 이 글의 목적은 독일에서 발생한 페기다현상에 대한 사례분석을 통하여 다문화사회의 통합문제에 관한 최근의 담론과 논쟁에 대해 기술하고, 우리 사회의 다문화정책과 이주통합정책을 위한 함의와 시사점을 시론 차원에서 도출하는 데 놓여 있다.

이러한 목적에 도달하기 위하여 우선 페기다의 개념과 개요에 대해 간단히 소개하고, 이어서 페기다운동에 대한 반응과 입장을 사회적·정치적 행위영역을 고려하면서 기술한다. 여기에 기초하여 그 다음에는 다문화와 사회통합의 틀 속에서 페기다현상에 대한 담론과 논쟁에 관하여 논의한다. 여기서는 특히 페기다현상의 특징과 원인, 그리고 파장과 대처방안에 대한 학술적인 설명과 해석에 주의를 기울인다. 마지막으로 결론 부분에서는 우리 사회의 다문화정책과 이주통합정책을 위한 함의와 시사점을 몇 가지 명제로 정리하여 제시하고자 한다.

1. 페기다의 개념과 개요

이 부분에서는 페기다의 개념과 더불어 극우파와의 연관성, 시위의 조직담당자, 시위에 참여한 사람들의 구성, 페기다의 보급·확산 가능성, 그리고 배경요인의 측면에서 간단하게 개요를 소개하기로 한다(페기다운동의 진행과정과 다양한 측면에 대한 보다 더 자세한 내용에 관해서는 허영식, 2015a: 제7장(페기다의 빛과 그림자) 참조).

(1) 페기다의 개념

페기다운동은 이미 그 이름 속에 그들이 안고 있는 불안을 포함시키고 있다. 페기다(Pegida)는 '서양의 이슬람화에 반대하는 애국적 유럽인(Patriotische Europaeer gegen die Islamisierung des Abendlandes)'의 준말이다. 2014년

10월 20일 이래 이 운동에 참여한 집단은 매주 월요일 저녁에 작센(Sachsen)주 수도인 드레스덴(Dresden)에서 그들이 이슬람주의, 망명제도의 남용 혹은 독일문화에 대한 위협이라고 관찰하는 모든 것에 반대하면서 시위를 벌였다. 하지만 그들의 관심사를 노골적인 인종차별주의적인 구호를 갖고 표출하지 않고, 오히려 '독일 땅에서의 종교전쟁에 반대하는 비폭력 단결'과 같은 슬로건을 적은 플래카드를 들고 시위행진을 벌였다. 조직담당자들은 시위에 참여한 사람들에게 가능하면 언론과 대화를 주고받지 말라는 지침을 내렸다. 이 저항행진이 연방수준에서 주의를 끌게 된 까닭은 우선 그 규모 때문이었다. 처음에는 수백 명(300~350명)에 불과하던 것이, 경찰추산에 따르면, 제10차 데모(12월 22일)에서는 약 17,500명으로 증가하였다(Stute, 2014a: 1; "Patriotische...", 2014: 1–2). 제11차 시위(2015년 1월 5일)에는 약 18,000명이, 제12차 시위(1월 12일)에는 약 25,000명이 군집했다고 한다("Islamfeindliche...", 2015: 1).

(2) 극우파가 배후에 있는지의 여부

극우파가 배후에 있지 않은 것으로 추정된다. 그동안 신나치주의자들의 동향을 관찰했던 작센주 문화국의 정보에 따르면, 시위를 조직하고 실행에 옮기는 데 있어서 조직화된 극우파가 참여하지 않은 것으로 보였다. 그 대신 정치적으로 그 이전에 자민당(FDP) 당원으로 활동하던 시민들이 동참한 것으로 보였다. 조직담당자들은 심지어 명시적으로 극우파와 거리를 유지하려는 모습을 보였다. 그럼에도 불구하고 그동안 시위에는 상당수의 신나치주의자들이 참여하였다. 그들의 참여가 오히려 방해가 되는 것은 아닌가 하는 질문에 대하여 페기다 주동자인 바흐만(Lutz Bachmann)은 확답을 피하였다. 그 대신 아무에게도 시위에 참여하는 것을 막을 수 없다고 하는 법적인 상태에 대해 언급했다고 한다(Stute, 2014a: 1).

(3) 페기다시위의 조직담당자

페기다측이 스스로 제시한 정보에 따르면, 페기다의 내용에 대해 12명으로 구성된 조직팀이 결정을 내린다고 한다. 2014년 12월 19일부터 협회로 등록된 이 집단은 처음에는 소셜 네트워크인 페이스북(Facebook)을 통해 모였다고 한다. 시위 장소에서 연단에 등장하면서 공개적으로 얼굴을 드러낸 인물은 특히 바흐만이다. 대부분 인터뷰를 거부하고 있으며, 독일국제방송 도이체 벨레(DW)의 문의에도 어떤 답을 주지 않았다고 한다. 바흐만은 사진 및 홍보대행사를 운영하고 있다고 하며, 웹사이트를 통해 여권사진, 결혼사진, 언론보도사진, 예술사진과 관련된 상품을 광고한다고 한다. 작센신문사의 조사에 따르면, '형을 받아야 하는 이주자 혹은 범죄를 저지른 이주자에 대한 무관용정책'을 우선적으로 요구하는 바흐만 자신은 마약거래로 인하여 집행유예로 풀려난 상태에 있다고 한다. 그리고 보도에 따르면 과거에 그가 저지른 범죄행위에는 가택침입, 절도, 무고, 위증교사, 부양의무 불이행, 음주운전, 상해(신체손상)가 속한다고 한다(Stute, 2014a: 1-2; "Patriotische...", 2014: 1-2).

(4) 페기다시위에 참여한 사람들의 구성

물론 신나치, 훌리건, 로크족(폭주족)과 같은 집단이 시위에서 간과할 수 없긴 하다. 하지만 시위에 참여한 사람들의 대부분은 별로 눈에 띄지 않는 보통 시민들이다. 작센주 문화국의 직원 말에 따르면, 낮은 중산층, 사업가, 소시민, 축구팬 등을 관찰할 수 있다고 한다. 어쨌든 페기다를 조직한 사람들이 극우파를 넘어서서 다른 많은 사람들을 동원하는 데 있어서 나름대로 상당히 성공을 거두었다는 점을 무시할 수 없다(Stute, 2014a: 2).

(5) 페기다의 보급·확산 가능성

적지 않은 사람들이 보급·확산될 수 있을 것으로 추측하고 있다. 이미 여러 도시에서 페기다를 모범으로 삼아 페이스북 집단이 구성되었다. 이것은 상당한 잠재력을 발휘할 수도 있다. 이와 관련된 여러 연구에 따르면, 독일국민의 약 25%가 우익포퓰리즘의 아이디어에 이끌릴 수 있는 성향을 가지고 있다고 한다. 하지만 예를 들면 영국이나 프랑스에서와는 달리 아직은 상당히 적은 수에 달하는 국민들만이 그에 대응하는 정당을 선출하거나 거리로 나설 태도를 갖추고 있다. 전문가들은 이를 가리켜 '우익포퓰리즘의 빈틈'이라고 부른다. 뒤셀도르프 전문대학 신나치주의 연구소의 호이슬러(Akexander Haeusler)에 따르면, 이 집단 중에서 얼마나 많은 사람들을 드레스덴 이외의 다른 도시에서 동원할 수 있을 것인가에 대한 답변은 두 가지 요인에 달려 있다고 한다. 첫째, 다른 사람들에게 적어도 노골적으로 극우파라는 인상을 심어주지 않고 가능하면 진지한 모습을 보여주기 위하여 이에 해당하는 공공적인 이미지를 산출해야 한다. 둘째, 드레스덴의 지방적 틀을 넘어서서 중장기적으로 저항운동을 결집시킬 수 있는 조직구조를 마련하지 않으면 안 된다(Stute, 2014a: 2; "Patriotische...", 2014: 2). 어쨌든 그동안 다른 도시에서 페기다의 개념을 모방하려는 시도가 있었다. 페기다의 분파로서 바이에른(Bayern)의 바기다(Bagida), 본(Bonn)의 보기다(Bogida), 켐니츠(Chemnitz: 구동독의 Karl-Marx-Stadt)의 케기다(Cegida), 다름슈타트(Darmstadt)의 다기다(Dagida), 뒤셀도르프(Duesseldorf)의 뒤기다(Duegida), 하노버(Hannover)의 하기다(Hagida), 카셀(Kassel)의 카기다(Kagida), 쾰른(Koeln)의 쾨기다(Koegida), 라이프치히(Leipzig)의 레기다(Legida), 마그데부르크(Magdeburg)의 마기다(Magida), 뷔르츠부르크(Wuerzburg)의 뷔기다(Wuegida)가 등장하였다(Stute, 2014b: 1; "Patriotische...", 2014: 2; "Eine kleine...", 2014: 1-2; "Rechtspopulisten...", 2014: 1-2; "Bogida...", 2014: 1-3; "Pegida ante...", 2015: 1). 2015년 1월 5일(제11차) 시위의 경우, 베를린(Berlin)에서는 베르기다(Baergida)가 등장하였다. 함부르크(Hamburg)에서는 페기다에 대한 반대시위로서 '서양의 백치(바보)화에 대항하는 관용적 유럽인(Tolerante Europaer gegen die Idiotisierung des Abendlandes)'이라는 모토를 달고 '테기다(Tegida)'가, 쾰른에서는 쾨기다에 저항하면서 이것을 조롱하는 패러디로서 '냉혹한(무정한) 페기다'라는 의미의 '프리기다(Frigida)'가 등장하였다 ("Islamfeindliche...", 2015: 1; "Demo...", 2015: 2).

(6) 페기다의 배경요인

얼마 전만 해도 '서양'이라는 말은 많은 시민들이 사용하는 어휘에서 사라진 것으로 간주되었다. 그러던 것이 페기다운동을 계기로 하여 도처에서 이 용어가 거론되기 시작하였다. 왜냐하면 결국 '서구'를 의미하는 '서양'이 이슬람화의 위협에 처해 있다는 우려 때문이었다. 차이트 온라인(Zeit Online)의 설문조사에 따르면, 독일국민의 73%가 과격한 이슬람이 독일에서 득세하고 있다는 우려를 표명하였으며, 59%가 독일이 난민을 너무 많이 받아들이고 있다는 견해를 밝혔다. 최근의 배경요인에 초점을 맞출 경우, '이슬람국가(IS)'에 대한 우려, 이슬람주의의 테러에 대한 미디어의 보도, 소위 '성전의 전사'로 시리아와 이라크에서 참전하고 돌아온 자들과 이들이 제기하는 안보에 대한 위협, 2014년 9월 부퍼탈(Wuppertal)에서 발생한 소위 '샤리아경찰'의 등장과 더불어 벌어진 이슬람논쟁, 이런 것들이 모두 독일의 이슬람화가 증가하고 있다는 인상을 많은 시민들에게 심어주었다. 대중매체도 여기에 편승하여 이와 관련된 기사를 대서특필하면서 불안감을 증폭시키는 데 기여하였다. 일종의 자기성취적 예언에 따라, 미디어는 이슬람논쟁과 관련된 사항을 헤드라인으로 부각시킴으로써 결국 그것이 사실상 헤드라인이 되고 말았다. 하지만 상기한 요인들이 모든 페기다 시위자의 동기를 설명해 주는 것은 아니다. 대부분의 사람들에게 무슬림과 이슬람은 그렇게 큰 관심사가 아니다. 오히려 근본적으로 더 중요한 것은 지난 10~15년 동안 모든 서구국가에서 지속적으로 관찰할 수 있는 것, 즉 막연하고 확산적인 배경요인이다. 그것은 미래와 관련된 불안, 더 구체적으로 지적하자면, 사회적 하강에 대한 불안, 일자리 상실에 대한 불안인 것이다. 페기다운동은 결국 기존의 정치에 대한 신뢰의 상실과 직결되는 문제라는 것이다. 이러한 빈틈을 찾아 성공한 대표적인 정당이 '독일을 위한 대안(AfD)'이다. 2012년에 창당된 이 정당은 아직 기득권을 확보한 기존의 정당으로 간주할 수 없다. 보다 강력한 이주정책과 같은 요구사항을 들고 등장한 '독일을 위한 대안' 정당은 2013년도만 해도 연방의회선거에서 5% 장벽을 넘지 못해 의회에 진입하지 못했다. 그런데 2014년도에는 지방자치단체 수준에서 세 개의 주의회에서 의석을 확보하였으며, 동시에 유럽연합의회에도 진입할 수 있었다. 그리고 우연의 일치라고만 간주할 수 없는 사항이지만, 페기다운동이 요구하는 사항에 대하여 일리가 있다고 하면서 이 정당의 주요인사들(당대표인 루케(Bernd Lucke), 부란덴부르크주의회의 교섭단체대표인 가우란트(Alexander Gauland) 등)이 페기다운동을 지지한다는 입

그림 8-2 페기다의 분파인 레기다의 시위 모습

출처: Wagener, 2015c: 1

장을 명시적으로 표명하기도 하였다(Baers, 2015: 1–3; "AfD...", 2015: 1–2; "AfD verteidigt...", 2015: 1–2; Scholz, 2014: 2–3; Wagener, 2015b: 1–2).

그림 8-3 페기다데모와 반(反)페기다데모에 참가한 시위자의 수

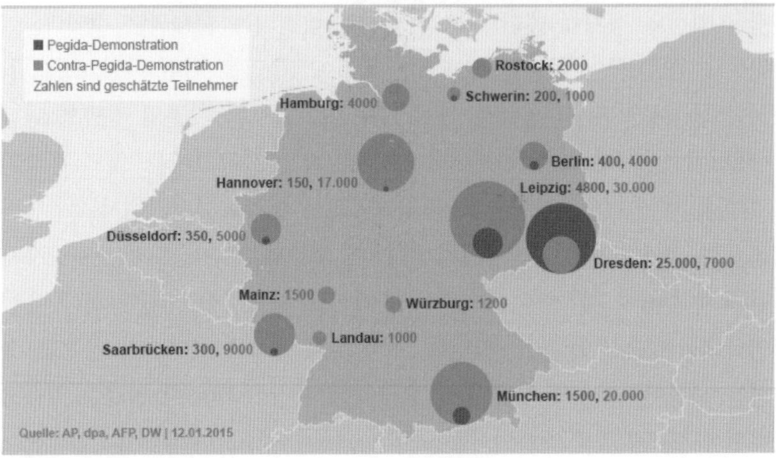

출처: "Dialog...", 2015: 2

2. 페기다운동에 대한 반응과 입장

최근 여러 번에 걸쳐 발생한 페기다시위를 경험한 다음에 이 운동에 대하여 어떤 답변을 내놓을 것인가 혹은 어떻게 적절하게 대처할 것인가 하는 질문을 둘러싸고 여러 가지 방안이 거론되고 있으며 또한 논란의 대상이 되고 있다. 페기다운동에 대한 반응과 답변 혹은 대처방안에 대한 입장은 대체로 두 가지로 구분해 볼 수 있다. 그 한 가지는 페기다운동에 대하여 단호하게 그리고 총체적으로 저항하거나 반기를 들자는 입장으로 요약할 수 있다. 이것과 대조되는 입장은, 비록 구체적인

방안 사이에는 미묘한 정도의 차이가 존재하지만, 일단 이해하는 차원에서 페기다운동을 진지하게 받아들이거나 아니면 적어도 부분적으로 대화의 여지를 허용하자는 입장으로 압축할 수 있다. 상기한 두 가지 입장에 해당하는 구체적인 시사자료의 사례를 사회적·정치적 행위영역별로 구분하여 소개하면 다음과 같다.

(1) 페기다운동에 대하여 저항과 반대를 분명히 하자는 입장

① 정치권(정부와 정치가)

독일의 주정부 내무장관들은 연방내무장관회의에서 우익포퓰리즘에 반대하는 입장을 명확하게 표명하였다. 즉, 외국인혐오증과 이슬람혐오증에 대하여 분명한 신호를 보냈다. 쾰른에서 2014년 12월에 개최된 내부장관회의는 이른바 서양의 이슬람화에 반대하는 페기다시위의 배후에 있는 사람들의 정체를 밝혀야 한다는 점을 요구하였다. 그것은 정말 필요한 일이다. 왜냐하면 2014년 12월 8일(월요일) 드레스덴에서 10,000명에 달하는 사람들이 소위 서양의 이슬람화에 저항하기 위하여 거리로 나섰다면, 독일에서 무엇인가 잘못 돌아가고 있으며 근본적으로 어떤 문제가 있다는 것을 암시하기 때문이다.

어쨌든 극우파와 우익포퓰리스트는 그들의 그릇된 메시지를 갖고 다른 사람들이 안고 있는 막연하고 확산적인 불안을 사회의 한가운데로 끌어들이는 데 나름대로 성공을 거두었다. 그리고 어려운 문제와 질문에 잘못된 답변을 주면서 결국 외국인혐오증과 이슬람혐오증을 증폭시키고 있다. 매년 두 번에 걸쳐 개최되는 연례 내무장관회의가 하필 마무리되는 동안 뉘른베르크(Nuernberg) 부근 포라(Vorra)에서 난민숙소에 대한 방화사건이 발생했다. 이러한 사건을 고려할 때, 독일에서는 이주자나 이슬람보다 더 큰 위협적인 요인이 극우파에게서 나오는 것이 아닌가 하는 질문이 제기된다(Hein, 2014: 1; "BKA...", 2014: 2-3; Steudel, 2014; 1-3).

정치권은 적어도 다음 세 가지 측면에서 대처방안이나 해결방안을 강구해야 한다.

- 우선 증가하는 난민의 수가 도전으로 남아 있다. 2014년에 약 200,000명에 달하는 사람들이 독일에서 망명을 신청했다. 이들은 대부분 외상이나 마음의 상처를 경험한 사람들로서 그들에게 숙소와 필요한 물품을 제공해야 하고 그들의 보건을 돌봐주어야 한다. 이것은 어쨌든 우리 사회 전체가 안고 있는 큰 과제이다. 그런데 여러 곳에서 외국인에 대한 우려와 유보적인 태도가 존재한다. 페기다운동에서 관찰할 수 있는 바와 같이, 사람들이 갖고 있는 이와 같은 우려와 불안을 우익단체가 이용하고 있는 양상이 펼쳐지고 있다.

- 이와 동시에 독일 여러 곳에서 분쟁과 갈등의 분파가 작용하고 있다. 과격 이슬람주의자들이 증가하고 있으며, 약 600명에 달하는 독일 국적의 국민이 이른바 성전을 수행하기 위하여 시리아로 갔다고 한다. 또한 치안당국은 과격화되고 군사훈련을 받고 돌아온 자들에 대하여 경고를 하고 있다. 그리고 이것이 우익포퓰리스트에게 빌미를 제공하고 있다. 이 맥락에서 2014년 가을에는 쾰른(Koeln)에서 소위 '호게자(Hogesa: Hooligans gegen Salafisten)' 세력이 폭력을 행사하면서 잘라피스트(이슬람주의의 분파)에 저항하는 소동을 일으키기도 하였다. 훌리건, 극우파, 그리고 범죄를 저지른 깡패로 구성된 이와 같은 집단이 잠재적으로 존재하는 사람들의 동정심에 기대를 걸면서 이 동정심을 이용하였다. 그래서 내무장관들은 '호게자'에 대한 학술적인 연구도 필요하다는 입장을 표명하였다.

- 내무장관들은 신뢰할 만한 정보를 갖고 우익의 선전활동에 맞서야 한다는 과제를 설정하였다. 이와 더불어 이슬람주의의 선전활동에 대해서는 예를 들면 이탈자의 도움을 빌어 국가 수준에서 대처방안을 모색해야 한다는 데 의견을 모았다. 이 모든 것은 옳고 중요하다. 그러나 이슬람주의와 극우파에 대처하는 데 있어서 독일의 정치와 사회는

불관용에 대해서 얼마나 관용적일 수 있는가 하는 근본적인 질문에 대해 토론을 하지 않으면 안 된다(Hein, 2014: 1–2; "Innenminister...", 2014: 1–2; "Salafisten...", 2014: 1; "Lust...", 2014: 1–2; "Sind das..Neonazis...", 2014: 1–2).

전 연방수상이었던 슈뢰더(Gerhard Schroeder)는 이슬람에 적대적인 저항운동에 대하여 보다 더 강력하게 반기를 들어야 한다고 역설하였다. 이 맥락에서 그는 이제 '품위 있는 사람들의 봉기(Aufstand der Anstaendigen)'가 요청된다고 하였다. 연방수상으로 재직 당시 그는 2000년도에 뒤셀도르프(Duesseldorf)시 소재 유대교당에 대한 방화사건이 발생했을 때 이러한 모토 아래 극우파에 대한 저항을 촉구하였다. 스스로를 페기다로 지칭하는 몰상식한 무리에 대항하기 위하여 그렇게 많은 사람들이 거리로 나선 것에 대하여 그는 시민적 용기를 단적으로 보여준 것이라고 칭찬하였다. 경찰의 추산에 따르면, 2014년 12월 22일 월요일 저녁에 뮌헨에서는 적어도 12,000명에 달하는 사람들이 페기다운동에 대항하는 시위를 전개하였다. 드레스덴의 경우에는 4,500명, 본에서는 2,500명, 그리고 카셀에서는 약 2,000명이 페기다운동에 반대하는 시위를 벌였다고 한다("Die Suche...", 2014: 1; "Patriotische...", 2014: 7).

② 시민사회(시민사회단체)

독일에서 살고 있는 무슬림의 해석에 따르면, 사회적 하강에 대한 두려움이 페기다(반이슬람운동)의 시위를 추동하는 요인으로 작용하고 있다. 이에 따라 무슬림중앙위원회는 이와 같은 저항운동을 진지하게 다루어야 한다는 반응을 보였다. 이슬람에 적대적인 태도를 보여주고 있는 페기다운동에 대한 토론에 있어서 무슬림중앙위원회는 그 뒤에 놓여 있는 우려와 고민을 진지하게 다룰 것을 촉구하였다. 페기다 추종자들은 예를 들면 일자리에 대한 불안을 갖고 있기 때문에, 그러한 문제를 다루어야 한다는 입장을 무슬림중앙위원회 회장인 마치엑(Aiman Mazyek)이 밝혔다. 무슬림중앙위원회 회장은 이와 같은 저항운동을 고려할 때 사람들이 안고 있는 사회적 근심거리에 대하여 정치영역이 보다 더 많은 관심과 주의를 기울여야 한다는 결론을 도출하였다. 페기다운동의 추종자들은 예를 들면 빈부격차의 심화에 대한 불안, 일자리 상실에 대한 불안, 그리고 연금을 제대로 받을 수 없을지도 모른다는 불안을 갖고 있다는 것이다. 그런데 우려해야 할 사항은 극우파를 포함한 일부 주동자들이 이러한 주제를 이슬람화의 현상과 직접 연결시킨다는 것이다. 여기서 이슬람화의 개념은 그러한 주제에 대한 구실이나 핑계로 이용되고 있다는 것이다("Muslime...", 2014: 1). 그는 무슬림을 기존의 여러 가지 사회문제에 대한 희생양으로 만들려고 하는 시도에 대하여 강력하게 경고를 하고 나섰다("Die Suche...", 2014: 1).

독일유대인중앙위원회 회장인 슈스터(Josef Schuster)도 역시 페기다시위에 대하여 다음과 같이 명백하게 비판적인 입장을 표출하였다. "비록 이 페기다시위가 헛되이 이슬람화 현상에 대하여 반대하는 입장을 취하고 있지만, 그것은 결국 외국인혐오증 이외에 다른 아무것도 아니다. 이슬람을 이렇게 일반적인 수준에서 거부하는 것이 정말 큰 문제점으로 남아 있다"("Die Suche...", 2014: 1-2). 또한 그는 시위에 가담한 자들을 과소평가해서는 안 될 것이라는 우려를 표명하였다. 페기다운동은 매우 위험하며, 여기에는 신나치주의자, 극우정당, 그리고 자신들의 인종차별주의와 외국인혐오증을 결국 자유롭게 마음껏 펼치고 싶은 시민들로 뒤섞여 있다는 것이다. 유대인중앙위원회 회장은 여기에 더하여 독일에서 거주하고 있는 무슬림을 옹호하고 나섰다. 이슬람 종교 전체를 비방하기 위하여 이슬람주의에 의한 테러에 대한 불안을 도구로 삼았다는 것이다. 그렇지만 이러한 시도는 절대로 받아들일 수 없는 일이라는 것이다. 물론 다른 극단주의 경향과 더불어 극단적 이슬람주의도 역시 위험한 요인으로 진지하게 받아들여야 하지만, 이것을 도구로 삼아 특정한 종교 전체를 비방하는 것은 온당하지 못하다는 것이다("Muslime...", 2014: 2; "Zentralrat...", 2014: 1).

2014년 12월 22일(월요일) 당시 드레스덴에서 가장 큰 규모의 페기다 시위가 발생한 이후 반이슬람운동에 대한 비판도 역시 거세게 일어났다. 신학자인 쇼를레머(Friedrich Schorlemmer)는 페기다 추종자들이 자신들의 정체가 드러날 것을 우려하기 때문에 모든 대화를 거부하고 있다는 점을 지적하였다. 구동독 시절 체제에 반대한 사람들이 외치었던 구호("우리는 국민이다.")를 페기다 시위대가 사용하는 것은 염치없는 짓이며, 4반세기 전 당시의 구호를 남용한 것에 불과하다는 것이다. 1989년 저항세력이 사용한 자유의 구호는 당시 권력자들에게 대항하기 위한 것이었으며, 근본적인 변화를 추구하기 위하여 당국에 대해서 대화를 촉구한 것이었다("Kritik...", 2014: 1; "Patriotische...", 2014: 6).

이와 비슷한 맥락에서 구동독 시절 시민권운동에 참여했던 50여명이 성명에서 다음과 같은 입장을 표명하였다. "여러분은 1989년의 평화혁명을 위해 말하는 것도 아니고, 자유를 쟁취하기 위한 운동을 위해 말하는 것도 아니며, 여러분 자신이 그 자유운동을 부끄럽게 만든 당사자들이다"("Kritik...", 2014: 1).

독일의 양대 그리스도교 교회단체도 역시 페기다운동에 대하여 비판적인 입장을 밝혔다. 드레스덴·마이센(Dresden-Meissen) 가톨릭주교인 코흐(Heiner Koch)는 다음과 같이 지적하였다. "우리는 80%에 달하는 주민이 세례를 받지 않은 상태에 놓여 있는 지역(작센주)에 살고 있다. 이런 상황에서 (페기다운동이 주장하고 있는 바와 같이) 이제 기독교에 기반을 둔 서양문화로 후퇴하자고 주장하는 것은 정말 어불성설이 아닐 수 없다. 성탄절에 즈음하여 오히려 난민과 이주자들을 향해 문을 닫아버리지 않도록 해야 할 것이다"("Kritik...", 2014: 2; "Patriotische...", 2014: 5).

에센(Essen) 주교인 오버벡(Franz-Josef Overbeck)에 따르면, 이 나라의 사법제도와 문화 그리고 정치영역이 (페기다운동이 주장하고 있는 바와 같이) 이슬람화의 문턱에 놓여 있다고 주장한다면 그것은 참 부조리한 일이다. 수백만에 달하는 사람들이 테러와 온갖 핍박을 피해 도망쳐야 하고 그들의 소유와 가족, 그리고 고향을 상실하고 있는 마당에, (페기다운동과 같이) 다른 사람들의 불안을 증폭시키고 선동적인 의식(儀式)을 벌이는 것은 부끄러운 일이다("Kritik...", 2014: 2).

하노버(Hannover)의 주(州)감독인 마이스터(Ralf Meister)은 2014년 12월 22일 페기다시위에서 참여자들이 크리스마스 캐롤을 부른 것에 대해 심히 우려를 표명하면서 페기다는 배제와 배척의 명백한 상징이라고 지적하였다. 그의 동료이자 베를린의 복음신학자인 드뢰게(Markus Droege)는 페기다 성명서(Positionspapier)에 포함된 19가지 사항을 검토한 다음 페기다와 같은 저항운동을 진지하게 받아들여야 한다는 점을 지적하였다. 놀랍게도 페기다운동이 제시한 대부분의 사항은 적어도 겉으로 볼 때 별 해로움이 없는 것처럼 보이기 때문에 더 유의해야 할 필요가 있다는 것이다("Kritik...", 2014: 2).

한편 페기다운동에 대하여 독일 소재 터키·이슬람동맹(Ditib)은 경악을 금치 못하고 있다. 터키·이슬람동맹의 대변인인 알보가(Bekir Alboga)는 페기다시위가 우리 모두를 위해, 그리고 독일의 사회통합을 위해서도 역시 커다란 위험이 될 것이라는 우려를 표명하였다("Kritik...", 2014: 2).

③ 경제계(기업)

페기다시위를 배경으로 하여 독일산업연방협회(BDI) 회장인 그릴로(Ulrich Grillo)는 더 많은 이주와 난민수용을 옹호하자는 입장을 밝혔다. 독일은 이미 오래전부터 본격적인 이주국가(이주민을 받아들이는 국가)가 되었으며, 또한 앞으로도 여전히 이주국가로 남아 있을 수밖에 없다는 것이다. 그런데 페기다는 과격한 이슬람주의의 테러에 대한 불안을 도구로 삼아 결국 특정한 종교 전체를 비방하고 있다는 것이다. 독일산업연방협회 회장의 진술에 따르면, 그러한 시도는 절대 용납할 수 없는 일이며, 따라서 모든 외국인혐오증에 대하여 분명하게 반대하는 입장을 취하면서 대처해야 한다("Die Suche...", 2014: 1; "Patriotische...", 2014: 6).

④ 언론(미디어)

2014년 12월 22일 당시 드레스덴에서 17,500명 정도가 거리로 나서 그때까지 가장 큰 규모의 페기다시위가 벌어졌는데, 이와 동시에 독일의 다른 여러 도시에서는 수천명에 달하는 사람들이 세계에 대한 개방성과 관용을 옹호하면서 거리로 나섰다. 예를 들면, 뮌헨(Muenchen)에서는 12,000명에 달하는 사람들이 페기다에 대항하기 위하여 집결했으며, 카셀(Kassel)에서는 2,000명 정도가 모였다고 한다. 그런데 페기다 시위자들은 다시금 언론에 대한 그들의 불만을 표출하였다. 특히 페기다운동에 대하여 비판적인 보도를 낸 언론인들을 거명하면서 비난하였다고 한다. 이와 관련하여 독일언론인협회(DJV)는 즉시 부정적인 반응을 보여주었다. 독일언론인협회 대변인인 최르너(Hendrik Zoerner)는 다음과 같이 언급하였다. "(페기다 시위자들이) 수없이 외치고 있는 '거짓말 언론(Luegenpresse)'이라는 말도 이미 신물이 나지만, 더 중요한 점은 그들이 비판적 언론의 기본가치를 문제시한다는 것이다. 마음에 들지 않는 언론인의 이름을 거명한다면, 페기다 시위자들은 결국 자신들의 장단에 따라 춤을 추지 않는 모든 언론인을 비난하는 것이라고 간주할 수밖에 없다"("Kritik...", 2014: 2-3).

(2) 일단 진지하게 받아들이고 대화할 필요가 있다는 입장

① 정치권(정부와 정치가)

기민당(CDU) 교섭단체대표인 카우더(Volker Kauder)는 시위참여자들에게 경고를 하는 차원에서, 일단 먼저 시위행사를 주최하는 사람들이 내세우는 구호가 본인들의 입장이나 생각과 정말로 맞아떨어지는 것인지에 대하여 정확히 살펴볼 필요가 있다는 점을 강조하였다. 그렇지만 다른 한편으로 그는 페기다시위를 총체적으로 극우파라고 낙인을 찍으려는 시도의 위험성에 대해서도 역시 경고를 하였다. 다시 말하면, 페기다 시위에 대하여 분화시키지 않고 총체적인 비판을 가하거나 아니면 상대방에게 아예 말을 못하게 하는 주장을 내세우는 것은 바람직하지 못하다는 지적이다. 우리들 중에 있는 사람들이 거리로 나서서 그들의 관심사에 대하여 입장과 생각을 표출하는 것은 허용되어 있을 뿐만 아니라 민주사회에서 정상적인 일이라는 것이다("Die Suche...", 2014: 2).

이와 유사한 맥락에서 기민당(CDU) 당원이면서 연방내무장관인 드 메지에르(Thomas de Maizière)와 기사당(CSU) 소속이면서 개발장관인 뮬러(Gerd Mueller)는 페기다와 대화 및 소통을 할 필요가 있다는 입장을 피력하였다. 여기서 배제 혹은 배척은 별로 도움이 되지 못하며, 오히려 그러한 운동을 더욱 강화시킬 우려가 있다는 것이다("Die Suche...", 2014: 2).

바이에른(Bayern)주 주지사인 제호퍼(Horst Seehofer)도 역시 페기다 지지자들이 안고 있는 고민거리를 다룰 필요가 있음을 밝혔다. 그 사람들이 왜 그러한 운동에 참여하는지, 즉 동기에 대한 질문을 제기해야 하며, 그들이 마음속에 품고 있는 것에 대해 염려를 해야 한다는 것이다. 어렴풋한 구호를 통해서가 아니라 그 사람들의 동기에 부응하는 정책을 통해서 다가가야 하며, 그러한 정책에는 유럽의 여러 나라에게 난민을 보다 공정하게 배분하는 일, 유럽연합 경계(국경)에 대한 보호를 개선하는 일, 그리고 망명신청을 보다 더 신속하게 처리하는 일이 속한다. 바이에른주 주지사는 페기다시위에 참여한 모든 사람들이 극우파에 속한다는 견해에 반대하였다. 물론 주모자들은 극우파의 스펙트럼에 속한다고 할 수 있을지 모른다. 그러나 수천명이 거리로 나서는데, 이들을 전부 나치라고 부를 수는 없다는 것이다("Muslime...", 2014: 1-2).

슐레스비히·홀스타인(Schleswig-Holstein)주 주지사인 알비히(Torsten Albig)도 역시 이와 유사한 주장을 피력하였다. 드레스덴에서 15,000명(2014년 12월 15일)이 거리로 나섰는데, 그들 모두를 파시스트로 간주한다면 온당하지 못하다는 것이다("Muslime...", 2014: 2).

② 시민사회(시민사회단체)

독일신교위원회 회장인 슈트롬(Heinrich Bedford Strohm)도 역시 페기다 시위자들과의 대화를 옹호하였다. 데모를 하는 사람들을 한꺼번에 묶어 총체적으로 나쁜 사람들이라고 비난한다면 그것은 별 효과가 없을 것으로 보인다. 오히려 거꾸로 그들과 대화를 시도하고, 난민들이 대우를 잘 받을 수 있도록 기독교도는 최선을 다해야 한다는 점을 분명하게 밝혀야 한다는 것이다("Die Suche...", 2014: 2; "Zentralrat...", 2014: 2; "Patriotische...", 2014: 5).

독일가톨릭중앙위원회(ZdK)의 회장인 글뤽(Alois Glueck)은 페기다 시위자에 대하여 싸잡아서 내리는 판단(Pauschalurteil)을 내리는 것에 대해 경고하였다. 개별적으로 살펴볼 때, 시위주동자 중에는 물론 외국인에 대한 증오심을 돋우는 사람들이 있다. 그러나 시위에 참여한 모든 사람들을 한꺼번에 무시하거나 궁지로 몰아넣는다면 큰 실수라는 것이다. 만약 그렇게 한다면 추종자의 수를 더욱 증가시키게 될 것이라고 그는 주장하였다("Viel, viel...", 2014: 2; "Politik....", 2014: 2).

3. 다문화사회의 통합문제로서 페기다현상에 대한 담론과 논쟁

상기한 바와 같이, 페기다의 개념과 개요, 그리고 페기다운동에 대한 반응과 입장에 대한 기술에 기초하여, 이 부분에서는 페기다현상의 특징과 원인, 파장과 대처방안에 대한 설명과 해석에 중점을 두고, 다문화와 사회통합의 틀 속에서 페기다현상에 대한 담론과 논쟁에 관하여 좀 더 자세하게 논의한다. 하지만 현재진행형의 상태에 놓여 있는 이 주제와 관련하여, 이미 개관할 수 없을 정도로 대중매체를 통해 나오고 있는 광범위한 시사자료를 포괄적으로 검토하는 데 있어서는 한계가 있을 수밖에 없다. 따라서 여기서는 예시적 차원에서 몇 명의 학자 혹은 전문가가 제시한 논평자료(Stute, 2014a; Hamann, 2014; Stute, 2014c; Heinrich, 2014; Hasselbach, 2014 참조)를 중점적으로 소개하고, 이에 대한 내용분석과 비교분석을 통해 중요한 사항으로 강조되거나 반복해서 거론되고 있는 쟁점이나 주제에 초점을 맞추어 기술하고 해석하고자 한다. 여기서 선정한 다섯 가지 논평사례에서 페기다현상의 특징과 원인, 파장과 대처방안에 대하여 전문가들이 피력하고 있는 견해와 대안 중 주요사항을 추출·요약하여 제시하면 다음과 같다.

표 8-1 페기다현상 관련 논평사례에 대한 내용비교분석 자료

논평사례	내용
1. 페기다: 외국인 혐오증 시위의 파장과 위협	- 페기다는 이슬람과 이슬람주의를 구별하고, 전쟁난민과 경제난민을 구분하고 있다. 하지만 이슬람주의자는 곧 무슬림을 나타내며 경제난민은 곧 난민을 나타낸다. 결국 두 가지 모두 외국인을 가리키는 코드이다. - 페기다 시위대는 인종차별주의의 이데올로기를 갖고 있는 일부, 그리고 이주·난민정책에 대해 불만을 갖게 된 다른 많은 시민들의 혼합으로 간주할 수 있다. - 드레스덴에서의 운동은 몇 가지 특수성을 보여주고 있다. 우선 시위의 배후에는 일단 신나치의 구조가 놓여 있지 않은 것으로 보인다. - 드레스덴에서 새로 형성된 것은 시민적·우익포퓰리즘적 운동이라는 점이다. 이 운동은 극우파로 낙인찍어 공격할 수가 없기 때문에 그것에 반대하면서 저항하기가 더 어려워지게 되었다. - 중산층을 중심으로 하여 비교적 안정된 집단이 존재하며, 이들은 이주에 대해 상당히 강한 반감을 갖고 있으며 맹목적 애국주의의 태도를 갖고 있다. - 드레스덴의 경우와는 달리 뒤셀도르프 및 다른 도시에서는 조직화된 극우파가 명백히 저항운동의 배후에 있는 것으로 전문가들은 추정하고 있다.
2. 페기다: 정당 및 정치가에	- 페기다의 관심사(독일의 이주정책과 다른 많은 사항에 대한 불쾌감을 표출하고자 하는 것)은 동독지방과 서독지방 모두에 해당하는 일이다. - 그러나 동독지방(드레스덴)에 더 특징적인 점은 이 관심사 뒤에 극우파

논평사례	내용
대한 불쾌감의 표현	가 아닌 보통 사람들이 상당히 많이 참여하고 있다는 것이다. - 페기다운동은 정당·정치가에 대하여 불쾌감을 갖고 있는 사람들이 표출하고 있는 국민운동이다. - 끊임없는 이주로 인한 걱정과 염려, 이슬람 평행사회로 인한 두려움은 독일에서 우익이 늘 내세우기 좋아하는 사안으로 남아 있다. 바로 그렇기 때문에 시위에 참여한 우익이 그러한 주제에 이끌리는 것은 놀랄 일이 아니다. - 일부 극우파에 더하여 다른 보통의 사람들이 이 행사에 참여하고 있기 때문에, 페기다시위가 그렇게 많은 사람들을 끌어들일 수 있었다. - 문제의 핵심은 일반 국민의 관점에서 바라볼 때 자신들의 관심사와 이해관계가 정당과 정치가들에 의해 제대로 반영되거나 대변되지 못한다고 느낀다는 데 놓여 있다. - 페기다시위의 규모와 시민의 선호도에 비추어볼 때, 기존의 정당체제가 좌측으로 방향을 선회한 것으로 보이며, 정치적 견해의 한계 측면에서 바라볼 때 받아들일 수 있는 정치적 진술의 스펙트럼도 좌측으로 더 옮겨간 것으로 보인다. - 정당 및 정치가에 대한 불쾌감의 핵심적인 원인을 정확하게 인식해야 비로소 페기다현상을 적절하게 이해할 수 있다.
3. 페기다: 불안한 사회 (신경과민 사회)의 산물	- 페기다운동이 많은 사람들을 동원할 수 있었던 까닭을 설명하기 위한 한 가지 대안으로는 페기다가 불안한 사회 혹은 신경과민사회의 산물이라는 설명방식을 들 수 있다. - 또 다른 설명방식에 따르면, 정당 및 다른 큰 조직이나 단체가 국민을 더 이상 실제로 대변하지 못한다는 것이다. - 불안을 표출하기 위한 통로가 상실되었기 때문에, 밑에서부터 저항운동이 돌발적으로 등장하게 된다는 것이다. - 반감이나 증오심을 갖고 있는 사람들과 대화를 탐색하는 일은 상당히 어려운 일이다. - 거기서 제기되는 주장에 맞서야 하며, 공공적으로 비판을 해야 하고 계몽활동을 추진해야 한다. - 그러나 '우리는 대화를 원한다.' 하면서 페기다의 가치를 절상하는 것은 그릇된 일이다. - 반감과 증오심이 사회의 한가운데까지 동원될 수 있는 이와 같은 사회에 도대체 어떤 위험이 도사리고 있는 것인가 하는 질문을 제기해야 한다. - 시민사회의 수단은 이중적인 것이어야 한다. 페기다행진을 적극적으로

논평사례	내용
	막고 그것에 대결해야 하며, 이슬람에 대한 반감·증오심에 대해 대항조치를 더 강력하게 취하고 더 이상 관용을 베풀지 않도록 하기 위한 공공적 담론을 전개해야 한다.
4. 페기다와 이슬람	- 페기다는 단지 하나의 라벨에 불과하며, 더 중요한 점은 독일에서 많은 사람들이 이슬람에 대하여 불안감을 갖고 있다는 엄연한 사실에 주목하는 것이다. - 그 불안감은 편안하지 못한 감정이며, 막연하면서도 확산적인 감정, 구체적이지 못한 감정이다. 그 배경에는 여러 가지 사건과 주제의 혼합(9·11 국제테러, 이슬람주의, 히잡과 부르카를 둘러싼 토론과 논쟁, 이슬람 국가, 성전, 적지 않은 수의 난민 등)이 놓여 있다. - 독일에서 문제는 공론장에서 많은 사람들의 우려와 걱정에 대하여 언급할 만한 토론이 존재하지 않는다는 것이다. - 이 사람들은 더 이상 진지하게 받아들여지지 않는다고 느낀다. 그 대신 정치권에서는 속단과 비난이 쏟아진다. - 페기다운동을 부끄러운 일이라고 간단히 치부해 버린다면, 그것은 배제·배척을 하는 차원에서 위험한 신호를 보내는 것이며, 결국 이 주제에 대한 이해가 부족하다는 점을 반증하는 것이다. - 페기다운동은 모든 정치적 진영과 계층에서 사람들을 끌어들이고 있으며, 따라서 대중현상의 일부분인 것이다. - 상당히 많은 독일인의 일부가 안고 있는 우려와 불안에 관한 토의를 상징적으로 부각시키는 것이다. - 따라서 그러한 우려와 불안을 부인한다거나 아니면 페기다 시위자들을 일방적으로 비방하거나 매도한다고 해서 거리로 나선 사람들의 마음과 생각을 쉽게 바꿀 수는 없다. - 그 정반대로, 정치가 시민들과 얼마나 거리가 먼 것인가를 보여주는 것에 불과하며, 사람들을 결국 극우파의 선동에 더 많이 노출시키게 될 것이다.
5. 페기다: 글로벌 현상의 하나	- 독일은 면역력을 갖추고 있으며, 이 사안에 관한 한 금기사항이 남아 있다고 간주되었기 때문에, 독일에서 페기다운동과 같은 일이 발생했다는 것 자체가 놀랄 일이다. - 유럽의 여러 나라에서 그러한 운동이 서로 다른 형태를 띠면서 발생하고 있지만, 핵심적인 메시지는 어디나 마찬가지이다. - 페기다운동과 같은 것은 이주와 세계화, 유럽연합, 현대사회의 변화에 반대하고 있다. - 페기다현상은 급격한 지정학적 변화와 혁명적 정보기술의 변화에 대한

논평사례	내용
	두려움, 빠른 변화에 대한 불안에서 나온 반작용이다. - 메시지가 전달되는 방식과 운동의 구조가 다르더라도 메시지와 그 기반이 되는 감정은 대체로 동일하다. - 실제적인 문제는 이주 그 자체가 아니라, 사람들의 두려움이 이주에 대한 저항이나 반대로 표출되고 있다는 것이다. - 우리는 유럽연합 바깥에서 많은 사람들이 우리를 향해 들어오고 있는 시대에 살고 있지만, 이것이 문제의 근원은 아닌 것이다. - 상기한 우려와 불안이 페기다운동을 통해 표출되고 있으며, 이주에 반대하는 세력에 의해 현혹되고 있다. - 그러한 우려와 불안을 일단 진지하게 받아들이고, 우려와 불안을 해소할 수 있는 대안도 제공해 주어야 한다. - 그러나 절대 해서는 안 될 일이 있는데, 그것은 그릇된 정치적 토론에 빠져드는 것이다. - 우리는 이주에 대하여 개방되어 있으며, 이주를 필요로 한다는 점을 분명히 해야 한다. - 중도노선을 걷고 있는 정치가들 중에는 선거에서 분위기나 여론을 유리하게 이용하려는 사람들이 적지 않다. - 그러나 불안과 우려를 안고 있는 사람들의 분위기와 여론을 막기보다는 더 부채질하는 결과를 낳을 수도 있기 때문에, 이것은 잘못된 답변이다. - 정당한 우려와 고민거리에 대하여 진정한 해결방안을 제공해야 하지만, 결코 포퓰리즘적인 반(反)이주토론에 섣불리 동참해서는 안 될 것이다.

상기한 논평사례에 대한 내용비교분석의 자료를 기반으로 삼아, 이제 일반화 수준에서 요약하고 논의하는 차원에서 다음과 같이 몇 가지 사항을 강조할 수 있다.

첫째, 〈논평자료 1〉은 동독지방(드레스덴)의 페기다현상이 지니고 있는 특수성을 부각시키고 있다. 우선 시위의 배후에 극우파나 신나치주의자가 있지 않은 것으로 보이며, 이것은 서독지방의 페기다와 확연히 구별되는 점이다. 또한 드레스덴에서 새로 형성된 페기다운동은 시민적·우익포퓰리즘적 운동이라는 특징을 보여주고 있다. 사회구조적 측면에서는 중산층을 중심으로 한 비교적 안정된 집단이 페기다운동에 관여한 것으로 추정되며, 이들은 이주정책에 대한 반감과 더불어 맹목적 애국주의의 성향과 태도를 갖고 있는 것으로 진단할 수 있다.

둘째, 〈논평자료 2〉에서도 극우파가 아닌 보통 사람들이 상당히 많이 참여하고 있다는 점에서 동독지방(드레스덴)의 페기다현상이 포함하고 있는 특수성을 〈논평자료 1〉과 유사하게 지적하고 있다. 하지만 〈논평자료 2〉에서 특별히 더 강조하고자 하는 점은 페기다운동이 정당과 정치가에 대하여 불만이나 불쾌감을 갖고 있는 사람들이 표출하고 있는 국민운동이라는 것이다. 끊임없는 이주로 인한 걱정과 염려, 이슬람 평행사회로 인한 두려움은 독일에서 우익이 내세우기 좋아하는 사안으로 남아 있기 때문에, 시위에 참여한 우익이 그러한 주제에 적극적으로 호응하는 것은 놀랄 일이 아니라는 것이다. 그리고 일부 극우파에 더하여 다른 보통의 사람들이 이 행사에 더 많이 참여하고 있기 때문에, 페기다 시위가 그렇게 많은 사람들을 끌어들일 수 있었다고 진단하고 있다. 결국 문제의 핵심은 일반 국민의 관점에서 바라볼 때 자신들의 관심사와 이해관계가 정당과 정치가들에 의해 제대로 반영되거나 대변되지 못한다고 느낀다는 데 놓여 있다. 따라서 정당 및 정치가에 대한 불쾌감이나 불만의 핵심적인 원인을 정확하게 인식해야 비로소 페기다현상을 적절하게 이해할 수 있다는 점을 강조하고 있다.

셋째, 〈논평자료 3〉은 〈논평자료 2〉에서 강조한 사항, 즉 정당 및 정치가에 대한 불쾌감이나 불만의 핵심적인 원인과 상당히 친화성이 있는 설명방식을 제시하고 있다. 즉, 정당 및 다른 큰 조직·단체가 국민을 더 이상 실제로 대변하지 못한다는 점, 그리고 불안을 표출하기 위한 통로가 상실되었기 때문에, 밑에서부터 페기다운동과 같은 저항운동이 돌발적으로 등장하게 된다는 점을 비슷한 맥락에서 고려할 수 있다. 하지만, 다른 또 하나의 설명방식(페기다가 불안한 사회 혹은 신경과민사회의 산물이라는 원인진단)은 〈논평자료 2〉의 핵심명제(페기다가 정당 및 정치가에 대한 불쾌감이나 불만의 표현)와 비교해 볼 때, 좁은 의미에서의 정치학적인 설명보다는 오히려 사회학적·사회심리학적인 설명에 더 가깝다는 점에서 미묘한 차이를 확인할 수 있다.

넷째, 앞의 세 가지 논평자료와 비교해 볼 때, 〈논평자료 4〉는 페기다가 명시적으로 입장을 표명한 가장 중요한 사항, 즉 '서양의 이슬람화에 반대하고 저항'한다는 요구사항에 초점을 맞추어, 이슬람과 관련된 세부사항까지 거론하면서 직접적으로 비판적 논평을 가하고 있다는 점에서 확연히 구별된다. 페기다라는 라벨이나 명칭보다 더 중요한 점은 독일에서 많은 사람들이 이슬람에 대하여 불안감을 갖고 있다는 엄연한 사실에 솔직하게 주목할 것을 주문하고 있다. 이 불안감은 편안하지 못한 감정, 막연하면서도 확산적인 감정, 구체적이지 못한 감정으로 풀이할 수 있다고 하면서, 그러한 감정을 발생시키는 배경적 요인으로서 명시적으로 여러 가지 사건과 주제의 혼합(9·11 국제테러, 이슬람주의, 두건과 부르카를 둘러싼 토론과 논쟁, 이슬람국가, 성전, 적지 않은 수의 난민 등)을 거론하고 있다. 하지만 다른 한편에서 바라볼 때, 특히 〈논평자료 2〉 및 〈논평자료 3〉에서 내세운 핵심명제와의 연결고리를 어렵지 않게 확인할 수 있다. 그러면서도 기존의 원인진단과 대안모색에 대해서 더 강력한 어조로 비판을 가하고 있다는 인상을 지울 수 없다. 그러한 근거는 공론장에서 많은 사람들의 우려와 걱정에 대하여 언급할 만한 토론이 존재하지 않는다는 지적, 그 대신 정치권에서는 속단과 비난이 쏟아진다는 언급, 페기다운동을 부끄러운 일이라고 치부해 버리려는 시도에 대한 비난에서 확인할 수 있다.

다섯째, 끝으로 〈논평자료 5〉는 우선 독일 내부의 관점보다는 오히려 시야를 넓혀 외부의 관점에서, 즉 유럽연합 수준과 글로벌 시각에서 페기다현상을 관찰하려는 시도라는 점에서 새로운 관점이나 접근방안이라고 평가할 수 있다. 그동안 독일이 면역력을 갖추고 있으며, 금기사항이 남아 있다고 간주되었기 때문에, 페기다운동과 같은 일이 발생했다는 것 자체가 놀랄 일이라는 지적은 외부의 다른 시각이 가능하다는 점을 확인시켜 준다. 또한 유럽의 여러 나라에서 그와 유사한 운동이 서로 다른 형태를 띠면서 발생하고 있지만, 핵심적인 메시지는 거의 동일하다는 지적, 페기다운동과 같은 것은 이주와 세계화, 유럽연합, 현대사회의 변화에 반대하고 있다는 지적, 그리고 페기다현상은 지정학적 변화와 혁명적 정보기술의 변화에 대한 두려움, 광범위하고 빠른 변화에 대한 불안에서 나온 반작용이라는 지적은 결국 페기다현상을 거시적인 관점에서 글로벌 현상의 하나로 간주할 수 있다는 핵심명제와 직결된다. 상기한 우려와 불안이 페기다운동을 통해 표출되고 있으며, 이주에 반대하는 세력에 현혹되고 있으며, 따라서 일단 그러한 사람들의 우려와 불안을 진지하게 받아들일 필요가 있다는 지적에도 유의할 필요가 있다. 하지만 넘어서는 안 될 주의사항이 있다는 점을 소홀히 다루면 안 될 것이다. 즉, 그릇된 정치적 토론에 빠져들지 않도록 해야 한다. 결국 정당한 우려와 고민거리에 대하여 진정한 해결방안을 제공해야 하지만, 포퓰리즘적인 반(反)이주토론에 섣불리 동참해서는 안 된다는 경고에 주목할 필요가 있다. 대처방안과 관련하여, (반감·증오심을 갖고 있는 사람들과 대화를 탐색하는 일은 어려운 일이며, 대화를 추구하면서 페기다의 가치를 절상하는 것은 그릇된 일이라는 견해를 피력한) 〈논평자료 3〉에서도 이 경고와 유사한 방향성을 확인할 수 있다. 그런데 이 경고는 〈논평자료 4〉에서 제시한 경고(정치권에서 속단과 비난을 쏟아내는 문제점 지적, 페기다운동을 부끄러운 일이라고 치부해 버리려는 시도에 대한 비판)와 비교해 볼 때, 미묘한 차이를 발견할 수 있으며, 따라서 방향성의 차이를 고려할 때 두 가지 경고 사이에는 접점을 찾기 어려운 논쟁이 발생할 수 있다. 그리고 이와 같은 논쟁점은, 필요한 수정을 가한다면, 페기다운동에 대한 반응과 입장을 다루면서 지적한 서로 대조적인 두 가지 입장(페기다운동에 대하여 저항·반대를 분명히 하자는 입장, 일단 진지하게 받아들이고 대화할 필요가 있다는 입장)과 거의 같은 맥락에서 논의하고 해석할 수 있다.

이 장은 독일에서 발생한 페기다현상에 대한 사례분석을 통하여 다문화사회의 통합문제에 관한 담론과 논쟁에 대해 기술하고, 우리 사회의 다문화정책과 이주통합정책을 위한 함의와 시사점을 도출하는 데 주된 목적을 두었다. 요약 및 결론 차원에서, 이 글에서 강조하고자 하는 주요사항은 다음과 같이 몇 가지 명제로 정식화하여 제시할 수 있다.

첫째, 이 글에서 논의의 핵심 키워드로 삼은 페기다, 그리고 이 개념을 둘러싼 담론과 논쟁에 비추어볼 때, 한편으로 다문화사회에 이미 내재적으로 함축되어 있는 차이와 다양성의 측면, 그리고 다른 한편으로 사회통합의 과제와 더불어 국가·국민·민족정체성의 확립 혹은 재정립의 문제를 어떻게 연결시키고, 그 두 가지 차원 혹은 준거 사이의 긴장관계를 어떻게 설정할 것인가 하는 근본적인 질문에 대하여, 우리 사회에서도 역시 담론의 활성화가 요청된다. 이와 더불어 다문화정책과 이주통합정책을 위해 적절한 대안을 모색하는 데 있어서 페기다운동 혹은 페기다현상이 주는 함의와 시사점에 대한 후속연구가 더 많이 요청된다.

둘째, 페기다운동의 배경적 원인으로 지적되고 있는 이주통합정책에 대한 일부 국민의 불만과 더불어 이슬람 평행사회에 대한 그들의 우려와 걱정에 비추어 볼 때, 일단 다문화사회(혹은 다문화주의)와 공화주의적 주도문화 사이의 긴장관계를 적절하게 설정할 필요가 있다. 이 기본적인 과제와 관련해서는 일단 헌정애국주의(원칙적 수준에서 자유민주적 기본질서에 대한 합의와 충성, 그리고 여기에 부응하는 정치문화와 시민문화)라는 의미에서 공화주의적 주도문화의 핵심적인 이념과 가치를 명료화하고, 지속가능한 다문화사회를 구성해 나가는 차원에서 특히 평행사회의 위험성에 대해 주의를 기울일 필요가 있다.

셋째, 이와 같은 맥락에서 페기다운동에 대처하기 위한 연방내무장관회의의 입장표명과 관련하여, 독일의 정치와 사회가 불관용(이슬람주의와 극우파가 보여주는 태도와 행동)에 대해서 얼마나 관용적일 수 있는가 하는 근본적인 질문이 제기되었다. 이슬람 평행사회(강제결혼, 명예살인, 샤리아법원, 평행법원, 샤리아경찰 등)에 대한 독일국민의 우려와 불안은 자유민주적 기본질서에 기반을 둔 법치국가에서 최소한의 합의사항으로 간주되었던 기존의 가치와 규범에 대한 도전, 혹은 이제까지 비(非)논쟁영역에 속했던 것에 대한 도전이 발생하고 있다는 반증이다. 다시 말하면, 이제까지 자유민주적 헌정에 기반을 둔 국가와 사회에서 더 이상 논쟁적이지 않은 부문에 속했던 것이 사회의 다른 일부분에서는 논쟁적인 요인으로 작용한다는 것을 보여주는 정황증거이다. 기존의 비논쟁영역이 한계에 부딪히는 사례가 여러 번 발생할 경우, 이것이 일종의 단층선(fault line)을 형성하면서, 다문화사회에서는 합의와 논쟁 사이에서 그때그때 적절하게 균형과 평형을 잡는 일과 관련하여, '최소합의'와 '한계합의'의 설정과 조정이라는 의미에서 새로운 과제와 도전이 제기될 가능성이 더 많아질 수 있다는 일반화를 도출할 수 있다.

넷째, 불관용에 대해서 얼마나 관용적일 수 있는가 하는 기본질문은, 필요한 수정을 가한다면, 우리 대한민국의 정치와 사회를 위해서도 중요한 단서를 제공해 준다고 판단할 수 있다. 2014년 12월 독일에서 한창 페기다운동을 둘러싸고 논란이 진행되고 있을 때, 우리나라에서는 통합진보당 해산과 관련된 헌법재판소의 판결이 내려졌다. 대한민국 헌법에 명시된 자유민주적 기본질서에 비추어볼 때, 통합진보당은 말하자면 일종의 평행사회 혹은 준(準)평행사회로 간주할 수 있는데, 이에 대한 해산결정 사례는 결국, 상기한 바와 같이, 한편으로 차이·다양성의 준거와 다른 한편으로 사회통합 및 국가·국민·민족정체성의 준거 사이에서 불관용에 대한 관용의 한계, 혹은 정치적 의견(견해)투쟁에서의 한계에 대한 경각심을 다시 상기시켜 주고 있다는 판단을 내릴 수 있다.

다섯째, 페기다 시위자에 대한 총체적 비난, 낙인찍기, 일방적인 매도 등은 오히려 극우파의 선동을 강화시키는 데 기여할 수 있는 위험성이 있다는 점을 강조하는 입장이 한편에서 거론되었다. 하지만 이와는 대조적으로 반감·적대감을 갖고 있는 사람들 혹은 집단과 대화와 토론을 수행하는 것은 상당히 어려운 일이라는 입장이 거론되었다. 이 입장에 따르면 오히려 적극적인 방해와 대결이 요청되며, 불관용에 대한 관용의 한계라는 의미에서 저항과 반대, 그리고 더 나아가서 계몽활동이 요청된다. 이와 같은 상이한 입장 사이에 논쟁이 벌어지고 있다는 점에 착안하여 지속가능한 다문화사회의 통합문제에 대비할 필요가 있다.

여섯째, 페기다운동이 특별히 강조하는 있는 '서양의 이슬람화에 대한 반대 및 저항'과 관련해서는, 우선 구체적인 사실에 비추어 볼 때 설득력과 타당성이 떨어진다는 점에 유의할 필요가 있다. 또한 이슬람화는 핑계와 구실에 불과하며, 이슬람을 희생양으로 삼고 있다는 지적에도 유의할 필요가 있다. 이것은 결국 문화적인 요소에 지나치게 치중한 소위 '문화주의적 관점'의 위험성과 취약성에 대한 경고이면서, 거꾸로 오히려 사회구조적 측면(경제적 불평등, 비대칭적 권력관계, 사회적 하강 등)이 더 중요할 수도 있다는 점을 시사하고 있는 것이다. 또한 이슬람보다 오히려 극우파가 더 위험할 수 있다는 진단도 다시 상기할 필요가 있다. 페기다운동의 거점으로 드레스덴이 작용하고 있다는 점과 관련하여, 다문화적인 서독지방과 비교할 때, 그동안 간문화적 접촉과 더불어 다양성에 대한 인정·존중이 부족했다는 진단이 내려지고 있는데, 이러한 진단에 기초할 때 간문화주의와 다양성관리에 입각한 사회통합 및 정체성 확립 방안에 대하여 더 많은 주의와 관심이 요청된다.

요 약

abstract

페기다(Pegida)의 사례를 중심으로 살펴본 다문화와 사회통합의 문제

이 장은 독일에서 발생한 페기다현상에 대한 사례분석을 통하여 다문화사회의 통합문제에 관한 담론과 논쟁에 대해 기술하고, 우리 사회의 다문화정책과 이주통합정책을 위한 함의와 시사점을 도출하는데 목적을 두었다. 이 글에서 강조하고자 하는 주요사항은 다음과 같이 몇 가지 명제로 정식화하여 제시할 수 있다. 첫째, 다문화사회가 함축하고 있는 차이·다양성과 사회통합 및 정체성 확립의 문제를 어떻게 연결시킬 것인가 하는 근본적인 질문에 대한 담론의 활성화가 요청된다. 둘째, 다문화사회(혹은 다문화주의)와 공화주의적 주도문화 사이의 긴장관계를 적절하게 설정할 필요가 있다. 셋째, 불관용(이슬람주의와 극우파가 보여주는 태도와 행동)에 대해서 얼마나 관용적일 수 있는가 하는 질문은, 필요한 수정을 가한다면, 대한민국의 정치와 사회를 위해서도 중요한 단서를 제공해 준다고 판단할 수 있다. 넷째, 한편으로 페기다 시위자에 대한 총체적 비난이나 낙인찍기는 극우파의 선동을 강화시킬 수 있는 위험성이 있다는 입장과 다른 한편으로 반감·적대감을 갖고 있는 집단과 대화·토론을 수행하는 것은 어렵다는 입장 사이의 논쟁을 고려하면서 지속가능한 다문화사회의 통합문제에 대비할 필요가 있다. 다섯째, 페기다운동이 특별히 강조하는 있는 '서양의 이슬람화에 대한 반대 및 저항'과 관련해서는, 사실에 비추어보면서 그 타당성을 점검할 필요가 있으며, 또한 문화주의적 관점의 위험성과 취약성을 고려하면서 사회구조적 측면의 요인도 소홀히 다루어서는 안 된다.

Chapter. 09

간문화적 갈등의 사례로서 살펴본 페기다현상

1. 페기다운동의 진행과정
2. 페기다에 대한 대처방안에 관한 논쟁
3. 간문화적 갈등의 관점에서 바라본 페기다현상의 특징

Chapter. 09

간문화적 갈등의 사례로서 살펴본 페기다현상

1. 페기다운동의 진행과정

(1) 페기다의 동력 상실 - 물러났던 조직담당자의 재등장

이슬람혐오증에 기반을 둔 페기다운동은 스스로 쇠약해지고 있는 것으로 보인다. 제14차 시위(2015년 2월 9일)에는 드레스덴에서 약 2,000명에 달하는 사람들이 시위에 참가하였다. 그렇지만 그들은 직책에서 물러났던 조직담당자인 바흐만(Lutz Bachmann)의 말을 다시 들을 수 있었다.

1월말에 발생한 페기다 지도부의 분열 이후 처음 개최된 집회에서 반이슬람협회인 페기다는 2주전(1월 25일)에 비해 상당히 적은 추종자를 동원하는 데 그쳤다. 경찰의 추산에 따를 때, 약 2,000명에 달하는 사람들이 시위에 참여해 달라는 호소에 응했다. 1월말(1월 25일)에 개최되었던 제13차 집회에는 여덟 배에 달하는 사람들(17,300명)이 참가하였다. 그리고 이번에 페기다에 반대하는 집회에는 400명 정도의 시위자가 참가했다고 한다.

그렇지만 드레스덴에 집결한 2,000명의 페기다 지지자 수는 어쨌든 1월말 외르텔(Kathrin Oertel)을 중심으로 하여 페기다 지도부에서 떨어져나간 다음 새롭게 구성된 소위 '유럽을 위한 직접민주주의(DDFE: Direkte

Demokratie fuer Europa)'가 동원한 수보다는 여전히 더 많다. 이 단체가 하루 전, 즉 2월 8일(일요일)에 개최한 집회에는 약 500명에 달하는 사람들이 참여했다고 한다. 그리고 3주전(1월 21일)에 페기다 대표직에서 물러났던 페기다 설립자인 바흐만이 다시 페기다 제14차 시위(2월 9일, 월요일)에 등장했다.

전문가들의 관찰에 따르면, 반이슬람운동인 페기다는 이제 더 분명하게 우익성향을 띨 것으로 예상된다. 하지만 바흐만 자신은 페기다가 처음에 내세웠던 19가지 사항으로 구성된 프로그램을 유지하겠다는 입장을 표명하였다. '시민운동'의 성격을 강조하면서 비교적 온건파에 속하는 외르텔과 그 동료들이 지도부에서 나간 다음에 페기다에서 우경화(우익의 득세)가 더 강하게 나타날 것이라는 우려를 해소하기 위하여 바흐만은 추종자들을 설득하려는 시도를 보였다.

이전에 함부르크의 '독일을 위한 대안(AfD)' 정당 소속 정치가로 활동했던 페스터링(Tatjana Festerling)은 페기다집회에 참여한 자리에서 정치권과 언론계가 상당 부분 '나치편집증(나치에 대한 혐오증)'을 퍼뜨리고 있다고 비판하였다. 그녀는 쾰른의 '호게자(Hogesa: Hooligans gegen Salafisten; 이슬람주의의 분파인 잘라피스트에 반대하고 저항하기 위하여 훌리건이 구성한 단체)'에 동조하는 집회를 개최하여 대중매체의 주목을 받기도 하였다.

바흐만은 국민에 대한 선동죄 혐의로 조사를 받고 있는데, 그 자신은 그러한 조사가 별 효과가 없을 것이라는 기대를 갖고 있다. 자신은 단지 독일국민이 일상생활에서 거론하고 있는 사항을 표현했을 뿐이라는 것이다. 히틀러 모습을 한 셀카와 외국인혐오증을 암시하는 발언으로 그는 3주전(1월 21일)에 페기다협회대표의 자리에서 물러나지 않으면 안 되었다. 그는 망명신청자를 '인간쓰레기', '비열한 놈', '(귀찮은) 짐승'과 같은 모욕적인 말로 지칭했다고 한다("Pegida verliert...", 2015: 1-2).

그림 9-1 국민선동의 혐의로 벌금형을 받은 페기다 우두머리에 대해 무죄판결을 요구하는 지지자들의 시위 모습

출처: "Urteil...", 2016: 1

(2) 페기다의 분파: 지지 세력의 감소

페기다 지도부의 분열 이후 드레스덴에서 개최된 첫 번째 집회(2015년 2월 8일)에서는 불과 몇 백 명에 달하는 사람들이 참가하였다. 분열되기 이전의 페기다 그 자체는 그 다음날인 월요일(2월 9일)에 개최될 예정이다.

페기다의 대변인이었던 외르텔(Kathrin Oertel)은 새로 설립된 협회인 '유럽을 위한 직접민주주의(DDFE: Direkte Demokratie fuer Europa)'의 대표로 역할을 수행하고 있다. 경찰추산에 따르면, 이 새로운 협회가 드레스덴에서 동원한 인원은 500명 정도에 달하며, 행사주최측의 말에 따르면, 1,000명에 못 미치는 것으로 보인다.

외르텔 자신은 페기다와의 분리에 대해 언급을 하면서, 새로운 운동의 목표는 페기다와 동일하지만, 수단과 방도는 동일하지 않다고 지적하였다.

특히 독일 주요방송인 ARD의 토크쇼 프로그램인 '귄터 야우흐

(Guenther Jauch)'에 출연하여 독일연방 수준에서 알려지게 된 외르텔은 페기다 지도부의 다른 일부 구성원들과 함께 떨어져 나왔다. 떨어져 나온 이유로서는, 더 급진적인 레기다(Legida: 라이프치히의 페기다분파)와의 관계를 어떻게 설정한 것인지에 대한 말다툼 이외에, 특히 논란이 된 페기다 설립자인 바흐만(Lutz Bachmann)의 역할이 거론되었다. 바흐만은 히틀러를 흉내 낸 모습을 담은 본인의 사진과 더불어 외국인혐오증을 암시하는 인터넷상의 발언으로 인하여 공식적으로 자신의 기능과 역할에서 물러났다. 그러나 나중에는 조직지도부에서 계속 남아 있기를 원하였다.

외르텔은 이슬람에 대해 비판적인 페기다와 어떤 경쟁관계를 설정하려는 의도가 없다는 점을 밝혔다. 외르텔 본인의 진술에 따르면, 새로 설립된 협회(유럽을 위한 직접민주주의)의 위상을 기민당(CDU)의 우측에 설정하려는 계획을 갖고 있다. 페이스북에 탑재한 성명서에 따르면, 이 새로운 협회는 국민발안, 국민투표에 의한 결정, 유럽의 시민운동, 그리고 경찰의 감원 중단을 요구하고 있다. 더 나아가서 망명절차법의 개혁과 더불어 러시아에 대한 제재 중단을 요구하고 있다.

기민당(CDU) 소속이면서 작센주 내무장관인 울비히(Markus Ulbig)가 페기다의 분열에 영향력을 행사했다는 소문, 즉 항간에 떠도는 소문에 대하여 외르텔은 터무니없는 낭설이라고 지적하였다. 그러한 보도는 허튼 소리에 불과하다는 것이다. 페기다운동 그 자체는 일주일을 건너뛴 다음에 이번 월요일(2월 9일)에 제14차 집회를 개최할 예정이다. 2주전(1월 25일)에 개최된 제13차 시위에서는, 경찰의 공식적인 언급에 따르면, 참여를 독려하는 페기다의 호소에 부응하여 17,000여명이 거리로 나섰다고 한다("Pegida-Abtruennige...", 2015: 1-2; "Leipzig...", 2015: 1-2).

(3) 페기다의 새로운 분파에 해당하는 정치적 위상

페기다운동에서 물러난 지도부 구성원들은 정치적 사회운동을 속행하겠다는 입장을 표명하였으며, 이를 위해 독립된 협회를 설립하였다.

페기다의 전(前)대변인인 외르텔은 드레스덴에서 개최된 기자회견에서 '유럽을 위한 직접민주주의(DDFE)'라는 명칭으로 새로 등장한 협회의 성격과 관련하여 시민에게 가까운 보수적인 집단이라고 말하였다. 그러나 정치적 위상은 명백하게 기민당(CDU)의 우측에 놓여 있다는 점을 분명히 밝혔다. 관심사 및 주제와 관련해서는 우익보수당인 '독일을 위한 대안(AfD)'과 공통점이 상당히 있다는 것을 인정했다. 하지만 새로운 단체는 정당이 아니라 의식적으로 협회로 남아 있을 것이라는 입장을 밝혔다.

새로운 협회의 핵심적인 요구사항으로는 독일의 모든 수준에서 직접민주주의의 도입을 거명하였다. 이주 및 망명과 관련된 사안도 역시 역할을 수행할 것이라고 했다. 사람들이 자신들을 통해 언로를 확보하기를 원하며, 조만간 페이스북에 입장을 표명하는 성명서를 탑재할 계획이라고 했다.

이와 동시에 이슬람에 비판적인 페기다운동과 경쟁관계를 설정하려는 목표를 갖고 있지 않으며, 페기다에 대항하는 행사를 개최하지 않겠다는 입장을 표명하였다. 따라서 페기다와 마찬가지로 늘 월요일마다 집회를 하지는 않을 것이라고 했다. 첫 번째 집회는 다가오는 일요일(2월 8일)에 개최할 것이며, 당국에 신청 당시 참가인원은 5,000명으로 예상하였다.

자칭 '서양의 이슬람화에 반대하는 애국적 유럽인'(페기다)은 2014년 10월부터 수개월 동안 월요일마다 정기적으로 드레스덴에서 시위를 벌이고 있으며, 한때(1월 12일 제12차 시위에서) 25,000명에 달하는 기록적인 참가자를 동원하기도 하였다. 다가오는 월요일(2월 9일)에도 시위를 예고하고 있다.

외르텔은 지난주에 페기다 지도부의 다른 구성원들과 함께 자리에서 물러났다. 지도부 분열을 가져온 이유로는 더 급진적인 레기다(라이프치히의 페기다분파)와의 관계설정에 대한 의견의 차이와 더불어 페기다 설립자인 바흐만의 역할이 거론되었다. 바흐만은 히틀러를 흉내 낸 모습의 본인 사진과 더불어 인터넷상에서 외국인혐오증을 나타내는 발언으로 인하여 대표직에서 물러났다. 그러나 본인은 계속해서 페기다 조직팀에 남아서 활동하겠다는 의사를 표명하였다고 한다.

페기다 수뇌부의 분열 이후에 사민당(SPD)대표인 가브리엘(Sigmar Gabriel)은 이슬람에 대해 비판적인 운동의 몰락과 쇠퇴가 시작될 것으로 예측하고 있다. 그의 시각에 따르면, 페기다시위의 정점이 넘은 것으로 보인다. 그러나 모든 것이 잘 정리될 것이라는 기대에 대해서는 경고의 목소리를 냈다. 다시 말하면, 사람들이 염려하고 있는 주제에 관해서는 신중하게 논의해야 한다는 것이다("Pegida-Ableger...", 2015: 1-2; "Pegida-Aussteiger...", 2015: 1-2).

(4) 페기다의 위기: 드레스덴을 위한 행운?

페기다 지도부 내부에서 분열현상이 발생하였다. 다섯 명의 지도부 구성원이 직에서 물러났다. 이와 더불어 이슬람혐오증의 성향을 보이는 페기다운동이 이미 종말을 고하고 있는 것은 아닌가 하는 질문이 제기되고 있다.

이슬람에 대해 적대적인 페기다운동이 상당히 큰 부담을 안고 있는 것으로 보인다. 페기다 설립자인 바흐만(Lutz Bachmann)이 대표직에서 물러난 지(2015년 1월 21일) 일주일이 지난 다음, 그동안 대변인 역할을 수행했던 외르텔(Kathrin Oertel)도 역시 자리에서 물러났다. 외르텔과 더불어 다른 네 명이 페기다 지도부에서 이탈함으로써, 페기다협회는 지도부의 절반을 잃게 되었다. 이러한 분열현상으로 인하여 다음 주 월요일(2월 2일)로 예정되어 있던 드레스덴에서의 집회는 취소되었다.

그동안 페기다 부대표였던 얀(René Jahn)의 말에 따르면, 지도부의 위기를 가져온 요인으로는 특히 자리에서 물러났던 바흐만이 조직팀에 계속 남아 있겠다는 의사를 밝힌 점을 들 수 있다. 그래서 얀 본인과 더불어, 외르텔 및 다른 세 명의 지도부 구성원이 자리에서 물러나게 되었다는 것이다. (바흐만이 보여준 바와 같이) 나치와 관련된 쓸데없는 언행과 극우적인 발언에 대해 더 이상 상관하지 않겠다는 입장을 정했다는 것이다. 이제까지 페기다운동의 얼굴로 통했던 바흐만은, 히틀러의 포즈를 취한 본인의 사진과 더불어 외국인에 대한 모욕적인 발언(인터넷상에 탑재한 내용)이 공개된 다음에, 대표직을 내려놓았다. 그 다음 외르텔이 페기다운동의 수뇌부에서 '강력한 인물'로 간주되었다.

페이스북에 탑재한 글에서, 외르텔은 자신에 대한 적대적인 태도와 위협, 그리고 직업상의 불이익으로 인하여 대변인의 직을 당분간 내려놓는다고 밝혔다. 새로운 지도부는 조만간 특별회의에서 선출할 것이며, 바흐만은 어떤 직을 맡지 않을 것이라고 했다.

독일사회의 공론장과 정치권에서는 지난주에 적어도 부분적으로 우익성향을 갖고 있는 페기다운동을 어떻게 다룰 것인가 혹은 그것에 대해 어떻게 대처할 것인가의 문제를 놓고 격렬한 논의가 벌어졌다. 사민당(SPD)대표이면서 연방경제장관인 가브리엘(Sigmar Gabriel)의 말에 따르면, 이 집단은 이제 몰락과 쇠퇴의 길에 들어섰다고 한다.

그의 말에 따르면, 아마도 이 페기다시위가 정점을 넘은 것으로 보인다는 것이다. 그 운동과 조직지도부가 스스로 분열되고 있는데, 이것은 드레스덴을 위해서 일종의 행운과 해방을 가져올 것으로 기대된다는 것이다. 그러나 모든 것이 잘 풀릴 것이라고 예단해서는 안 되며, 사람들에게 걱정을 끼치고 있는 사안과 주제에 대해 신중하게 논의를 해야 한다는 경고를 덧붙였다. 가브리엘 자신은 의외로 지난주에 드레스덴 소재 작센주 시민교육원(LpB)에서 개최된 페기다 추종자들과의 토의행사에 참여하기도 하였다.

2014년 10월부터 페기다는 드레스덴에서 거의 매주 월요일마다 이른바 독일에서의 이슬람화(Islamisierung)와 과도한 외국 영향(Ueberfremdung)

에 반대하고 저항하는 데모에 사람들이 참여할 것을 호소하거나 촉구해 왔다. 참가자의 수는 주를 거듭하면서 문자 그대로 마치 눈덩이처럼 불어났다.

드레스덴 경찰의 추산에 따르면, 지난주 일요일(2015년 1월 25일; 당초 계획되었던 1월 26일(월)에서 하루 전으로 갑자기 옮겨졌음)에 개최된 제13차 집회에 17,000명 이상에 달하는 사람들이 참가했으며, 이 숫자는 제12차 집회(1월 12일)의 경우와 비교해 볼 때 처음으로 줄어든 것이다. 이 제12차 집회에는 25,000명이 참가한 것으로 경찰은 집계하였다. 1월 19일로 계획되어 있던 집회는 당시 바흐만을 표적으로 삼은 테러위협에 대한 경고로 인하여 당국에 의해 취소되었다. 어쨌든 페기다는 다른 도시에서는 확고한 자리를 차지하지 못했으며, 대체로 페기다에 반대하는 시위자의 수가 반(反)이슬람 페기다 시위자의 수를 훨씬 넘어서는 현상을 보여주었다("Pegida-Krise...", 2015: 1-2; "Tiefe...", 2015: 1-2).

그림 9-2 페기다에 반대하는 시위자들이 드레스덴 구(舊)시가지를 통과하는 모습

출처: "Bundesinnenminister...", 2016: 2

(5) 페기다 대변인의 퇴진

이슬람에 대해 비판적인 페기다운동의 지도부에서 또다시 말다툼이 있었다. 페기다 설립자인 바흐만이 지난주(2105년 1월 21일) 사퇴한 이후 이제는 대변인이었던 외르텔도 역시 퇴진하였다. 앞으로 어떻게 진행될 것인지 현재로서는 명확하지 않은 상태에 놓여 있다.

인터넷상에서 페기다 조직위원회가 밝힌 바에 따르면, 대변인인 외르텔이 직을 내려놓았다고 한다. 적대적 태도와 위협, 그리고 직업상의 불이익 때문에 일종의 '작전타임' 시간이 온 것이라고 한다.

화요일(1월 27일) 저녁에 개최된 회의에서 페기다 조직팀의 일부 다른 구성원도 역시 모든 기능과 직을 내려놓았다고 한다. 조만간 특별회의에서 새로운 지도부를 선출하겠다고 한다.

경제자문위원인 린케(Bernd-Volker Lincke)도 역시 지도부에서 물러났다. 그는 자기 자신을 페기다대표인 바흐만의 발언과 동일시할 수 없고 할 의지도 없다는 입장을 표명하였다. 그의 말에 따르면, '독일을 위한 대안(AfD)' 당원인 엑스너(Achim Exner)와 페기다협회 부대표인 얀(René Jahn)도 역시 그동안 맡았던 직에서 물러난다고 한다.

마이센(Meissen) 시의회 전(前)의원인 탈라커(Thomas Tallacker)는 페기다에 참여했다는 이유로 최근에 언론보도로 인하여 직업상 불이익을 경험했다고 하며, 이러한 까닭으로 페기다에서 퇴진했다고 한다.

이슬람에 대해 비판적인 페기다는 드레스덴에서 다음 월요일(2월 2일)에 계획 중인 집회를 취소한다고 밝혔다. 드레시덴시 대변인이 이를 확인해 주었다. 하지만 그 이유에 대해서는 어떤 언급도 없었다.

슈테른(Stern)지에 의거하면, 모든 관련자들이 목요일까지 침묵을 지키기로 합의를 보았다고 한다. 또한 페기다의 공동설립자인 바흐만의 역할을 둘러싸고 말다툼이 있었다고 한다. 바흐만은 지난주(1월 21일) 퇴진한다는 통고에도 불구하고, 이와는 어긋나게 완전히 자리에서 물러나고 싶지 않다는 의사를 밝혔다고 한다. 바흐만 이외에 외르텔이 그동안 가장 많이 알려진 얼굴에 속하였다. 특히 그녀가 지난주 일요일(1월 18일) 저녁 ARD방송사의 토크쇼 프로그램인 '귄터 야우흐(Guenther Jauch)'에 등장한 다음에 많이 알려지게 되었다.

바흐만은 히틀러 포즈를 한 본인의 사진과 외국인에 대한 모욕적인 발언(인터넷상의 발언내용)이 공개된 다음에 이에 책임을 지고 지난주(1월 21일)에 퇴진하게 되었다. 2014년 10월부터 페기다는 대부분 월요일마다 드레스덴에서 개최된 시위를 조직해 왔다. 경찰추산에 의하면, 지난 일요일(1월 25일) 드레스덴의 유명한 오페라극장인 '젬퍼오퍼(Semperoper: 라틴어로 항상 오페라라는 뜻)' 앞에서 개최된 제13차 집회에 17,000명 이상에 달하는 사람들이 참가했다("Pegida-Sprecherin...", 2015: 1-2).

(6) 페기다의 제13차 시위: 전환점의 도래?

이제까지 페기다는 시위를 거듭하면서 점점 더 많은 사람들을 동원하였다. 하지만 드레스덴에서의 제13차 집회(2015년 1월 25일)에서는 처음으로 그 전보다 적은 사람들이 참가하였다. 그래서 이제 경향(방향)의 전환점이 도래한 것이 아닌가 하는 질문이 제기되었다.

드레스덴의 오페라극장(Semperoper: '항상 오페라'라는 뜻의 라틴어) 앞에서 페기다운동의 추종자들이 또 다시 흑·적·황색의 독일국기를 흔들었다. 경찰추산에 따르면, 17,300명이 시위에 참가했다고 한다. 2주 전에 개최되었던 제12차 집회(1월 12일)에서 행사주최자는 기록적인 25,000명을 동원할 수 있었다.

제13차 집회의 모토는 '이제 한층 더(Jetzt erst Recht: 이제 한층 더 우익을 동시에 함축함)'로 설정되었다. 원래 지난 월요일(1월 19일)에 계획했던 행사를, 페기다의 공동설립자인 바흐만에 대한 테러공격의 위협으로 인하여, 즉 안전을 이유로 해서, 경찰이 불허한 다음에, 조직담당자들은 페기다의 존재감을 다시금 보여주고자 하였다. 또한 41세의 바흐만이 지난 수요일(1월 21일)에 페기다에서의 모든 직책을 내려놓은 다음에 페기다의 위력을 다시 과시하고자 하였다.

페기다 대표가 퇴진한 이유와 관련해서는, 바흐만이 자신의 페이스북 페이지에 히틀러의 수염을 붙인 자신의 모습을 올리고, 외국인과 망명신청자를 인간적으로 모욕하는 발언을 탑재했다는 사실이 그 이전에 여러 일간신문을 통해 알려지게 되었다.

대변인인 외르텔을 중심으로 한 페기다 조직위는 놀랍게도 집회일정을 월요일에서 갑자기 일요일로 하루 앞당겼다. 공식적인 이유로는 '안전문제'와 더불어 월요일에 계획된 다른 콘서트가 거론되었다. 월요일 저녁에 드레스덴의 시내에서 관용과 세계에 대한 개방성을 위한 큰 축제가 기획되어 있었다. 이 큰 행사의 주최자는 '있어야 할 곳 드레스덴(Dresden - Place to be)'이라는 명칭을 가진 협회였다. 이 행사에는 잘 알려진 음악가들이 참가하기로 되어 있었다.

이에 대한 비판적인 시각에서 페기다 대변인인 외르텔은 일요일 집회(1월 25일)에서 "저들은 이제 유명한 스타들을 드레스덴으로 끌어들임으로써 열망하던 신문기사의 헤드라인(즉, '직접 비교해볼 때 이제 페기다가 패배하고 있다.')을 장식하고자 한다."라고 말했다,

페기다의 대변인인 외르텔은 집회에서 '독일을 위한 대안(AfD)'과의 협력에 대한 보도를 부인하였다. 그녀는 페기다가 어디까지나 시민운동으로 남아 있을 것이라는 점을 새삼스럽게 다시 강조하였다.

이제 페기다운동은 명백히 더 급진적인 레기다(Legida: 라이프치히의 페기다분파)와의 협력과 단결을 추구하고 있다는 것을 보여주었다. 레기다의 조직담당자인 뢰슬러(Silvio Roesler)는 페기다와의 차이를 좁혔다고 선언하였다. 드레스덴과 라이프치히는 앞으로 힘을 합쳐 함께 행진할 것이라고 다짐하였다.

페기다 집회현장에서 몇 미터밖에 떨어지지 않은 곳에서는 외국인

혐오증에 반대하는 약 5,000명의 시위대가 진을 치고 있었다. 두 진영 추종자들 사이에서 약간의 싸움질이 벌어졌다고 한다. 그 다음날인 월요일(1월 26일)에 개최 예정인 행사(즉, 페기다운동에 반대하는 행사)에는 다시 수천 명이 참가할 것으로 기대되었다. 이 행사명은 '모두를 위한 개방적이고 다채로운 드레스덴(Offen und bunt - Dresden fuer alle!)'으로 정해졌다고 한다.

일요일(1월 25일)에 기센에서는 약 7,000명이 인종차별주의와 배제에 저항하는 시위가 개최되었다. 하겐, 에어푸르트, 볼프스부르크에서는 이미 토요일(1월 24일)에 각각 수백 명이 반(反)페기다집회에 참가하였다. 프라이부르크에서는 금요일(1월 23일) 저녁에 약 20,000명이 인종차별주의와 외국인혐오증에 저항하는 시위에 참여하였다.

정치가, 교회와 종파대표자, 그리고 학자들이 이슬람혐오증과 외국인혐오증에 기반을 둔 데모의 후속결과에 대해 우려를 표명하고 나섰다. 특히 사민당(SPD) 소속이면서 연방외무장관인 슈타인마이어(Frank-Walter Steinmeier)는 독일의 대외적인 이미지가 페기다로 인하여 훼손되고 있다

그림 9-3 독일통일 기념일에 즈음하여 평화로운 공동생활을 위해 설치된 구조물(드레스덴)

출처: Fuerstenau, 2016: 2

는 우려를 표명하였다. 페기다운동이 공개적으로 제시하고 있는 각종 표어와 플래카드(즉, 외국인혐오증과 인종차별주의를 명시적·함축적으로 포함하고 있는 내용)가 이미 끼친 피해가 과소평가되고 있다는 입장을 밝혔다("Pegida: Fast...", 2015: 1-2; "Fuer Tillich...", 2015: 1-2; "Freiburg...", 2015: 1-2; "Pegida zieht...", 2015: 1-2).

(7) 페기다와 신나치: 조직화된 분노

잘 조직화된 신나치 세력이 이슬람에 적대적인 페기다운동에 부분적으로 개입하고 있다. 페기다 시위와 행진에서 그들은 드레스덴에서뿐만 아니라 다른 도시에서도 역시 확고한 구성요소로 활동하고 있다.

극우파는 비교적 잘 조직화된 네트워크를 갖고 있기 때문에 페기다 관련 시위와 행진에서 나름대로 강력한 세력을 형성하고 있다. 월요일에 시위와 행진이 개시되면, 신나치주의자들은 일종의 후위(後衛)로서 역할을 수행한다. 극우파에 속하는 이들은 목구멍소리를 내며 '독일을 사랑하지 않는 자는 독일을 떠나라!'와 같은 구호에 따라 함성을 지르곤 한다. 많은 보통의 '정상적인' 시민들은 마치 열광한 듯이 함께 구호를 외친다. 극우파의 전투적인 태도나 겁을 주는 태도에도 불구하고 아무도 당황하지 않는 것으로 보인다.

이러한 장면은 페기다의 시위와 행진이 이루어지고 있는 여러 도시에서 반복해서 연출되고 있다. 독일의 북부지방에서는 극우파정당인 독일민족민주당(NPD)이 집회에 참여하고 있으며, 베를린에서는 신나치주의자들이 나치의 상징을 포함한 복장을 입고 겉으로 그들의 존재감을 보여주고 있다. 페기다 저항운동의 중심에 놓여 있는 드레스덴에서는 극우파와 더불어 폭력을 행사할 자세를 갖추고 있는 훌리건집단이 질서유지 담당자로 등장하곤 한다. 페기다의 행사진행자는 극우파의 참여에도 불구하고 어떤 문제의식을 갖고 있지 않은 것으로 보인다. 아예 못 본체하거나 아니면 그들의 참가를 사소한 일이라고 간단히 처리해버리는 것처럼 보인다.

극우파에 속하는 집단이 이렇게 페기다운동에 성공적으로 도킹할 수 있는 까닭은 무엇인가? 신나치주의자들이 갖고 있는 신념과 페기다 시위에 참가한 '분노의 시민들(Wutbuerger)'이 지닌 신념은 상당히 유사한 것으로 보인다. 즉, 정치(권)에 대한 불만족, 이슬람에 대한 거부감, 그리고 인종차별주의적인 편견이 공통분모에 속하는 것으로 보인다.

극우파는 이것을 나름대로 이용하려는 시도를 보이고 있다. 적어도 이제까지는 성공적이었다. 하지만 일반시민과의 동맹이나 연대는 취약할 것으로 예상된다. 왜냐하면 이슬람에 적대적인 페기다운동의 추종자 대부분은 정치적 수단으로서 폭력행사를 거부하고 있는 반면, 바로 이 폭력행사는 조직화된 신나치의 핵심적인 특징으로 남아 있기 때문이다 (Pfeifer, 2015: 1-2).

(8) 페기다의 여론몰이가 수반한 결과

2015년 2월 23일(월) 작센주 수도인 드레스덴에서 5,000명에 달하는 사람들이 이슬람에 반대하는 페기다의 제16차 '저녁산보(Abendspaziergang)'에 참여하였다. 주요연사는 베를린의 기민당(CDU)의원이었던 슈타트케비츠(René Stadtkewitz)인데, 이 사람은 그동안 우익포퓰리즘의 성향을 띠고 있는 정당인 '자유당(Die Freiheit)'의 대표로 활동하고 있다. 이 연사는 집회에서 이슬람을 폭력적이고 불관용적인 이데올로기라고 매도하였다.

여기서 멀리 떨어지지 않은 곳에서는 약 250명에 달하는 사람들이 밴드와 음악을 활용하면서, '모든 사람을 위한 드레스덴(Dresden fuer alle)'이라는 모토 아래, 개방적인 드레스덴을 위한 반대시위를 개최하였다.

지난 1월말에는 드레스덴의 페기다운동 지도부가 분열양상을 보여주었으며, 그로 인하여 시위참가자의 수가 상당히 줄어들었다. 그 이전에, 즉 제12차 시위(1월 12일)에서 페기다는 기록적으로 25,000명을 동원할 수 있었다.

제16차 집회에서 알려진 바와 같이, 원래 페기다운동의 주동자였던 바흐만(Lutz Bachmann)이, 약 4주 전(1월 21일) 대표직에서 물러난 다음, 그 동안 페기다 운동연합의 지도부로 다시 복귀했다고 하며, 어느 신문의 보도에 따르면, 심지어 다시 이 운동연합의 대표가 되었다고 한다. 2014년 10월부터 몇 개월 동안 이슬람에 대한 비판운동의 얼굴로 활동했던 바흐만은 히틀러 콧수염을 달고 찍은 사진이 공개되고 외국인에 대한 모욕적인 발언이 드러나면서 2015년 1월 후반에 사퇴한 적이 있다("Pegida verursacht...", 2015: 1).

제16차 페기다집회가 개최된 월요일(2월 23일)이 지난 이후 주말(2월 28일)에 페기다의 이슬람혐오증과 우익포퓰리즘에 저항하는 반대시위가 개최되었다. 오페라극장 앞에서 집회를 한 다음, 엘베강 양편에서 시가를 통과하면서 행진하였다. 행사진행자에 따르면, 5,000명이 참가했다고 하며, 경찰은 3,500명으로 추산하였다. 사민당(SPD)·녹색당(Gruene)·좌파당(Linke)에 속하는 여러 정치인도 시위에 참여하였으며, 이 세 정당 이외에 여러 비정부기구와 교회, 노조가 집회에 참가할 것을 촉구하였다. 그들이 내세운 호소문에 따르면, 페기다는 최근의 독일역사에서 반(反)계몽주의의 가장 중요한 흐름이며, 위험한 사회적 폭발력을 잠재적으로 포함하고 있다고 한다.

집회를 개시하는 차원에서 쿠르드족 출신의 어느 젊은 여성이 발언한 바에 따르면, 페기다시위의 결과는 이주민들이 이미 일생생활에서 느끼고 있다고 한다. 외국인들이 자신들의 모국어로 말을 할 때, 다른 사람들의 이상한 시선을 의식하게 된다는 것이다. 또한 작센주에서 거주하며 살아가고 있는 무슬림의 적은 수를 고려할 때, 페기다가 내세우고 있는 '서양의 이슬람화'에 대한 우려는 정말 이해할 수 없다는 것이다.

인종차별주의와 이슬람혐오증에 의해 피해를 본 사람들을 대상으로 상담을 해주는 기구(RAA)의 직원인 휘블러(Andrea Huebler)에 따르면, 페기다에 의한 여론몰이로 인하여 단지 다른 사람들의 이상한 시선으로 그치는 것이 아니라, 이주민에 대한 공격과 폭력행사, 괴롭힘 따위의 행위가 더 늘어난 경향이 있다고 한다("Dresdner...", 2015: 1).

2. 페기다에 대한 대처방안에 관한 논쟁

(1) 페기다와의 대화: 긍정과 부정 사이에서

페기다운동과의 대화를 추구해도 좋은가 아니면 추구해서는 안 되는가? 이 질문에 대해서 논쟁적 대립토의가 벌어지고 있다. 정치권에서도 논란이 벌어지고 있으며, 여러 기관과 전문가 사이에서도 토론이 벌어지고 있다.

사민당(SPD) 대표인 가브리엘(Sigmar Gabriel)은 페기다운동의 조직담당자와 동조자 사이에 명확한 선을 긋고 있다. 그는 조직담당자와의 대화를 거부한다. 조직담당자의 상당수가 유죄판결을 받은 범죄자, 신나치주의자, 반유대주의자이며, 이들의 주된 관심사는 사회를 분열시키고 과격한 이데올로기를 보급·확산시키는 데 놓여 있다는 것이다. 우리의 무슬림 동료시민을 배제하고 난민에 반대하는 선동을 벌이는 일은 용납하기 힘들다는 것이다.

그러나 가브리엘은 페기다시위자들과 대화를 모색하고자 한다. 그들이 중요하다고 생각하는 사안을 정치권이 제대로 고려하지 않았다는 점을 이 사람들은 지난 몇 주 동안 시위를 통해 표출하였다. 정치권과의 거리가 그동안 상당히 멀어졌기 때문에, 그들이 안고 있는 걱정거리와 불안을 진지하게 받아들여야 한다는 것이다.

하지만 사민당 내부에서는 페기다와의 대화에 거부하는 태도가 대체로 우세한 편이다. 부대표인 슈테그거(Ralf Stegner)는 사민당이 페기다 참가자에 대해 분명하게 선을 그어야 한다는 점을 강조하였다. 오히려 페기다에 대하여 강력하게 저항하면서 대처해야 한다는 태도를 보였다.

이와는 대조적으로 작센주 기민당(CDU) 사무총장인 크레취머(Michael Kretschmer)는 페기다 조직담당자와의 대화를 거부하는 것은 건방진 자세라고 지칭하였다. 정치권이 어떤 불안을 허용하고 허용하지 않을 것을 결정할 수는 없다는 것이다. 시위현장의 거리에서가 아니라 대화를 통해서 비로소 많은 주제에 대해 함께 해명하고 명료화할 수 있다는 것이다.

기민당 의장단 일원인 슈판(Jens Spahn)은 페기다 추종자와의 대화가 의미가 있고 중요하다고 생각한다. 앞으로 다가오는 몇 주와 몇 개월에 걸쳐서 매주 월요일마다 누가 더 많은 시위자를 동원했는가를 따지면서 경쟁을 벌일 수는 없다는 것이다. 정치적인 토론이 다시금 이루어져야 한다. 하지만 조건이 있는데, 그것은 페기다가 이제보다는 훨씬 더 분명하게 증오, 외국인혐오증, 졸렬한 구호와 거리를 유지해야 한다는 것이다.

야당에서도 역시 페기다의 주동자와 단순가담자를 구분하고 있다. 좌파교섭단체 대표인 기지(Gregor Gysi)는 사람들과 대화를 해야 한다는 점을 강조하면서도, 다른 한편으로 조직담당자와의 대화는 배제하였다.

녹색당의 연방대표인 페터(Simone Peter)는 페기다의 대변자들과 그들의 선동적인 명제를 위한 발판을 제공하지는 않을 것이지만, 그러나 시민들과의 대화는 모든 수준에서 열려 있다는 점을 분명히 했다.

작센주 연방안전기획부장인 마이어-플라트(Gordian Meyer-Plath)에 따르면, 적어도 드레스덴의 페기다 추종자들이 현재 과격화의 경향을 보이지는 않고 있다고 한다. 페기다시위에 참가한 사람들이 매우 다양하다는 것이다. 하지만 독일민족민주당(NPD) 및 다른 극우파가 이슬람주의자들의 공격에 대한 사람들의 불안을 정치적으로 이용하려는 시도를 보일 것으로 예상된다. 플라트의 지적에 따르면, 점점 더 많은 페기다 추종자들이 작센주시민교육원이 마련한 대화프로그램을 이용했다고 한다. 작센주시민교육원은 2015년 1월초에 처음으로 페기다 추종자 및 반대자가 참석한 대화를 마련하였다.

여러 기관 내에서도 의견이 엇갈리고 있다. 연방시민교육원장인 크뤼거(Thomas Krueger)에 따르면, 민주주의에 대한 페기다의 의식이 문제시되고 있다. 따라서 대화를 통하여 의심스러운 귀결에 도달할 수 있는 위험성, 즉 헌법의 규정을 자의적으로 해석하거나 아니면 집단과 관련된 인간혐오증을 자명한 것으로 전제할 수 있는 귀결의 위험성에 대해 경고하였다.

극우파 전문가인 카하네(Anetta Kahane)의 시각에 따르면, 그러한 포럼은 별 의미가 없으며, 따라서 페기다운동과의 대화에 대해 부정적 측면에서 경고를 하였다. 언론을 거짓말쟁이라고 비난하고 정치가들이 무능하다고 말하는 사람들과 도대체 무엇에 대해 대화를 할 것인지 의심스럽다는 것이다. 그녀의 견해에 따르면, 페기다는 독일에서 지난 30년 동안 저지른 정치적 실수와 오류의 결과 남은 온갖 불만세력을 위한 일종의 집합장이다. 페기다 추종자들은 마치 100년 전의 독일, 즉 외국인도 없고 소수집단도 없고 가능하면 자유도 없는 독일을 원하고 있는 것처럼 보인다는 것이다("Dialog...", 2015: 1-3).

(2) 페기다에 대한 대처방안을 둘러싼 논란

이슬람에 반대하는 페기다운동을 따르는 사람들과 대화를 해야 할 것인가 아니면 말아야 할 것인가? 이 질문이 정치권에서도 논란을 불러일으키고 있다. 특히 사회민주당(SPD)을 분열시키고 있다. 기민당(CDU)과의 연정을 통하여 여당에서 활동하고 있는 사민당의 이와 같은 우왕좌왕한 태도에 대해 야당은 의아하게 생각하고 있다.

사민당은 이슬람에 비판적인 페기다운동을 어떻게 다루어야 할 것인지에 대하여 통일된 입장을 취하지 못하고 있다. 당대표인 가브리엘(Sigmar Gabriel)이 금요일(2015년 1월 23일) 저녁 드레스덴으로 가서 작센주 시민교육원(LpB)이 마련한 행사(페기다의 추종자와 반대자가 모인 토의)에 개인자격으로 참석한 다음에, 사민당의 사무총장인 파히미(Yasmin Fahimi)는 페기다와의 대화를 새삼스럽게 다시 거부하였다.

파히미는 이주자, 외국인, 다른 생각을 갖고 있는 사람들에 적대적인 여론몰이를 하고 있는 사람들과는 대화하고 싶지 않다는 입장을 밝혔다. 그녀의 발언에 따르면, 성숙한 사람은 자신의 행위에 대해 그리고 자신이 추구하는 것에 대해 책임을 져야 한다는 것이다. 페기다운동에 의해 가열된 토론, 즉 소위 서양의 이슬람화에 대한 토론은 독일사회의 분위기를 점점 더 험악하게 만들 것이기 때문에, 그러한 바람직하지 못한 분위기가 더 악화되지 않도록 주의를 기울여야 한다는 점을 강조하였다.

가브리엘의 토론참석에 대하여 직접적인 비판은 사민당의 청년당원조직(Jusos)에서 제기되었다. 사민당 청년당원조직의 대표인 위커만(Johanna Uekermann)에 따르면, 인종차별주의는 대화의 기초가 아니라는 것이다.

사민당의 이와 같은 불명료한 노선에 대해 야당세력은 이해할 수 없다는 반응을 보였다. 녹색당원인 벡(Volker Beck)에 따르면, 사무총장인 파히미가 반(反)이슬람단체와의 대화를 거부한 반면, 당대표인 가브리엘이 드레스덴에서 개최된 토의행사에 참석함으로써 페기다의 가치를 평가절상하고 있다는 점이 놀라운 일이라는 것이다.

사민당이 이와 같이 우왕좌왕하는 모습에 대해 의아하게 생각할 수밖에 없다는 것이다. 벡의 설명에 따르면, 페기다에게 있어서 염려나 정치적 제안이 중요한 문제가 아니라, 소수집단·이주민·난민, 그리고 부분적으로 유대인에 대한 반감 혹은 혐오감이 중요한 문제라는 것이다.

이에 대해 반박하는 차원에서 사민당의 부대표인 슈테그너(Ralf Stegner)가 표명한 입장에 따르면, 가브리엘과 당 전체 지도부에게 있어서 언제나 분명한 점은 사민당원 모두가 외국인혐오증과 인종차별주의와는 분명하게 거리를 유지하고 있으며, 다양성, 의사표현 및 언론의 자유와 어긋나는 우익의 선전을 결코 받아들이지 않는다는 것이다.

전(前)연방내무장관이었던 쉴리(Otto Schily)은 페기다에 대한 반응으로서 이주와 관련된 문제를 비판적으로 취급하고 논의할 것을 요구하였다. 독일사회에서 무슬림 이주민에게 문제가 있다는 것은 엄연한 사실이라는 것이다. 독일사회의 여러 도시에서 평행사회(Parallelgesellschaft)가 형성되고 있다면, 터키가정의 출신배경을 갖고 있는 많은 청소년 혹은 청년들이 여성의 인권을 별로 고려하지 않거나 존중하지 않는 남성우월주의 문화(Macho-Kultur)를 형성하고 있나면, 그러한 문제에 대해 비판적인 취급과 논의를 해야 할 필요가 있다는 것이다("SPD uneins...", 2015: 1-2; "SPD-Chef...", 2015: 1-2).

3. 간문화적 갈등의 관점에서 바라본 페기다현상의 특징

(1) 페기다: 실패한 자들의 포럼

과거 구동독 시절 시민권운동가였으며, 현재 라이프치히에서 현대사포럼의 소장인 에케르트는 페기다와 관련하여 독일파(DW)와의 인터뷰에서 다음과 같이 설명하였다. 현대사포럼과 그 부속박물관은 특히 1989년 라이프치히에서 시작된 평화혁명의 역사를 상기시키는 데 주된 목적을 두고 있다.

① 질문: '우리는 국민이다.'라는 유명한 구호는 1989년 라이프치히에서 연유하고 있다. 그것은 결국 구동독를 무너뜨린 시민권운동가들이 내세운 모토였다. 당신은 그때 거기에 동참하였다. 그런데 지금 드레스

덴에서 페기가운동가들도 역시 그러한 구호를 외치고 있다. 그렇게 해도 괜찮은 것인가?

답변: 그 구호는 드레스덴에서뿐만 아니라 라이프치히에서도 사용되고 있다. 물론 자유로운 사회에서 그것을 금지할 수는 없고, 또한 그 구호가 법적으로 보호받는 것이 아니기 때문에, 얼마든지 사용해도 좋은 것으로 보인다. 그럼에도 불구하고 불쾌한 일이다. 그것은 원래 1989년 독재에 저항하기 위한 평화혁명의 구호였다. 그런데 지금 페기다시위자들은 완전히 다른 목적을 위해 그것을 이용하고 있다.

② 질문: 1989년의 월요시위와 2014~2015년의 페기다운동 사이에 도대체 어떤 교집합(交集合)이 있는가?

답변: 거의 없다고 본다. 그 당시의 월요시위에서는 자유와 민주주의를 위한 투쟁이 중요한 문제였던 반면, 지금의 페기다운동은 외국인에 대한 증오, 그리고 부분적으로 이슬람에 반대하는 경향을 포함하고 있는 상당히 불명확한 혼합물이라고 볼 수 있다. 여기서는 단순히 막연하고 확산적인 좌절 혹은 일반적인 분노만이 지배적으로 작용하는 것처럼 보인다. 시위장소 부근에서 사람들이 말하는 소리를 듣자면, 과거에 공산주의자들이 우리를 속인 것과 마찬가지로 정치가와 미디어가 우리를 속이고 있다는 말을 종종 듣게 된다. 자유로운 언론을 갖고 있음에도 불구하고 페기다시위자들은 소위 '거짓말 언론(Luegenpresse)'에 대해 불평불만을 늘어놓고 있다. 결국 여러 가지 많은 것이 서로 어울리지 못하고 있다.

③ 질문: 페기다가 말하자면 우리 사회의 한가운데에서 나온 것이기 때문에 정당한 시민저항운동인지, 아니면 신나치주의나 인종차별주의의 동기를 갖고 있는 비판, 가능한 모든 것에 대한 총괄적인 비판에 불과한 것인지에 대하여 서로 다른 의견이 있으며 이를 둘러싸고 논란이 벌어지고 있다.

답변: 본인이 관찰한 바에 따르면, 세 가지 집단이 존재한다. 그 하

나는 중산층의 한가운데에서 나온 사람들이다. 경제사정이 비교적 괜찮은 시민이면서 일반적으로 불만족하다고 느끼는 이 사람들은 아마도 가장 작은 집단에 속한다. 그 다음 비교적 큰 집단은 축구 훌리건의 주변에서 나온 사람들로서 이들은 어느 정도 폭력성향이 있는 집단이다. 그 다음 가장 큰 집단은 사회의 주변부에 놓여 있으며, 1989년에는 다른 기대를 갖고 있던 사람들이다. 이들은 개인적으로 그러한 기대를 성취하지 못했다. 좀 더 구체적으로 말하자면, 비록 구동독 시절 독일사회주의통일당(SED)의 추종자들은 아니지만, 나중에 평화혁명에 참여하기 시작했고, 개인적인 생활에서도 역시 가능하면 빨리 구서독시민과 동일한 수준에 도달하기를 희망했던 사람들이다. 기대에 부응하지 못하자 이들은 실망했으며, 이들 중 많은 사람들은 실업상태에 놓이게 되었거나 아니면 기초생활수급자가 되어 생계를 유지하고 있다. 그러한 것들이 뒤섞여서 이제 막연하고 확산적인 분노로 표출되고 있다.

④ 질문: 페기다운동의 배경요인을 1989년 이전의 경험보다는 오히려 특히 1989년 이후의 경험에서 찾아야 한다는 진단이 타당한 것인가?

답변: 그렇다. 1989년 이후의 경험이 더 중요한 것으로 보인다. 구동독의 유산과 관련이 있다고 생각하는 사람들이 적지 않지만, 본인은 통일 이후의 경험이 더 중요하다고 생각한다.

⑤ 질문: 페기다는 어느 정도 동독지방에 특정한 것으로 간주할 수 있으며, 드레스덴이 이 운동의 중심이 된 까닭은 무엇인가?

답변: 1989년 이후 동독주민의 경험이 페기다운동에 반영되고 있기 때문에 동독에 특정한 운동이라는 점은 분명하다. 새로운 경제적 조건에서 성공을 할 수 없었던 사람들의 일부가 페기다운동에 가담하고 있는 것이다. 왜 하필 드레스덴에서 출발하고 있는가는 가장 중요한 질문 중의 하나이지만, 이에 대해 아직까지는 정확하게 답변하기 어렵다.

⑥ 질문: 저항운동에서는 에너지전환(화석연료에서 그린(green)에너지로의 전환), 연금, 망명관련법, 교육문제, 우크라이나, 유로화, 유럽연합과 같

은 주제가 거론되고 있다. 즉, 큰 정책과 작은 정책이 모두 망라되어 있다. 그렇게 많은 불만에서 핵심적인 문제가 무엇인가?

답변: 완전히 뒤범벅이다. 여기서 물론 이슬람과 이슬람화에 대한 불안이 역할을 수행하고 있지만, 결정적으로 중요한 것은 아니다. 본인이 관찰한 바로는, 사람들 자신이 처한 구체적인 사회적 상태에 대한 불만이 가장 중요한 요인으로 보인다. 그것은 한편으로 1989년의 기대와 다른 한편으로 기성 정당이나 노조를 통해서는 아무것도 달성할 수 없다고 하는 현재 감정 사이의 간극 혹은 불일치를 가리킨다. 그리고 우리를 화나게 하는 점은 어떤 조직이나 정당에서 실제로 활동을 해본 적이 없는 사람들이 페기다운동에 동참하고 있다는 것이다.

⑦ 질문: 페기다운동과 더불어 거기에 단순가담자로 활동하고 있는 개개인을 어떻게 다루어야 할 것인가? 그들과 대화를 해야 할 것인지의 여부에 대해서 여러 정당에서 약간 분열되어 있는 것으로 보인다.

답변: 본인은 대화가 필요하다는 데 동의한다. 하지만 문제는 대화를 어떻게 조직할 것인가이다. 여러 주에 걸쳐서 그동안 대화의 상대자가 부재하였다. 물론 최근에는 페기다대변인이 미디어에 등장하면서 어느 정도 변화가 있기는 했다. 그러나 누구를 초대할 것이며, 누가 무엇을 대변할 것인가? 드레스덴에서는, 누구든지 말하고 싶은 것을 말할 수 있다는 모토 아래, 공개적인 청문회를 개최하려는 시도가 있었다. 이것이 올바른 방안인지는 잘 모르겠다. 어떻게 서로 대화를 할 것인지를 명료화하기 위하여 여기서 무엇인가 실험을 하고 숙고하지 않으면 안 된다. 단순히 경찰을 투입하고, 확실하게 선을 긋고 반대하는 데모를 하는 것만으로는 충분하지 못하다(Wagener, 2015: 1-2).

(2) 수수께끼 페기다: 우익인가 아니면 평균치인가?

반이슬람 저항운동인 페기다에 참가한 사람들의 배경에 대해 비교적 급하게 이루어진 조사결과가 발표되었다. 잠정적인 결과에 따르면, 인종차별주의적인 사고방식이 상당 부분 작용하고 있다고 한다.

베를린과학센터(WZB: Wissenschaftszentrum Berlin)의 저항운동 연구자인 루흐트(Dieter Rucht)와 그의 동료들은 이슬람혐오증의 성향을 보이고 있는 저항운동인 페기다를 동행하면서 연구하기 위하여 드레스덴으로 가서 현장조사를 수행하였다. 그 다음 바로 자료분석을 실시하였으며 그 결과를 발표하였다. 연구의 제목과 부제는 각각 '속도제한에 걸려 있는 저항운동연구(Protestforschung am Limit)'와 '페기다에 대한 사회학적 접근(Eine soziologische Annaeherung an Pegida)'으로 설정되었다.

이 연구결과에서 제시된 자료가 페기다에 대하여 실제로 어떤 진술을 할 것인가의 의문이 남아 있긴 하다. 하지만 연구책임자인 루흐트는 이에 대해서 별 문제가 없다고 하면서, 정확히 헤아리기 어려운 사정을 고려하면서 자료를 조심스럽게 검토할 것을 권고하였다.

이것은 페기다 추종자에 대하여 2015년 1월에 두 번째로 발표된 조사결과이다. 첫 번째 조사결과는 드레스덴공과대학교 연구진에서 며칠 전에 발표한 적이 있는데, 여기서는 페기다 추종자의 대부분을 불만을 갖고 있는 중간계층으로, 즉 평균치에 놓여 있는 보통시민으로 기술하였다. 그에 비해서 베를린과학센터의 연구팀은 페기다에서 우익경향이 더 강하다는 진단을 내리고 있다.

예를 들면, 저항운동에 참여한 사람들 중에서 '유대인의 영향력이 지나치게 크다'고 생각하는 사람의 비율(14.8%)이 전체인구의 평균치(11.6%)을 분명하게 상회하고 있다. 페기다운동 참가자 중 설문에 응한 사람의 81%가 '강력한 민족감정에 대한 용기'가 필요하다는 점을 바라고 있다. 또한 41.4%에 달하는 페기다 참가자의 견해에 따르면, 독일이 많은 외국인들로 인하여 '위험할 정도로 과도한 외국 영향을 받고 있다'고 한다. 독일국민 전체의 약 25%가 이러한 생각을 갖고 있는 것에 비추어볼 때, 여기서 상당한 차이가 있음을 확인할 수 있다.

만약 다음 일요일에 연방의회선거가 있을 경우, 페기다 추종자의 89%가 '독일을 위한 대안(AfD: Alternative fuer Deutschland)'에 표를 던질 것이라고 답변했으며, 여기에 더하여 유일한 야당은 극우성향의 독일민족민주당(NPD)이라고 답했다. 약 1/3에 달하는 사람들이 자신을 우익성향이 있는 것으로 분류했다.

그러나 이것이 평균적인 페기다 추종자의 특징적 자료인 것인가 하는 질문이 제기된다. 연구를 수행한 당사자들 자신도 의문의 여지를 남겨놓고 있다. 설문조사에 응한 사람들의 수가 상당히 제한되어 있다는 점을 일단 인정해야 한다. 여러 연구팀이 드레스덴의 시위현장에 동참했으며, 남성 참가자의 수가 더 많다는 것을 조사지에 기록했으며, 훌리건과 신나치의 특징을 갖고 눈에 띄는 집단이 등장한 것을 확인하였으며, 설문조사 대상자를 접촉하였다.

그러나 시위참가자들은 상당히 꺼리는 태도를 보여주었다. 20,000명에 달하는 시위참가자 중에서 670명이 설문지를 손에 받아들었으며, 123명만이 답하였다. 마지막에는 특히 교육을 받은 사람들과 안정된 소득을 갖고 있는 사람들이 주로 자신의 의견을 표출하였다. 이들이 소위 '정상인(Normalos: 사회의 한가운데에 놓여 있는 보통의 시민)'으로 통하는 사람들이다. 지역적 출신배경을 살펴보면, 대부분이 드레스덴시(작센주 수도)나 그 주위에 살고 있는 작센주 주민이다. 이들은 특수한 집단에 속하는 사람들이지만, 그러나 연구자에게는 이 단면이 운동의 성격을 더욱 의심스럽게 만든다. 왜냐하면 교육을 받은 사람들에게서는 우익이나 인종차별주의적인 진술로 흐르는 경향이 대개 더 적게 나타나고 있기 때문이다(Kiesel, 2015: 1-2).

(3) 양면가치를 갖고 있는 페기다 메시지

반이슬람 저항운동에 참가한 사람은 도대체 누구인가? 그들이 원하는 것은 무엇인가? 베를린(Berlin)대의 사회학자 루흐트(Dieter Rucht)는 이러한 질문에 답하기 위한 연구를 개시하였다. 그는 지난 수십 년 동안 정치적 저항운동과 사회운동에 대해 관심을 갖고 연구를 하고 있다. 드레스덴에서 발생하고 있는 페기다운동에 관해 학술적으로 조사·연구하기 위해 그는 베를린대와 켐니츠(Chemnitz)대의 학생들과 연구원들을 확보하였으며, 조사결과를 2015년 1월중에 발표할 예정이다. 이와 관련하여 그는 독일파(DW)와의 인터뷰에서 다음과 같이 설명하였다.

① 질문: 페기다라는 현상에 대해 학술적으로 연구하고자 하는 것으로 알고 있다. 이를 위하여 드레스덴에서의 시위현장에서 조사를 개시하였다. 어떻게 조사하고 있으며, 무엇을 알게 되었는가?

답변: 50여명이 조사연구에 참여하고 있다. 우선 시위(2015년 1월 12일)에 참여한 사람들의 수를 세는 것과 같이 관찰해야 하는 과제를 수행하고 있다. 경찰추산에 따르면, 25,000명이 시위에 참가했다고 한다. 하지만 우리가 독립적으로 헤아린 결과에 따르면, 약 17,000명이 참가한 것으로 추정되며, 여기서 천 명 정도를 가감할 수 있다고 본다. 어쨌든 정확히 참가자수를 파악할 수는 없다. 또한 관찰하고자 한 것은 무대에서는 어떤 일이 일어나고 있는지, 무대 뒤에서는 어떤 일이 벌어지고 있는지, 주변에 서 있는 사람들은 어떤지의 질문과 관련된다. 또 다른 과제는 온라인 설문조사를 개시하는 것이다. 이를 위해 쪽지를 배부했다. 가까운 시일 내에 온라인 설문조사에 참여해 줄 것을 시위참가자들에게 부탁하였다.

② 질문: 시위참가자들은 어떻게 반응했는가?

답변: 서로 다른 반응을 나타냈다. 시위대의 전면에 있는 사람들은 말을 걸면 부분적으로 상당한 거부 반응을 보여주었다. 어느 부부의 경우에는 눈에 띄는 현상을 관찰할 수 있었다. 우리 조사요원이 부인에게 말을 걸었는데, 남편이 상황을 전부 가로채고, 쪽지를 받을 것인지의 여부에 대해 결정을 하였으며, 그 다음 토의를 이끌어갔다. 시위대의 후면

에서는 분위기가 어느 정도 개방적이었으며, 사람들이 대화를 하려는 자세를 더 많이 보였다.

③ 질문: 아직 수집한 자료에 대한 분석을 완료하지 하지 않은 것으로 안다. 그렇지만 시위참가자들의 관심사가 무엇인지에 대한 첫인상이 있는가?

답변: 페기다의 메시지는 양면가치의 특징을 갖고 있다. 그것이 우리를 당황스럽게 만들기도 하며, 아마도 조직담당자들의 상황판단이 빠른 것인지도 모른다. 한편으로는 다음과 같은 말을 들을 수 있다. "우리는 보통의 정상적인 시민들이며, 평화롭게 살고 있다. 경찰의 안내와 지시에 잘 따르고 있으며, 어떤 폭력행사도 하지 않을 것을 당부하고 있다. 우리는 기본적으로 외국인에 대해 적대적이지 않으며, 단지 좀 더 잘 처리하고자 할 뿐이다." 예를 들면, 국민에 대한 설문조사를 확대하는 것이 중요한 일이라고 간주된다면, 그것은 얼마든지 받아들일 수 있다는 말을 여러 군데에서 들을 수 있는데, 이것은 메시지의 한 가지 방향이다. 하지만 완전히 다른 방향을 가리키는 명백한 메시지가 있다. 이러한 양면가치는 결코 우연이 아니다. 한편으로는 우익성향을 갖고 있는 사람들 혹은 외국인혐오증을 갖고 있는 사람들을 끌어들여야 한다. 그렇지만 다른 한편으로는 보통의 정상적인 시민들이 겁을 먹지 않도록 해야 한다. 이들을 위해서는 말하자면 다른 메시지가 준비되어 있는 것이다.

④ 질문: 페기다를 조사하고 연구하는 일이 왜 그렇게 중요하며, 조사연구의 목표가 무엇인가?

답변: 이 현상에 대해 미디어에서는 누가 이 운동에 참가하고 있는지, 동질적인 사람들이 모인 집단인지 아니면 서로 다른 분파와 진영으로 분열된 집단인지에 대해 많이 언급되고 있다. 그런데 논쟁은 무성하지만 사람들이 정확히 잘 알고 있지 못한 상태에 놓여 있다. 참가자수와 진술에 대해 믿을 만한 정보를 확보하지 못하고 있다. 우리는 좀 더 정

확하게 조사를 해보고 더 견고한 기반을 마련하고자 한다. 우선 사실적 정보를 확보해야 하고 그 다음에 비로소 판단을 내려야 한다. 그 역(逆)은 적절하지 못하다. 시위가 있는 행사 당일에 혹은 그 바로 다음에 언제나 다시금, 마치 확실한 근거가 있는 정보를 이미 확보한 것처럼, 다음과 같은 말이 떠돌아다닌다. "그 운동은 이러저러한 방식으로 분류할 수 있다." 아니면 "전부 나치에 불과하다."

⑤ 질문: 규명하고자 하는 가장 중요한 질문은 무엇인가?

답변: 누가 시위를 하고 있는가? 이 질문은 우선 인구통계학적 요인에 관한 것이다. 즉, 연령, 성별, 직업상황, 출신배경(지역) 등에 관한 질문이다. 그 다음 해명하고자 하는 사항은 페기다가 내세운 진술이나 명제에 대해 설문조사에 참여한 사람들이 어떤 생각과 태도를 갖고 있는가이다. 예를 들면, '정치가들은 우리 보통사람들(서민들)이 안고 있는 문제에 대해서는 전혀 신경을 쓰지 않으며, 단지 자신들의 관심사나 이해관계에만 주의를 기울이고 있다.'라는 일반적인 정치적 진술에 대해서 어떤 태도와 입장을 취하고 있는가? 그 다음 선거행태에 대한 질문이 있다. '지난번 지방선거와 연방선거에서 누구에게 표를 주었는가?', '만약 다가오는 일요일에 선거가 있다면, 여러분은 누구에게 표를 던질 것인가?', '선거에 참여하는가 아니면 참여하지 않는가?', '우파와 좌파의 축에서 여러분 자신은 어느 위치에 놓여 있다고 생각하는가?' 그 다음 무슬림의 측면과 극우적인 경향을 갖고 있는 태도의 측면에 해당하는 일련의 질문이 있다.

⑥ 질문: 작센주의 도시인 라이프치히와 다른 도시에서 페기다에 반대하는 시위가 적지 않게 발생하고 있다. 페기다가 특히 드레스덴에서 성공을 거둔 것에 대해 어떤 이유가 있다고 생각하는가?

답변: 지난 몇 년 동안, (제2차 세계대전 중, 즉 1945년 2월 13일(화) 영미연합군의 폭격기에 의해 행해졌던) 드레스덴 폭격을 기념하는 날이 오면, 여기서는 늘 논란과 대립이 있었기 때문에, 드레스덴은 전사(前史)를 갖고 있다고

볼 수 있다. 이때 우익성향을 갖고 있는 사람들이 분위기를 고조시키곤 하였다. 물론 모든 사람들이 극우파라고 할 수 없긴 하지만, 그러한 입장에 경도된 사람들이 분명히 개입하였다. 그 반대편에는 이에 저항하는 시위가 있었다. 작센주는 전통적으로 독일민족민주당(NPD)을 포함하여 우익성향의 집단을 길러낸 온상이라고 간주할 수 있다. 전체적으로 바라볼 때, 구동독지방(신연방주)에서는 '우리는 사회적으로 이등국민에 불과하며, 사회적으로 몰락할 위험을 안고 있다. 서쪽에 있는 그들의 생활여건이 훨씬 더 좋다.'라고 하는 감정이 적지 않게 퍼져 있다. 여기서 사람들의 불안은 미래, 연금, 일자리와 관련되며, 구서독지방(구연방주)과 비교해 볼 때, 자식에 대한 우려와 근심이 평균적으로 더 많은 것으로 진단할 수 있다.

⑦ 질문: 시위에 참가한 사람들이 누군지, 그리고 그들이 원하는 것이 무엇인지 좀 더 정확하게 알게 된다면, 정치권이 나아갈 방향과 해야 할 일을 더 잘 알 수 있을 것인가?

답변: 그렇다. 왜냐하면 페기다 참가자들을 한데 묶어서 예를 들면 나치라고 지칭할 것인지, 아니면 좀 더 분화시켜서 고려해야 할 것인지에 대하여 정치권에서는 의견이 분분하며 이와 관련하여 상당한 논란이 벌어지고 있다. 분화시켜서 고려하자는 입장에 따르면, 훌리건, 우익성향에 가깝거나 우익포퓰리즘의 성향을 갖고 있는 사람들, 그리고 페기다현상에 관심을 갖고 있는 사람들이 존재한다는 것이다. 페기다운동의 조직담당자들이 내세운 진술이나 명제가 여러 가지가 있지만, 시위참가자들은 스스로를 결코 외국인혐오증을 갖고 있거나 극우성향을 갖고 있는 사람들이라고 지칭하지 않는다. 본인은 개인적으로 이러한 분화를 일단 가능성으로서 인정해야 한다고 생각한다. 그러한 분화현상이 사실상 존재한다면, 그것에 대한 반응이나 대응도 역시 분화시킬 수 있다고 본다. 예를 들면, 다음과 같이 말할 수 있다. "페기다 추종자로서 여러분이 어떤 이민법을 옹호할 경우, 그 이민법은 어떤 모습을 갖추어야 할

것인가?" 그리고 이와 관련하여 토론을 진행하게 될 경우, 외관상 동질적으로 보였던 이 페기다 추종자들은 분화될 것이며 아마도 심지어 분열될지도 모르는 일이다(Grunau, 2015: 1-3).

(4) 연대와 분열

이슬람에 대해 비판적인 페기다운동이 성장하고 있지만, 다른 한편으로 그것에 대한 저항과 반대도 역시 증가하고 있다. 2015년 1월 7일 프랑스 파리에서 샤를리 엡도(Charlie Hebdo) 편집부를 표적으로 삼아 저질러진 테러습격사건 이후에 더 분명하게 드러난 점은 독일이 분열의 양상을 보이고 있다는 것이다. 이 문제와 관련하여 독일파(DW) 편집위원인 바게너(Volker Wagener)가 제시한 논평을 소개하고자 한다.

테러습격사건 이후 독일의 여러 도시에서는 수만명이 거리로 나와 시위를 벌이면서 샤를리 엡도와의 연대의식을 보여주었다. 그렇지만 자칭 서양을 구하고자 하는 사람들(즉, 페기다시위 참가자)의 수도 역시 성장하였다. 그리하여 제12차 시위(2015년 1월 12일)에서는 말하자면 페기다운동의 '홈경기'에 참가하기 위하여 기록적인 25,000명이 드레스덴으로 모여들었다. 따라서 더 이상 부정하기 어려운 일이지만, 독일국민의 일부가 마치 서로 경쟁을 벌이는 축구클럽의 팬들처럼 서로 대립을 하면서, 한쪽에서는 페기다시위에 참가하였으며, 다른 쪽에서는 거기에 반대하고 저항하기 위하여 시위에 참가하였다.

이슬람혐오증을 갖고 있는 시민들이 이렇게 새삼스럽게 벌이고 있는 집회운동에서 위험스러운 점은, 사회학적인 관점에서 바라볼 때, 그것이 보여주고 있는 규모와 파급효과이다. 외국의 과도한 영향에 대하여 편집증을 갖고 극우파는 다른 사람들의 신경을 건드리고 다른 사람들을 불안하게 만드는데, 그러한 극우골수분자에만 국한된 것이 더 이상 아니기 때문이다. 오늘날 독일과 유럽을 구하고자 나선 사람들은 더 이상 개전(改悛)의 여지가 없는 신나치주의자, 훌리건, 완강한 선동자가 아닌 것이다. 페기다운동과 관련해서는 오늘날 보통의 정상적인 시민들이 서양을 구한다는 명분과 취지를 갖고 월요일마다 의식적(儀式的)인 '산보(Spaziergang)'에 동참하고 있다. 여기에는 예를 들면 시리아난민을 위한 정부의 비용지출 때문에 자신의 연금이 줄어들 위험이 있다고 우려하는 연금수령자가 포함된다. 또한 외국인 자녀가 너무 많아서 자신의 자녀가 학교에서 뒤처지지 않을까를 걱정하는 부모가 포함된다. 그리고 심지어는 대졸출신의 중산층에 속하는 사람도 사회적 하강이나 몰락을 우려하면서 불안을 느끼고 있다. 이 모든 것이 무슬림 때문에 그렇다는 것이다. 정신치료를 받아야 할 사례가 아닌가 하는 의문이 들 정도이다.

만약 이와 같은 자칭 애국자만이 있다면 독일사회의 현재와 미래는 정말 암담할 것이다. 사실상 지난 여러 주에 걸쳐서, 그리고 파리의 테러습격사건 이후 한층 더 많은 사람들이 관용을 옹호하고 외국인혐오증에 반대하기 위하여 거리로 나서고 있다. 이것은 드레스덴에서의 페기다군중이 예상한 규모를 넘어서고 있다. 하지만 이와 같이 계몽된 시민들의 저항운동에 대한 존중에도 불구하고, '나는 샤를리(Je suis Charlie)'라고 하는 분명한 입장표명에 대해서는 의문의 여지가 남아 있다. 왜냐하면 샤를리에 대한 연대의식의 표명은 어떤 비용도 들지 않으며, 또한 교육을 받은 중간계층의 많은 사람들이 관찰자 혹은 당사자로서 느낀 공감의 표출에 불과한 것이기 때문이다.

다시 말하면, 일시적인 연대의식의 표명에 머물지 않고, 지속가능한 어떤 조치와 사업이 되기 위해서는 예상되는 귀결에 대해 숙고하지 않으면 안 된다. 좀 더 구체적으로 말하자면, 다문화성(multiculturality)의 매력을, 예를 들면, 단순히 어디 외국의 휴가지에서 경험한 것에서 찾는데 그친다면, 그리고 잘사는 동네에서 체험할 수 있는 이국적인 생필품과 음식점 요리에 국한된다면, 우리 사회에서 살고 있는 무슬림 이민자와의 연대는 공허한 의식(儀式) 아니면 심지어 위선적인 의식으로 전락하고 말 것이다.

샤를리 엡도라는 풍자신문에 대해서 그 전에는 들어본 적도 없으면서, 요사이 샤를리에 대한 연대의식을 보여주기 위하여 거리로 나선 사람들 중, 외국인 자녀의 수가 많은 학급에서 벗어나도록 하기 위하여 자신의 자녀를 상당히 멀리 떨어진 학교로 전학시키는 시민의 수가 적지 않은 것으로 보인다. 또한 비교적 잘사는 사람들이 거주하고 있는 동네에 난민숙소가 들어서지 않도록 하기 위하여 해당 지방정부에 막후에서 압력과 영향력을 행사하는 시민의 수도 무시할 수 없다. 바로 이러한 것이 아무 비용도 들지 않는 관용의 모습이며, 자유주의적인 태도이다. 간단히 말해서, 속마음과 겉모습이 서로 다른 경우가 적지 않은 것이다.

이러한 불일치에서 벗어나기 위해서는 독일사회가 진정한 이민국으로 거듭나야 한다. 우리 사회에 이미 살고 있는 무슬림 이웃, 작업동료, 스포츠동료를 우리의 삶과 일상생활의 정상적인 모습으로 관찰해야 하는 시간이 천천히 다가오고 있는 것이다. 만약 그렇지 않을 경우에는 계속해서 엄연한 사실을 부인하면서 살아야 할 것이며, 앞에서 지적한

그림 9-4 최근 10년간 극우적인 태도에 대한 조사자료

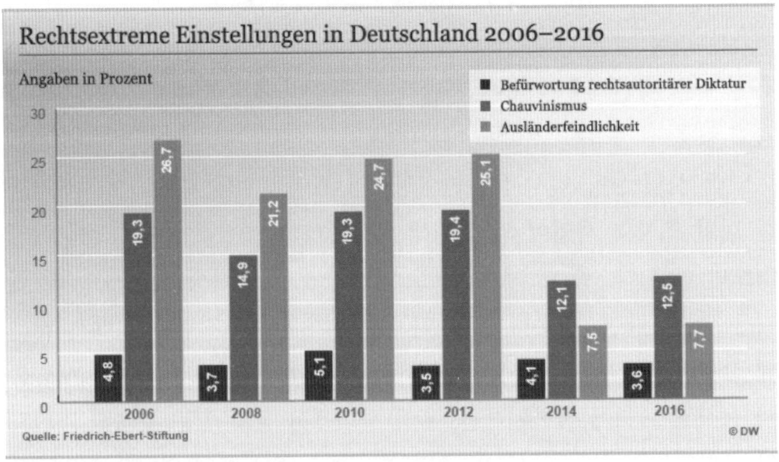

출처: "Studie: Neurechtes...", 2016: 2

속마음과 겉모습의 불일치와 간극은 여전히 남아 있을 것이다(Wagener, 2015: 1-2).

그림 9-5 최근 10년간 극우적인 태도에 대한 조사자료

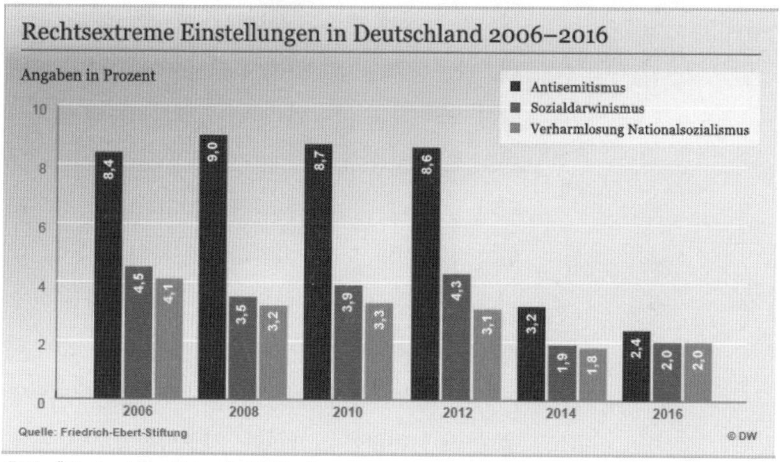

출처: "Studie: Neurechtes...", 2016: 2

요 약
abstract

이 장은 간문화적 갈등의 사례로서 페기다현상을 살펴보는 데 주된 관심을 두고, 페기다운동의 진행과정, 페기다에 대한 대처방안에 관한 논쟁, 그리고 간문화적 갈등의 관점에서 바라본 페기다현상의 특징에 대한 시사적 자료를 소개하고 있다. 페기다운동의 진행과정에 관해서는 페기다의 동력상실, 페기다의 분파와 지지 세력의 감소, 페기다의 새로운 분파에 해당하는 정치적 위상, 페기다의 위기, 페기다 대변인의 퇴진, 페기다의 제13차 시위와 전환점의 도래, 페기다와 신나치, 그리고 페기다의 여론몰이가 수반한 결과에 관한 자료를 소개한다. 페기다에 대한 대처방안에 관한 논쟁에 대해서는 페기다와의 대화, 페기다에 대한 대처방안을 둘러싼 논란을 소개한다. 간문화적 갈등의 관점에서 바라본 페기다현상의 특징에 해당하는 자료에는 실패한 자들의 포럼으로서의 페기다, 수수께끼로서의 페기다, 양면가치를 갖고 있는 페기다 메시지, 연대와 분열에 관한 자료를 소개한다.

●●● 참고문헌

강현석. 『인문·사회과학의 새로운 연구방법론: 내러티브학 탐구』. 서울: 한국문화사, 2016.

김경미. "동유럽 로마(Roma)공동체에서의 다문화주의와 페미니즘의 갈등." 『한독사회과학논총』. 제25권 제3호(2015년 가을), pp. 75-100.

김진희. 『다문화교육과 평생교육: 이론과 실제』. 서울: 박영스토리, 2016.

김태원. "생애구술사를 통해 본 결혼이주여성의 가족갈등 경험 분석: 네팔 결혼이주여성의 사례를 중심으로." 천정웅 외. 『글로컬 생활세계와 이주민의 삶』. 파주: 양서원, 2015, pp. 73-102.

장영호. "국가정체성과 민주시민교육." 허영식·신두철 (편). 『민주시민교육 핸드북』. 서울: 오름, 2007, pp. 124-133.

정창화. "Diversity Management in der oeffentlichen Organisation - im Fokus der Institutionalisierung und der Organisationsgestaltung zur politischen Bildung in Korea." 『한독사회과학논총』. 제25권 제4호(2015년 겨울), pp. 133-156.

최영미. "The Historical Perspective of Global Emigrations of Koreans: Focused on Korean Emigrants in Germany." 『한독사회과학논총』. 제25권 제3호(2015년 가을), pp. 133-168.

허영식. 『지구촌관리와 지구촌학습』. 서울: 원미사, 2004.

허영식. 『국제관계와 현대사회 그리고 시민교육』. 서울: 원미사, 2007.

허영식. 『다문화사회와 간문화성』. 서울: 강현출판사, 2010.

허영식. 『다문화·세계화시대의 시민생활과 교육』. 서울: 강현출판사, 2011.

허영식. 『다양성과 간문화』. 서울: 박영스토리, 2015a.

허영식. "왜 세계시민교육인가." 『교육정책 네트워크 교육정책포럼』. 제263권(2015b), pp. 4-6. (http://www.edpolicy.net/)

허영식 외. 『한국의 정체성 재정립과 사회통합을 위한 간문화주의와 다양성관리』. 서울: 박영스토리, 2014.

허영식·정창화. 『간문화주의를 통한 사회통합과 국가정체성 확립』. 파주: 한국학술정보(주), 2012a.

허영식·정창화. 『간문화성과 한국의 정체성』. 서울: 원미사, 2012b.

Adick, C. "Inter-, multi-, trans-kulturell: ueber die Muehen der Begriffsarbeit in kulturuebergreifenden Forschungsprozessen." Hirsch, A. and Kurt, R. (eds.). *Interkultur - Jugendkultur. Bildung neu verstehen*. Wiesbaden: VS, 2010, pp. 105-133.

"AfD verteidigt Pegida gegen Merkels Kritik." http://www.dw.de/ (2015년 1월 2일 검색).

"AfD verteidigt Islamgegner." http://www.dw.de/ (2015년 1월 2일 검색).

Andreev, A. "Wachsende Ablehnung von Fluechtlingen in oestlichen EU- Laendern." http://www.dw.de/ (2016년 12월 15일 검색).

Appiah, K. *Der Kosmopolit. Philosophie des Weltbuergertums*. Muenchen: C. H. Beck, 2007.

Auernheimer, G. *Einfuehrung in die interkulturelle Paedagogik*. Darmstadt: WBG, 2010.

Baers, H. "Pegida und wie es dazu kam." http://www.dw.de/ (2015년 1월 2일 검색).

Barrios, C. "Interkulturelle Mediation in Teams mit multinationaler Belegschaft aus Deutschland und Lateinamerika." Kumbier, D. and Schulz von Thun, F. (eds.). *Interkulturelle Kommunikation: Methoden, Modelle, Beispiele*. Reinbek bei Hamburg: Rowohlt, 2011, pp. 248-310.

Bashkow, I. "A Neo-Boasian Conception of Cultural Boundaries." *American Anthropologist*. Vol. 106. No. 3 (2006), pp. 443-458.

Baumann, B. "Magnum Photos bringt Buch ueber Europa fuer Fluechtlinge und Migranten heraus." http://www.dw.de/ (2016년 12월 31일 검색).

Baumann, G. "Ethnische Identitaet als duale diskursive Konstitution. Dominante und demotische Identitaetsdiskurse in einer multiethnischen Vorstadt von London." Assmann, A. and Friese, H. (eds.). *Identitaeten. Erinnerung, Geschichte, Identitaet*. Frankfurt/M.: Suhrkamp, 1998, pp. 288-313.

Beck, U. *Weltrisikogesellschaft*. Frankfurt/M.: Suhrkamp, 2007.

Bhabha, H. *The Location of Culture*. London: Routledge, 1994.

"BKA sieht Zuwachs bei Rechtsextremisten." http://www.dw.de/ (2014년 12월 22일 검색).

"Blickwechsel: Fotos aus ungewoehnlichen Perspektiven." http://www.dw.de/ (2016년 12월 16일 검색).

Boehr, C. "Leitkultur: Schnittstelle zwischen Tradition und Innovation." Lammert, N. (ed.). *Verfassung · Patriotimus · Leitkultur. Was unsere Gesellschaft zusammenhaelt*. Hamburg: Hoffmann und Campe, 2006, pp. 38-45.

"Bogida isst Burger, Bonn bleibt bunt." http://www.dw.de/ (2014년 12월 23일 검색).

Bolten, J. "Interkultureller Trainingsbedarf aus der Perspektive der Problemerfahrungen entsandter Fuehrungskraefte." Goetz, K. (ed.). *Interkulturelles Lernen, interkulturelles Training*. Muenchen: Hampp, 2006, pp. 57-75.

Bredella, L. "Ueberlegungen zur Lehre interkultureller Kompetenz." Weidemann, A. et al., (eds.). *Wie lehrt man interkulturelle Kompetenz? Theorien, Methoden und Praxis in der Hochschulausbildung*. Bielefeld: transcript, 2010, pp. 99-120.

Breit, G. *Mit den Augen des anderen sehen. Eine neue Methode zur Fallanalyse*. Schwalbach/Ts.: Wochenschau, 1991.

Broszinsky-Schwabe, E. *Interkulturelle Kommunikation. Missverstaendisse - Verstaendigung*. Wiesbaden: VS, 2011.

"Bundesinnenminister de Maizière: Hoffentlich letzter Pegida-Jahrestag." http://www.dw.de/ (2016년 12월 14일 검색).

Burton, J. and Dukes, F. *Conflict: Practices in Management, Settlement and Resolution*. London: Macmillan, 1990.

Castel, R. *Negative Diskriminierung. Jugendrevolte in den Pariser Banlieus*. Hamburg: Rowohlt, 2009.

Cohen-Emerique, M. "Der Kulturschock als Weiterbildungsmethode und als Forschungsinstrument." Nicklas, H. et al. (eds.). *Interkulturell denken und handeln. Theoretische Grundlagen und gesellschaftliche Praxis*. Frankfurt/ M.: Campus, 2006, pp. 317-327.

Dege, S. "Scharia-Polizei entfacht neue Islamdebatte." http://www.dw.de/ (2015년 1월 2일 검색).

"Demo gegen Pegida: Licht aus in Koeln." http://www.dw.de/ (2015년 1월 6일

검색).
"Der Beginn eines neuen Politik-Zyklus." http://www.dw.de/ (2016년 12월 14일 검색).
"Dialog mit Pegida - ja oder nein?" http://www.dw.de/ (2015년 1월 21일 검색).
"Die Suche nach dem richtigen Umgang mit Pegida." http://www.dw.de/ (2014년 12월 25일 검색).
"Dresdner demonstrieren fuer Fluechtlinge." http://www.dw.de/ (2015년 1월 29일 검색).
Eder, K. "Ethnien, Nationen, Zivilisationen, Interkulturalitaet." Nicklas, H. et al. (eds.). *Interkulturell denken und handeln. Theoretische Grundlagen und gesellschaftliche Praxis*. Frankfurt/M.: Campus, 2006, pp. 37-46.
"Eine kleine Kundgebung namens Duegida." http://www.dw.de/ (2014년 12월 22일 검색).
Elias, N. "Zivilisation." Schaefers, B. (ed.). *Grundbegriffe der Soziologie*. Opladen: Leske+Budrich, 1995, pp. 406-411.
Europahaus Aurich and Anti-Bias-Werkstatt (ed.). *CD-ROM Methodenbox: Demokratie-Lernen und Anti-Bias-Arbeit*. Aurich: Europhaus, 2007.
Fechler, B. "Interkulturelle Mediationskompetenz." Auernheimer, G. (ed.). *Interkulturelle Kompetenz und paedagogische Professionalitaet*. Wiesbaden: VS, 2010, pp. 173-199.
Finkelstein, K. *Eingewandert. Deutschlands Parallelgesellschaften*. Berlin: Ch. Links, 2006.
Fourçans, A. *André Fourçans erklaert die Globalisierung*. Frankfurt/M.: Campus, 2008.
"Frankreichs Regierung ueber Burkini zerstritten." http://www.dw.de/ (2016년 12월 14일 검색).
"Freiburg demonstriert gegen Pegida." http://www.dw.de/ (2015년 1월 28일 검색).
Fuchs, M. "Diversity und Differenz - Konzeptionelle Ueberlegugnen." Krell, G. et al. (eds.). *Diversity Studies. Grundlagen und disziplinaere Ansaetze*. Frankfurt/M.: Campus, 2007, pp. 17-34.
Fuerstenau, M. "3. Oktober: Dresden feiert - und poebelt." http://www.dw.de/ (2016

년 12월 14일 검색).
"Fuer Tillich gehoert der Islam nicht zu Sachsen." http://www.dw.de/ (2015년 1월 28일 검색).
"future workshop 관련 이미지." https://www.google.co.kr/ (2016년 5월 14일 검색).
Gadamer, H.-G. *Wahrheit und Methode. Grundzuege einer philosophischen Hermeneutik.* Tuebingen. 1960.
Geissler, R. "Multikulturalismus in Kanada - Modell fuer Deutschland?." *Aus Politik und Zeitgeschichte*. No. 26. (2003), pp. 19-25.
Gerlach, J. *Zwischen Pop und Dschihad. Muslimische Jugendliche in Deutschland.* Berlin: Ch. Links, 2006.
Grunau, A. "Soziologie: Pegida-Botschaften sind ambivalent." http://www. dw.de/ (2015년 1월 16일 검색).
Habermas, J. *Faktizitaet und Geltung. Beitraege zur Diskurstheorie des Rechts und des demokratischen Rechtsstaats*. Frankfurt/M.: Suhrkamp, 1992.
Hamann, G. "Patzelt: Ausdruck von Parteien- und Politikerverdrossenheit." http://www.dw.de/ (2014년 12월 25일 검색).
Hasselbach, Ch. "Sophie in't Veid: Schockiert ueber Deutschland." http://www. dw.de/ (2014년 12월 22일 검색).
Hein, M. von. "Kommentar: Klare Haltung gegen Rechtspopulisten." http://www. dw.de/ (2014년 12월 22일 검색).
Heinrich, D. "Kommentar: Der unheimliche Islam - Warum Pegida so viel Zulauf hat." http://www.dw.de/ (2014년 12월 22일 검색).
Henkenborg, P. "Globalisierung und kulturelle Identitaet: Werteerziehung und interkulturelle Bildung als Herausforderung und Aufgabe der politischen Bildung." Ewha Frauen Universitaet and Freie Universitaet Berlin (eds.). *Globalisierung, Demokratie und Politische Bildung*. Sammlung der Beitraege auf der 3. Koreanisch-Deutschen Konferenz fuer politische Bildung in Seoul v. 18.-21.09.2006, pp. 75-102.
Hillmann, K.-H. "Diskriminierung." Hillmann, K.-H. (ed.). *Woerterbuch der Soziologie*. Stuttgart: Alfred Kroener, 2007a, p. 155.

Hillmann, K.-H. "Kollektive Identitaet." Hillmann, K.-H. (ed.). *Woerterbuch der Soziologie*. Stuttgart: Alfred Kroener, 2007, pp. 431-433.

Hillmann, K.-H. "Vorurteil." Hillmann, K.-H. (ed.). *Woerterbuch der Soziologie*, Stuttgart: Alfred Kroener, 2007b, pp. 949-950.

Honneth, A. *Kampf um Anerkennung. Zur moralischen Grammatik sozialer Konflikte*. Frankfurt/M.: Suhrkamp, 1992.

Hormel, U. and Scherr, A. "Interkulturelle Paedagogik - Standortbestimmung und Perspektiven." *kursiv - Journal fuer politische Bildung*. No. 2 (2004), pp. 32-44.

Hormel, U. and Scherr, A. *Bildung fuer die Einwanderungsgesellschaft. Perspektiven der Auseinandersetzung mit struktureller, institutioneller und interaktioneller Diskriminierung*. Wiesbaden: VS, 2005.

Hornung, K. "Emanzipation - Identitaet - Konsens." Schiele, S. and Schneider, H. (eds.). *Konsens und Dissens in der politischen Bildung*. Stuttgart: Metzler, 1987, pp. 85-101.

"Innenminister gegen Pegida und Hogesa." http://www.dw.de/ (2014년 12월 22일 검색).

"Islamfeindliche Pegida-Bewegung stoesst bundesweit auf Widerstand." http://www.dw.de/ (2015년 1월 6일 검색).

Jeppesen, H. (2016a). "Die Rechte der Anderen - Der Tag der Menschenrechte." http://www.dw.de/ (2016년 12월 18일 검색).

Jeppesen, H. (2016b). "Wo fangen Menschenrechte an?" http://www.dw.de/ (2016년 12월 18일 검색).

Jeppesen, H. (2016c). "Mensch: Deine Rechte." http://www.dw.de/ (2016년 12월 18일 검색).

Jeppesen, H. (2016d). "Thomas Gass: Die Entwicklungsziele sind der neue Sozialvertrag." http://www.dw.de/ (2016년 12월 18일 검색).

Jordanova-Duda, M. "Chinas Investoren besser als ihr Ruf." http://www. dw.de/ (2016년 12월 16일 검색).

Juchler, I. "Interkulturalitaet als Herausforderung an die politische Bildung: theoretische Grundlagen und ein Beispiel aus der Praxis in Suedafrika." Overwien, B. and

Rathenow, H.-F. (eds.). *Globalisierung fordert politische Bildung*. Opladen: Barbara Budrich, 2009, pp. 251-259.

Juchler, I. "Der Weltbuerger - Leitbild fuer Politische Bildung im 21. Jahrhundert." Widmaier, B. and Steffens, G. (eds.). *Weltbuergertum und Kosmopolitisierung. Interdisziplinaere Perspektiven fuer die Politische Bildung*. Schwalbach/Ts.: Wochenschau, 2010, pp. 179-190.

Kaddor, L. *Muslimisch - weiblich - deutsch! Mein Weg zu einem zeitgemaessen Islam*. Muenchen: C.H. Beck, 2010.

Kermani, N. *Wer ist Wir? Deutschland und seine Muslime*. Muenchen: C.H. Beck, 2009.

Keskin, H. "Verfassungspatriotismus anstelle einer Leitkultur." Lammert, N. (ed.). *Verfassung·Patriotismus·Leitkultur. Was unsere Gesellschaft zusammenhaelt*. Hamburg: Hoffmann und Campe, 2006, pp. 92-101.

Kiesel, D. and Volz, F. "Anerkennung und Intervention. Moral und Ethik als komplementaere Dimensionen interkultureller Kompetenz." Auernheimer, G. (ed.). *Interkulturelle Kompetenz und paedagogische Professionalitaet*. Wiesbaden: VS, 2010, pp. 67-80.

Kiesel, H. "Raetzel Pegida - Rechts oder Durchschnitt?" http://www.dw.de/ (2015년 1월 20일 검색).

Kirloskar-Steinbach, M. "Differenz und Pluralitaet innerhalb liberaler Staaten. Eine normative Perspektive." Moosmueller, A. (ed.). *Konzepte kultureller Differenz*. Muenster: Waxmann, 2009, pp. 149-160.

Klausen, J. *Europas muslimische Eliten*. Frankfurt/M.: Campus, 2006.

Koehler, B. "Der Neue Kosmopolitismus - Diagnose zur aktuellen Lage der Gesellschaft." Widmaier, B. and Steffens, G. (eds.). *Weltbuergertum und Kosmopolitisierung. Interdisziplinaere Perspektiven fuer die Politische Bildung*. Schwalbach/Ts.: Wochenschau, 2010, pp. 13-32.

Kraemer, M. "Identitaets- und Differenzkonzepte deutscher und japanischer Expatriates. Empirische Ergebnisse und theoretische Grundlegungen." Moosmueller, A. (ed.). *Konzepte kultureller Differenz*. Muenster: Waxmann, 2009, pp. 211-230.

Krell, G. and Sieben, B. "Diversity Management und Personalforschung." Krell, G.

et al. (eds.). *Diversity Studies. Grundlagen und disziplinaere Ansaetze.* Frankfurt/M.: Campus, 2007, pp. 235-254.

Krell, G. et al. (eds.). *Diversity Studies. Grundlagen und disziplinaere Ansaetze.* Frankfurt/M.: Campus, 2007, pp. 235-254.

Krueger, H.-H. *Einfuehrung in Theorien und Methoden der Erziehungswissenschaft.* Opladen: Leske+Budrich, 1997.

"Kritik an Pegida: Ihr seid eine Schande." http://www.dw.de/ (2014년 12월 25일 검색).

Kumbier, D. and Schulz von Thun, F. "Interkulturelle Kommunikation aus kommunikationspsychologischer Perspektive." Kumbier, D. and Schulz von Thun, F. (eds.). *Interkulturelle Kommunikation: Methoden, Modelle, Beispiele.* Reinbek bei Hamburg: Rowohlt, 2011, pp. 9-27.

Lau, J. "Migranten und das nationale Geschichtsbild: Eine Leitkultur muss immer neu ausgehandelt werden." *Das Parlament.* No. 3 (2007), p. 5.

"Leipzig untersagt Legida-Demonstration." http://www.dw.de/ (2015년 2월 9일 검색).

Liebe, F. "Mediation im politischen Feld." Nicklas, H. et al. (eds.). *Interkulturell denken und handeln. Theoretische Grundlagen und gesellschaftliche Praxis.* Frankfurt/M.: Campus, 2006, pp. 358-368.

Luesebrink, H.-J. *Interkulturelle Kommunikation.* Stuttgart: Metzler, 2008.

Luhmann, N. *Soziale Systeme.* Frankfurt/M.: Suhrkamp, 1987.

Luig, U. "Diversity als Lebenszusammenhang - Ethnizitaet, Religion und Gesundheit im transnationalen Kontext." Krell, G. et al. (eds.). *Diversity Studies.* Frankfurt/New York: Campus, 2007, pp. 87-108.

"Lust an Gewalt und Fremdenfeindlichkeit." http://www.dw.de/ (2014년 12월 22일 검색).

Malik, K. "Ist Multikulturalismus ein Rassismus?" *Merkur.* No. 714 (2008), pp. 1048-1051.

May, S. "Critical Multiculturalism and Education." Banks, J. (ed.). *The Routledge International Companion to Multicultural Education.* New York: Routledge, 2009, pp. 33-48.

Merkle, T. "Lebenswelten in Deutschland. Ergebnisse aktueller Studien von Sinus Sociovision." Lange, D. and Polat, A. (eds.). *Unsere Wirklichkeit ist anders. Migration und Alltag*. Bonn: bpb, 2009, pp. 62-79.

Mickel, W. "Streit um die Nation. Die deutsche Frage in der politischen Bildung." *Aus Politik und Zeitgeschichte*. No. 25 (2000), pp. 3-10.

Moosmueller, A. "Kulturelle Differenz: Diskurse und Kontexte." Moosmueller, A. (ed.). *Konzepte kultureller Differenz*. Muenster: Waxmann, 2009, pp. 13-45.

Muno, M. "Kommentar: Postfaktisch - Klick mich, und ich belueg' dich." http://www.dw.de/ (2016년 12월 16일 검색).

"Muslime: Pegida-Anhaenger haben auch Angst um ihren Job." http://www.dw.de/ (2014년 12월 22일 검색).

Nicklas, H. "Klammern kollektiver Identitaet - Zur Funktion von Vorurteilen." Nicklas, H. et al. (eds.). *Interkulturell denken und handeln. Theoretische Grundlagen und gesellschaftliche Praxis*. Frankfurt/M.: Campus, 2006, pp. 109-116.

Nunner-Winkler, G. "Individuelle Voraussetzungen paedagogischen Handelns." Krueger, H.-H. and Helsper, W. (eds.). *Einfuehrung in Grundbegriffe und Grundlagen der Erziehungswissenschaft*. Opladen: Leske+Budrich, 1995, pp. 257-276.

"Oberstes Gericht in Frankreich entscheidet ueber Burkini-Verbot." http://www.dw.de/ (2016년 12월 14일 검색).

Osler, A. and Starkey, H. "Education for Cosmopolitan Citizenship." Georgi, V. (ed.). *The Making of Citizens in Europe: New Perspectives on Citizenship Education*. Bonn: Bundeszentrale fuer politische Bildung, 2008, pp. 204-212.

Otten, M. "Was kommt nach der Differenz? Anmerkungen zur konzeptionellen und praktischen Relevanz des Theorieangebots der Transkulturalitaet im Kontext der interkulturellen Kommunikation." Moosmueller, A. (ed.). *Konzepte kultureller Differenz*. Muenster: Waxmann, 2009, pp. 47-65.

Paproth, F. "Gesundheit und Pflege: Handlungsfelder politischer Bildung." *kursiv - Journal fuer politische Bildung*. No. 2 (2009), pp. 62-72.

"Patriotische Europaeer gegen die Islamisierung des Abendlandes." http://de.wikipedia.org/wiki/Patriotische_Europaeer_gegen_die_Islamisierung (2014년 12월 30일

검색).
"Pegida-Ableger will sich rechts von der CDU positionieren." http://www. dw.de/ (2015년 2월 5일 검색).
"Pegida-Abtruennige finden nur wenig Unterstuetzung." http://www.dw.de/ (2015년 2월 9일 검색).
"Pegida ante portas." http://www.dw.de/ (2015년 1월 6일 검색).
"Pegida-Aussteiger gruenden neues Buendnis." http://www.dw.de/ (2015년 1월 30일 검색).
"Pegida: Fast 8000 blieben daheim." http://www.dw.de/ (2015년 1월 28일 검색).
"Pegida-Krise: Erloesung fuer Dresden?" http://www.dw.de/ (2015년 2월 9일 검색).
"Pegida-Sprecherin Kathrin Oertel tritt zurueck." http://www.dw.de/ (2015년 1월 29일 검색).
"Pegida verliert Zulauf - Bachmann wieder da." http://www.dw.de/ (2015년 2월 10일 검색).
"Pegida verursacht aufgeheizte Atmosphaere." http://www.dw.de/ (2015년 2월 24일 검색).
"Pegida zieht Demonstration auf Sonntag vor." http://www.dw.de/ (2015년 1월 28일 검색).
Petersen, L.-E. and Dietz, J. "Die Bedeutung von Stereotypen und Vorurteilen fuer das Diversity Management." Becker, M. and Seidel, A. (eds.). *Diversity Management. Unternehmens- und Personalpolitik der Vielfalt*. Stuttgart: Schaeffer-Poeschel, 2006, pp. 105-122.
Peuckert, R. "Soziale Rolle." Schaefer, B. (ed.). *Grundbegriffe der Soziologie*. Opladen: Leske+Budrich, 1995, pp. 262-266.
Pfeifer, H. "Pegida und Neonazis: Organisierte Wut." http://www.dw.de/ (2015년 1월 28일 검색).
"Politik streitet ueber Umgang mit Pegida-Demonstranten." http://www.dw.de/ (2014년 12월 23일 검색).
Porschke, A. "Deutsch-peruanische Missverstaendnisse. Von der Entzauberung des Paradieses." Kumbier, D. and Schulz von Thun, F. (eds.). *Interkulturelle*

Kommunikation: Methoden, Modelle, Beispiele. Reinbek bei Hamburg: Rowohlt, 2011, pp. 91-107.

Prengel, A. "Diversity Education - Grundlagen und Probleme der Paedagogik der Vielfalt." Krell, G. et al. (eds.). *Diversity Studies.* Frankfurt/New York: Campus, 2007, pp. 49-67.

"Rechtspopulisten marschieren in Dresden und Duesseldorf." http://www. dw.de/ (2014년 12월 22일 검색).

Riedmueller, B. and Vinz, D. "Diversity Politics." Krell, G. et al. (eds.). *Diversity Studies.* Frankfurt/New York: Campus, 2007, pp. 143-162.

Riegert, B. "Rueckblick: 2016 in der Europäischen Union." http://www.dw. de/ (2016년 12월 31일 검색).

Riescher, G. "Nation." Nohlen, D. and Grotz, F. (eds.). *Kleines Lexikon der Politik.* Muenchen: Beck, 2008, pp. 344-345.

Roy, O. *Der islamische Weg nach Westen.* Muenchen: Pantheon, 2006.

Roy, O. *Heilige Einfalt. Ueber die politischen Gefahren entwurzelter Religionen.* Muenchen: Siedler, 2010.

"Salafisten erleben starken Zulauf." http://www.dw.de/ (2014년 12월 22일 검색).

Sander, W. "Anstiftung zur Freiheit - Aufgaben und Ziele politischer Bildung in einer Welt der Differenz." Overwien, B. and Rathenow, H.-F. (eds.). *Globalisierung fordert politische Bildung.* Opladen: Barbara Budrich, 2009, pp. 49-61.

Scheffer, J. "Die raeumliche Verabsolutierung von kultureller Differenz: Konzeptionelle Probleme und Alternativen." Moosmueller, A. (ed.). *Konzepte kultureller Differenz.* Muenster: Waxmann, 2009, pp. 107-119.

Scholz, K.-A. "Wie soll man mit der Protestbewegung Pegida umgehen?" http://www.dw.de/ (2014년 12월 22일 검색).

Schulte, A. "Diskriminierung als soziales Problem und politische Herausforderung." Nicklas, H. et al. (eds.). *Interkulturell denken und handeln. Theoretische Grundlagen und gesellschaftliche Praxis.* Frankfurt/M.: Campus, 2006, pp. 369-380.

Seitz, K. "Globales Lernen in weltbuergerlicher Absicht: Zur Erneuerung weltbuergerlicher Bildung in der postnationalen Konstellation." Overwien, B. and Rathenow, H.-F. (eds.). *Globalisierung fordert politische Bildung.*

Opladen: Barbara Budrich, 2009, pp. 37-48.

Selby, D. "Im Angesicht globaler Erhitzung - Bildung fuer nachhaltige Entwicklung oder nachhaltiges Masshalten?." Overwien, B. und Rathenow, H.-F. (eds.). *Globalisierung fordert politische Bildung*. Opladen: Barbara Budrich, 2009, pp. 279-299.

Sen, A. *Die Identitaetsfalle. Warum es keinen Krieg der Kulturen gibt*. Muenchen: Beck, 2007.

"Sind Neonazis in Nadelstreifen?." http://www.dw.de/ (2014년 12월 22일 검색).

"SPD-Chef Gabriel trifft Pegida-Anhaenger." http://www.dw.de/ (2015년 1월 28일 검색).

"SPD uneins ueber Umgang mit Pegida." http://www.dw.de/ (2015년 1월 28일 검색).

Steffen, S. "World in Progress: Missed opportunities when it comes to SDGs." http://www.dw.com/ (2016년 5월 31일 검색).

Steffens, G. "Globalisierung als Transformations- und Lernprozess - Perspektiven der Weltwahrnehmung in didaktischen und curriculraen Feldern." Overwien, B. and Rathenow, H.-F. (eds.). *Globalisierung fordert politische Bildung*. Opladen: Barbara Budrich, 2009, pp. 63-74.

Steudel, N. "Pegida und Politik." http://www.dw.de/ (2014년 12월 22일 검색).

Stiglitz, J. *Die Schatten der Globalisierung*. Muenchen: Siedler, 2002.

Stiglitz, J. *Die Chancen der Globalisierung*. Muenchen: Siedler, 2006.

"Studie: Angst vor Globalisierung und Rechtspopulismus Hand in Hand." http://www.dw.de/ (2016년 12월 14일 검색).

"Studie: Neurechtes Weltbild bei mehr als jedem vierten Deutschen." http://www.dw.de/ (2016년 12월 14일 검색).

Sutor, B. *Politische Bildung als Praxis: Grundzuege eines didaktischen Konzepts*. Schwalbach/Ts.: Wochenschau, 1992.

Straub, J. et al. "Interkulturelle Kompetenz lehren: Begriffliche und theoretische Voraussetzungen." Weidemann, A. et al., (eds.). *Wie lehrt man interkulturelle Kompetenz? Theorien, Methoden und Praxis in der Hochschulausbildung*. Bielefeld: transcript, 2010, pp. 15-27.

Stute, D. (2014a). "Wer steckt hinter Pegida?" http://www.dw.de/ (2014년 12월 22일 검색).

Stute, D. (2014b). "Droht eine Welle fremdenfeindlicher Demonstrationen?" http://www.dw.de/ (2014년 12월 22일 검색).

Stute, D. (2014c). "Nachtwey: Das Produkt einer nervoesen Gesellschaft." http://www.dw.de/ (2014년 12월 22일 검색).

Taylor, Ch. "The politics of recognition." Gutmann, A. (ed.). *Multiculturalism. Examining the politics of recognition*. Princeton: Princeton UP, 1994, pp. 25-74.

Thomas, A. *Grundriss der Sozialpsychologie*. Goettingen: Verlag fuer Psychologie, 1992.

Thurau, J. (2016a). "Marrakesch, das Klima und die Abkürzungen." http://www.dw.com/ (2016년 12월 17일 검색).

Thurau, J. (2016b). "Kommentar: Die 'Trump-haelt-uns-nicht-auf'-Konferenz von Marrakesch." http://www.dw.com/ (2016년 12월 17일 검색).

UNESCO. *Declaration and Integrated Framework of Action on Education for Peace, Human Rights and Democracy*. Paris: Unesco, 1995.

"Urteil gegen Pegida-Grueder wegen Volksverhetzung bestaetigt." http://www. dw.de/ (2016년 12월 14일 검색).

Vedder, G. "Die historische Entwicklung von Diversity Management in den USA und in Deutschland." Krell, G. and Waechter, H. (eds.). *Diversity Management. Impulse aus der Personalforschung*. Muenchen: Rainer Hampp, 2006, pp. 1-23.

"Viel, viel mehr Solidaritaet mit Fluechtlingen." http://www.dw.de/ (2014년 12월 30일 검색).

Wagener, V. (2015a). "Kommentar: Mit deutschen Muslimen gegen die Scharia-Polizei." http://www.dw.de/ (2015년 1월 2일 검색).

Wagener, V. (2015b). "Kommentar: AfD und Pegida - Biedermann und Brandstifter." http://www.dw.de/ (2015년 1월 6일 검색).

Wagener, V. (2015c). "Eckert: Pegida, das Forum der Gescheiterten." http://www. dw.de/ (2015년 1월 22일 검색).

Wagener, V. (2015d). "Kommentar: Solidaritaet und Spaltung." http://www. dw.de/ (2015년 1월 14일 검색).

Walker, T. "The pros and cons of the SDG longlist." http://www.dw.com/ (2016년 5월 31일 검색).

"Willkommen in Refugistan - Neue Heimat Fluechtlingslager." http://www.dw.de/ (2016년 12월 31일 검색).

Wulf, Ch. "Kulturelle Diversitaet aus der Sicht historischer Anthropologie." Krell, G. et al. (eds.). *Diversity Studies. Grundlagen und disziplinaere Ansaetze*. Frankfurt/M.: Campus, 2007, pp. 69-85.

"Zentralrat der Juden nimmt Muslime gegen Pegida in Schutz." http://www. dw.de/ (2014년 12월 23일 검색).

Index

찾아보기

저자소개

허영식(Young-Sik Huh)

- 서울대학교 독어교육과 및 동 대학원 사회교육과 졸업
- 독일 프랑크푸르트(Frankfurt)대학교 사회과학부 철학박사(Dr. phil.)
  (사회과학교육학 전공)
- 현재 청주교육대학교 사회교육과 교수
- E-mail: huhyousi@cje.ac.kr

〈저서〉

- 『과학기술과 현대사회: 이상향과 암흑향 사이에서』(2004)
  (2005년도 대한민국학술원 우수학술도서 선정)
- 『국제관계와 현대사회 그리고 시민교육』(2007)
  (2008년도 문화체육관광부 우수도서 선정)
- 『다문화사회와 간문화성』(2010)
  (2011년도 대한민국학술원 우수학술도서 선정)
- 『다양성과 간문화』(2015)
  (2016년도 세종도서 학술부문 선정)
- 『다양성과 세계시민교육』(2017)
  (2018년도 세종도서 학술부문 선정)
- 『다양성과 사회통합 사이에서』(2019)

다양성과 세계시민교육

초판발행 2017년 3월 10일
중판발행 2020년 2월 10일

지은이 허영식
펴낸이 노 현

편 집 한두희
기획/마케팅 김한유
표지디자인 김연서
제 작 우인도·고철민

펴낸곳 ㈜ 피와이메이트
서울특별시 금천구 가산디지털2로 53 한라시그마밸리 210호(가산동)
등록 2014. 2. 12. 제2018-000080호
전 화 02)733-6771
f a x 02)736-4818
e-mail pys@pybook.co.kr
homepage www.pybook.co.kr
ISBN 979-11-88040-02-5 93370

정 가 18,000원

박영스토리는 박영사와 함께하는 브랜드입니다.